ROMBACH WISSENSCHAFT – REIHE STUDEO

herausgegeben von
Günter Schnitzler und Gottfried Schramm

Redaktion
Armin v. Ungern-Sternberg

Band 1

studeo wendet sich an alle, die sich in dem weiten Felde von Kultur, Wissenschaft und öffentlichem Leben ein Urteil bilden wollen. Die Reihe bietet anspruchsvolle Einführungen zu ausgewählten wichtigen Themen allgemeiner Bedeutung, ohne bloßen Trends anzuhängen. Verständlich, punktuell, aber umfassend: International ausgewiesene Fachleute konstituieren ein Diskussionsforum, in dessen unterschiedlichsten Perspektiven der Leser sich seine eigene Meinung bilden kann. Die Vielfalt der Sehweisen und Zugänge ist Programm, weil die meisten Probleme erst lösbar werden, wenn man sie von verschiedenen Blickrichtungen aus angeht.
studeo bietet erste Informationen zum Thema, einführende Erklärungen und Hintergrundwissen.
In unserer Kommunikations- und Informationsgesellschaft, in der man allzuoft im Schwall der Wörter ertrinkt, möchte die Reihe *studeo* präzise, knapp, verständlich und wissenschaftlich fundiert unterrichten.

Die Herausgeber

Annemarie Ohler (Hg.)

Heilige Bücher

Text und Überlieferung

ROMBACH VERLAG

Die Deutsche Bibliothek – CIP-Einheitsaufnahme
Heilige Bücher, Text und Überlieferung /
Annemarie Ohler ...
– 1. Aufl. – Freiburg im Breisgau: Rombach, 1995
(Rombach Wissenschaft: studeo)
ISBN 3-7930-0687-5
NE: Ohler, Annemarie

Lektorin: Dr. Edelgard Spaude
Umschlaggestaltung: Barbara Müller-Wiesinger
Herstellung: Rombach GmbH Druck- und Verlagshaus,
Freiburg im Breisgau
Printed in Germany
ISBN 3-7930-0687-5

Inhalt

Heilige Bücher

Text und Überlieferung

Stichworte zum Thema

Heilige Schriften sind lebendige Bücher; bei allem Lebendigen aber stößt man, sobald man es zu erfassen sucht, auch auf Widersprüchliches. Sie besitzen dauerhafte Autorität, Religionsgemeinschaften wissen sich durch sie über lange Zeiten und geschichtliche Umbrüche hinweg mit sich selbst identisch. Doch entstanden sind sie eigentlich immer als Notbehelf; da man Erinnerungen nicht mehr anders vor Entstellungen bewahren konnte, schrieb man mündliche Überlieferungen auf, ordnete schriftliche. Dem entspricht die spannungsvolle Geschichte ihrer schriftlichen Weitergabe und Rezeption bis heute. Zwar werden Heilige Schriften seit eh und je mit penibler Treue tradiert, doch ein einzig richtiger Text und Umfang, Eindeutigkeit und Widerspruchslosigkeit lassen sich vielfach nur gewaltsam herstellen. Mit aller Genauigkeit berufen sich Gläubige auf die Worte ihrer Heiligen Schriften, doch sie suchen darin Ursprünge ihres Glaubens, die diesen Schriften vorausliegen. Heilige Schriften sind nur zusammen mit ihrer Wirkungsgeschichte zu verstehen, weil sie nur ein Teil, freilich ein ursprungsnaher Teil der umfassenderen Wir-

kungsgeschichte sind, auf die es eigentlich ankommt. Darum sind sie zugleich verpflichtend und offen; sie legen fest und brauchen Auslegung.
Wie die unterschiedlichen Heiligen Schriften der fünf großen Weltreligionen auf je ihre Art solche Offenheit beweisen, zeigen die Aufsätze dieses Bandes. Geschichte ist zu Weltgeschichte geworden; sie wird erlebt als Gefährdung der Menschheit und der Erde. Werden die Religionsgemeinschaften sich als Weltreligionen bewähren, indem sie aufeinander zugehen und miteinander für Menschheit und Erde einstehen? Angesichts der globalen Probleme der Gegenwart muß auch gefragt werden, ob Heilige Bücher tatsächlich nur Lehren festschreiben oder auch Fragen offenhalten.
Antwort müssen zunächst die drei monotheistischen Schwesterreligionen finden: Judentum, Christentum und Islam. Gerade ihre Verwandtschaft führte dazu, daß Identität allzu lange in der Abgrenzung voneinander gesucht wurde. Wie notwendig besonders für sie das Gespräch miteinander ist, wird in diesem schon darin deutlich, daß zwei Aufsätze dieses Bandes auf die gleichen Bücher eingehen: Die Entstehungsgeschichte der jüdischen Bibel wird von Annemarie Ohler dargestellt; Bernhard Feininger schildert, wie jüdische Heilige Schriften zum Alten Testament der Christen wurden.
Annemarie Ohler weist auf, daß die jüdische Bibel von sich aus Raum gibt für mehrere, in sich gültige

Sichtweisen: Als ein in Jahrhunderten entstandenes Buch ist sie vielstimmig, verschiedene Perspektiven überschneiden sich. Die christliche Auslegung hat, wie Bernhard Feininger zeigt, lange Zeit hindurch den Juden ein Recht auf ihre Heilige Schrift bestritten, indem sie für sich davon ausging, der »wahre« Sinn des »Alten Testaments« sei allein durch die Christusbotschaft erschlossen. Damit haben Christen vielleicht sich selber des größten Teiles ihrer Heiligen Schrift beraubt; denn das Alte Testament sagt ihnen so ja nur dasselbe, was dann im Neuen viel klarer zu Wort kommt.

Winrich A. Löhr betont, welcher Vorrang in der Entstehungsgeschichte des Neuen Testamentes mehrstimmiger Mündlichkeit zukommt. Er berichtet von neuen Wegen der Tradierung, die Christen bei der Weitergabe der Christusbotschaft beschritten. Entscheidend aber war dabei der Anschluß an das Alte Testament. Die Sichtung und Sammlung der neuen Schriften wurde notwendig, als Marcion alles Alttestamentliche ausmerzen wollte. Von verschiedenen Seiten her weisen so diese drei Aufsätze auf, daß das Christentum seine Identität verfehlen könnte, solange es den Teil seiner Heiligen Schrift, den es mit den Juden gemeinsam hat, nur benutzt, um sich abzugrenzen.

Renate Würsch berichtet über Aufbau, Sprachform und Entstehung des Koran und inwiefern Mohammed die Heiligen Schriften der Juden und Christen

wohl kannte; Übereinstimmungen verstehen Muslime als Hinweise auf den einen himmlischen »Urkoran«; die vollkommene Sprachgestalt des Koran gilt als Zeichen, daß Mohammed Offenbarungen daraus empfing. Diese Differenz von irdischem und himmlischem Buch öffnet dem Islam Möglichkeiten der Auslegung und damit auch des Geprächs mit den anderen »Schriftbesitzern«. Auslegung wird ferner möglich, insofern sich im Koran verschiedene Perioden im Wirken Mohammeds spiegeln und es Lücken auch selbst in seiner kurzen Entstehungsgeschichte gibt.
Oskar von Hinüber stellt den »Kanon der Buddhisten« vor. Damit tritt eine der Religionen in den Blick, die an der an gegenseitigen Verletzungen reichen Geschichte jener drei verwandten Religionen keinen Anteil hat. Wäre ein Gespräch mit ihr damit leichter? Von ihrer Entstehungs- und Tradierungsgeschichte her bringen die Heiligen Schriften des Buddhismus wohl die größte Offenheit dafür mit. Der Islam hält eine angemessene Übersetzung des Koran für unmöglich; in den Heiligen Schriften des Buddhismus dagegen bleiben uns nicht nur Gestalt und Lehre des Buddha, sondern auch seine Sprache weitgehend verborgen. Auch Übersetzungen in ganz anders strukturierte Sprachen gelten hier als Heilige Schriften; die eine kanonische Textsammlung, die keine anderen heiligen Schriften neben sich duldet, kennt der Buddhismus nicht.

Ähnliches gilt vom Hinduismus. Die ganz andersartige Offenheit dieser Religion schildert Bernhard Feininger in seinem Überblick über die reichhaltige sakrale Literatur der Hindus.
Die Mühe um die Sicherung Heiliger Schriften war das erste Übungsfeld der Texttreue und Wortgenauigkeit. Abendländische Gelehrsamkeit entwickelte daraus die Vorstellung, »echt« seien allein die ältesten Textschichten. Die Notwendigkeit des Weltgespräches der Religionen dagegen macht auf den Wert lebendiger und nie präzise faßbarer Mündlichkeit aufmerksam, die dem schriftlichen Text stets vorausgeht sowie auf die eigene Bedeutung von Überlieferungsgestalten und Übersetzungen, die späteren Datums sind als die oft lediglich rekonstruierbare »Erstfassung«. Die Spannung zwischen Text und Überlieferung, Tradition und gelebter Religiosität, die so entsteht, ist fruchtbar. Denn sie läßt erfahren, daß die Religionen in ihren Heiligen Schriften die Wahrheit vielleicht immer nur suchen dürfen – ohne falsche Selbstgewißheit, jedoch mit Zuversicht. Diese lebendige Notwendigkeit hat ihnen schon oft Erneuerungskraft gegeben.

Annemarie Ohler

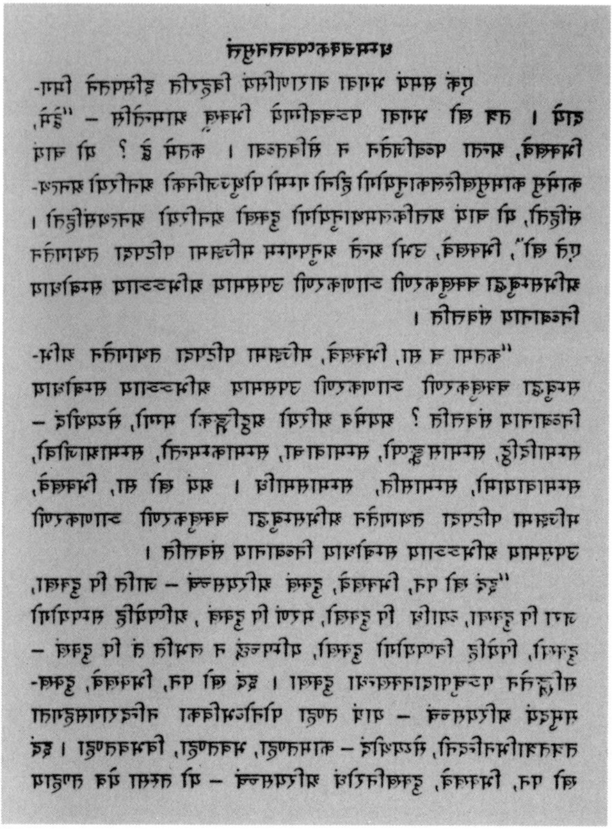

Der Anfangsteil der ersten Lehrrede des Buddha in Pāli-Sprache und Devanāgarī-Schrift. Pāli kann in allen süd- und südostasiatischen Alphabeten und in lateinischen Lettern wiedergegeben werden. Die Devanāgarī-Schrift ist in Nordindien und Nepāl in Gebrauch. Europäische Indologen verwenden zumeist den transkribierten Pāli-Kanon der Londoner Pāli Text Society.

OSKAR VON HINÜBER

Der Kanon der Buddhisten

Texte aus dem Kanon der Buddhisten sind in zahlreichen Sprachen aus verschiedenen Ländern Asiens überliefert – mit einer bemerkenswerten Ausnahme: In Indien selbst, dem Ursprungsland der Religion, ist der Buddhismus vor mehr als einem halben Jahrtausend untergegangen. Einzige Zeugen seiner einstigen Verbreitung und Größe sind längst verfallene und abgetragene Bauwerke, deren Reste durch die Arbeit der Archäologen freigelegt und gedeutet werden müssen.

Mit dem Buddhismus ist auch die handschriftliche Weitergabe der buddhistischen Bücher erloschen. Allein Inschriften sind als Textzeugen dieser Religion in Indien erhalten. Es liegt in ihrer Natur, daß sie über die Dogmatik oder gar die Philosophie des Buddhismus wenig aussagen und daß auch dies wenige nur vor dem Hintergrund der kanonischen und exegetischen Schriften überhaupt in vollem Umfange verständlich wird. Als Ergänzung zu dieser Textüberlieferung sind sie allerdings von unschätzbarem Wert, da wir aus ihnen manches über Kultgebräuche oder über das Klosterleben erfahren, wozu alle anderen Quellen schweigen. Hätte also der Buddhismus nicht als Missionsreligion weit über Indien hinausgewirkt, so stünde es schlecht um unsere Kenntnis dieser bedeutenden Religion, die über Jahrhunderte einen nicht unbedeutenden Teil der indischen Geistes- und Kulturgeschichte ganz entscheidend mitgeprägt hat. Nur als ein Schatten würde sie aus dem Dunkel der Geschichte heraustreten, ähnlich den vielen anderen, zur Zeit des Buddha entstandenen, längst versunkenen religiösen Bewegungen, die nur in der von den Buddhisten gegen sie gerichteten Polemik überlebt haben.

Die handschriftliche Überlieferung von buddhistischen Texten in indischen Sprachen hat sich, bedingt durch historische Entwicklungen wie der Teilislamisierung Nord- und Zentralindiens, seit dem 13. Jh. gänzlich in die geographischen Randgebiete verlagert. Bis in unsere Gegenwart hinein lebte in Nepal die alte Tradition fort, auch buddhistische Sanskrit-Handschriften zu kopieren. Weiter im Norden wurden seit dem Beginn unseres Jahrhunderts dem Wüstensand von chinesisch Turkestan, dem heutigen Xin Jiang (Sinkiang), sehr alte buddhistische Textzeugen entrissen. Der weitaus größte Teil der gewaltigen buddhistischen Sanskritliteratur ist jedoch im Original verloren und liegt nur noch in Übersetzungen, vor allem ins Tibetische und Chinesische, vor. Daneben stehen Übersetzungen in viele, teilweise seit Jahrhunderten untergegangene, Sprachen, die erst von der europäischen Forschung

aus zentralasiatischen Handschriftenfragmenten wiedergewonnen werden mußten. Hier sind beispielweise die iranischen Sprachen Sogdisch und Sakisch, die Turksprache Uigurisch oder das Tocharische zu nennen.
Die vollständigen im Original erhaltenen Sanskrit-Werke der Buddhisten sind Einzeltexte wie etwa das berühmte Saddharmapuṇḍarīkasūtra (»Lehrtext vom Lotus des Guten Gesetzes«) wie man im Anschluß an den großen französischen Pionier der europäischen Buddhologie, Eugène Burnouf (1801–1852) zu übersetzen pflegt. Ein vollständiger Kanon mit seinen Begleittexten, Kommentaren und Subkommentaren in einer indischen Sprache hat sich allein am südlichen Rand des indischen Subkontinents auf Ceylon erhalten. Von dort gelangten diese Texte auch nach Südostasien.
Die Sprache dieses Kanons ist nicht Sanskrit wie im Norden, sondern ein sehr altertümliches Mittelindisch, das Pāli heißt. Der Kanon wird daher im Süden Tipiṭaka (»Dreikorb«) genannt im Gegensatz zu der Sanskrit-Form dieses Wortes, Tripiṭaka. Die Schule, die somit als einzige ein vollständiges Tipiṭaka in der Originalsprache bewahrt hat, trägt den Namen Theravāda, da sie der »Lehre der Älteren«, einem nach ihrem eigenen Verständnis im Bereiche der Rechtsvorschriften konservativen Buddhismus anhängt, der sich der einheimischen Tradition zufolge hundert Jahre nach dem Nirvāṇa des Buddha

auf dem zweiten Konzil als Minderheit von den Mahāsāṅghika, den »Anhängern der großen Gemeinde« – eben der Mehrheit – getrennt hat.
Dem Selbstverständnis der Theravādin zufolge ist Pali als die Sprache ihres Kanons zugleich die des Religionsgründers, des Buddha, selbst. Daher verwenden sie traditionell nicht den heute allgemein, auch in den Theravāda-Ländern üblich gewordenen, doch erst mit dem ausgehenden 17. Jh. bezeugten Sprachnamen Pāli, sondern Māgadhī (»Sprache von Magadha«). Denn Magadha ist der alte, historische Name der Landschaft im östlichen Nordindien, in dem der Buddha lebte und wirkte. Noch heute erinnert der Name des indischen Bundesstaates Bihar, der das Gebiet des alten Magadha einschließt, daran, daß hier einmal das Kernland des Buddhismus lag. Denn der Landesname Bihar geht auf vihāra (»buddhistisches Kloster«) zurück und wurde von den muslimischen Eroberern geprägt.
Seitdem jedoch mit dem Beginn des 19. Jh. auf Palmblatt geschriebene Pāli-Texte nach Europa gelangten, zeigte sich bald nach ihrer Erschließung, daß Pāli nicht die alte Sprache Magadhas sein kann. Vielmehr muß sich der Buddha einer anderen Sprache bedient haben. Die Gründe dafür, dieser seit dem 5. Jh. n. Chr. in der Theravāda-Tradition verankerten Ansicht zu widersprechen, ergeben sich aus sprachgeographischen Erwägungen. Die sprachliche Gliederung des nördlichen Indien ist

durch Inschriften Aśokas, des im 3. Jh. v. Chr. regierenden dritten Herrschers der Maurya-Dynasie, in Umrissen bekannt. Vergleicht man die Texte des Theravāda-Kanons mit den Felsedikten Aśokas, so ergibt sich eine große Nähe zu der westlichen Fassung, während die östliche, sogenannte Kanzleisprache Aśokas, die auf der Sprache des alten Magadha beruht, deutlich vom Pāli verschieden ist.

Aus dieser recht einfachen sprachhistorischen Richtigstellung ergeben sich sehr weitreichende Folgen für die Beurteilung des Theravāda-Kanons. Trotz seines hohen Alters, das dasjenige aller anderen überlieferten buddhistischen Texte weit übertrifft, reicht auch dieser Kanon sprachlich nicht bis in die frühe Zeit des Buddhismus oder gar bis auf den Buddha selbst zurück. Daraus ergeben sich zwei Fragen, nämlich nach dem Alter des Theravāda-Kanons und nach den methodischen Möglichkeiten, über die überlieferten Texte hinaus weiter in die Vergangenheit vorzudringen, um sich der Entstehungszeit des Buddhismus soweit wie möglich zu nähern. Es gilt also, Mittel zu finden, die Zeit der Kanonredaktion wenigstens einzugrenzen, das Vorgehen der Redaktoren zu erkennen und schließlich ihre Umgestaltung der Texte rückgängig zu machen. Dabei ist es sinnvoll, von dem durch die unmittelbare Textüberlieferung Gesicherten auszugehen und von dort in die Vergangenheit vorzudringen.

Die unmittelbare handschriftliche Überlieferung des Pāli beginnt erst spät. Wenn man von sehr wenigen, meist nur recht kurzen, inschriftlich bezeugten Sätzen absieht, liegt der Anfang der Handschriftentradition um Jahrhunderte später als der der buddhistischen Sanskrit-Texte, deren älteste fragmentarische Zeugen aus Zentralasien bis in die ersten nachchristlichen Jahrhunderte zurückreichen. Ganz vereinzelt steht ein kurzes, nur vier Palmblätter umfassendes Handschriftenfragment aus einem Rechtstext des Theravāda-Kanon, das im frühen 9. Jh. in Nepal kopiert wurde. Es ist dies zugleich der einzige Pāli-Text, der weder aus Ceylon noch aus Südostasien überliefert ist. Damit gehört das Fragment zu einer sonst unbekannten, untergegangenen Tradition. Da es im Norden geschrieben wurde, ist die Schrift mit Tinte auf die Palmblätter aufgetragen und nicht wie im Süden mit einem spitzen Griffel eingeritzt.

Die älteste datierte Pāli-Handschrift stammt aus dem Norden Thailands. Ihr Datum, das Jahr 1471, markiert den Beginn einer breiten handschriftlichen Überlieferung, die erst in unserem Jahrhundert abreißt, um durch das gedruckte Buch ersetzt zu werden. Wenngleich selbst die ältesten Handschriften damit um etwa zweitausend Jahre jünger als der Buddha sind, so besagt doch bekanntlich das Alter der Überlieferungsträger nichts über das ihres Inhalts und der Form der auf ihm weitergegebenen

Texte. Auch wenn z. B. die Homer-Überlieferung erst mit dem Codex Venetus aus dem 10. Jh. beginnen würde und keine früheren Papyri bekannt wären, so bliebe doch die Ilias sprachlich und inhaltlich der älteste griechische Text.
Etwa ein Jahrtausend vor den frühesten handschriftlichen Zeugen wird der Bestand des Kanons der Theravādin durch die mit dem Namen Buddhagghosa verbundenen Kommentare im 5. Jh. n. Chr. gesichert. Denn Buddhaghosa, der mit seinem Visuddhimagga (»Pfad der Reinheit«), das bis heute gültige Handbuch der Theravāda-Orthodoxie geschaffen hat, beschreibt in den ihm zugeschriebenen Kommentaren den Bestand des Tipiṭaka. Die von Buddhaghosa mitgeteilte Gliederung hat bis heute Gültigkeit.

Ihren Anfang bilden die Rechtsschriften, die im »Korb der Disziplin«, dem Vinaya-Piṭaka, zusammengefaßt sind. In den ersten Teil des Vinaya-Piṭaka eingelagert ist der wohl älteste erhaltene Text, das Pāṭimokkhasutta, das die gut 200 Vorschriften enthält, die das Zusammenleben der Mönche regeln. Das Pāṭimokkhasutta macht zusammen mit seinen Kommentaren den ersten Teil des Vinaya-Piṭaka aus. Im zweiten Teil stehen Einzelvorschriften, Verfahrensreglen und einige für die Geschichte des frühen Buddhismus wichtige Texte. Hierzu zählt die Legende von der Gründung des Nonnenordens durch den Buddha, der Frauen nur zögernd und widerstrebend die Gründung eines eigenen (den Mönchen streng untergeordneten) Ordens gestattete. Am Ende dieses Teiles stehen die Berichte von den beiden ersten buddhistischen Konzilen. Der dritte und abschließende Abschnitt des Vinaya-Piṭaka ist ein um Jahrhunderte jüngeres Handbuch, eine Art Anweisung zur Handhabung der Rechtsvorschriften.

An zweiter Stelle steht die Sammlung der Lehrreden des Buddha. Da die Texte des Sutta-Piṭaka (»Korbes der Lehrreden«) hauptsächlich über den vom Buddha verkündeten Weg zur Erlösung handeln, gehören sie zu den bekanntesten Teilen des Kanons. Das Sutta-Piṭaka zerfällt in fünf Nikāya »(Text-)Gruppen«. In den beiden ersten, dem Dīgha- und dem Majjhima-Nikāya (»Gruppe der langen und der mittleren Lehrreden«) stehen Lehrvorträge des Buddha und Auseinandersetzungen mit »Herätikern«, also mit Vertretern anderer religiöser Richtungen, die heute oft nur noch aus eben diesen Streitgesprächen bekannt sind. Hier haben wir also wichtige Zeugen für eine sehr lebendige und äußerst bewegte Zeit in der indischen Geistesgeschichte vor uns.

Die beiden nächsten Nikāyas, die »Gruppe der angereihten (Texte)« und der »vereinigten (Texte)« – Aṅguttara- und Saṁyutta-Nikāya – lassen erste Ansätze zu einer systematischen Ordnung der Lehrinhalte erkennen: wenn im Aṅguttara-Nikāya Sach- und Begriffsgruppen von ein bis elf Gliedern gebildet werden, und im Saṃyutta-Nikāya, dessen erster Abschnitt sehr altertümliche, teilweise der vedischen Tradition nahestehende Texte enthält, eine thematische Gliederung der Lehre angestrebt wird. Die fünfte und letzte »Gruppe der kleinen (Texte)« – der Khuddaka-Nikāya – endlich enthält fünfzehn, ihrem Inhalte nach sehr verschiedenartige Texte. Neben den bekannten Verssammlungen wie den »Worten der Lehre« (Dhammapada) oder den »Versen der Mönche und Nonnen« (Theratherīgāthā), denen im Apadāna die Lebensbeschreibungen zahlreicher Mönche und Nonnen beigegeben werden, steht je ein Verstext über die »früheren Geburten (des Buddha)« (Jātaka) und das Leben von fünfundzwanzig Buddhas (Buddhavaṃsa). Selbst ein früher Kommentar zu einem anderen kanonischen Text gehört in den Khuddaka-Nikāya. Wegen seiner wohl relativ späten Entstehung fand hier auch ein Text Aufnahme, der seinem Inhalte nach eigentlich in das dritte Piṭaka gehört. Denn dieser Nikāya war derjenige Abschnitt des Tipiṭaka, der am längsten Ergänzungen offenstand. Darauf deutet auch die noch zur Zeit Buddhaghosas im 5. Jh. n. Chr. lebendige Debatte über den genauen Textbestand des Khuddaka-Nikāya.

Der dritte, letzte und zugleich jüngste Teil des Kanons, das Abhidhamma-Piṭaka, der »Korb der auf die Lehre bezüglichen Dinge«, ist seinem Inhalt nach von den beiden ersten Piṭaka völlig verschieden. Mit einer bemerkenswerten Ausnahme sind alle Texte des Abhidhamma-Piṭaka Erklärungen von teilweise sehr langen Listen dogmatischer Begriffe. Diese sind den älteren kanonischen Schriften entnommen, so daß die Begriffswelt des Abhidhamma-Piṭaka aus dem Sutta-Piṭaka stammt. Die Methode der Erklärung ist dagegen der Kasuistik des Vinaya-Piṭaka entnommen, die jeden nur erdenklichen Rechtsfall in all seinen möglichen Spielarten zu durchdenken bemüht ist. Das Abhidhamma-Piṭaka beruht also auf Materialien aus dem Sutta-Piṭaka und auf der Methode des Vinaya-Piṭaka und ist erheblich später als diese beiden entstanden.

Schon in der äußeren Form, die das Abhidhamma-Piṭaka von den beiden ersten Teilen des Kanons trennt, tritt die Sonderstellung dieses Teils des Kanons deutlich zutage. Denn allein hier fehlen die in alle Einleitungen zu den einzelnen Abschnitten des Vinaya-Piṭaka und zu den Lehrreden des Sutta-Piṭaka eingesetzten Hinweise auf Zeit und Ort der Verkündung des jeweiligen Textstückes durch den Buddha. Bereits den Theravādin war diese deutliche Trennung des Abhidhamma-Piṭaka von den beiden ersten wohl bewußt, da es wegen seiner formalen Gestaltung nicht unmittelbar als Buddha-Wort (buddhavacana) erkennbar ist. Um diesen als

Mangel empfundenen Unterschied zu beseitigen und auch das Abhidhamma-Piṭaka als Buddha-Wort zeitlich und räumlich einzuordnen, nahm man Zuflucht zu einer Legende: Danach ist das gesamte Abhidhamma-Piṭaka ursprünglich vom Buddha im Himmel den Göttern vorgetragen worden. Diese Vorstellung wird sogar auf das Kathāvatthu, den »(Text über) die strittigen Punkte« übertragen, indem in einer ungewöhnlichen prälogischen Form der Diskussion häretische Meinungen anderer buddhistischer Schulen bekämpft und widerlegt werden. Dieser ganz aus dem Rahmen des übrigen Abhidhamma-Piṭaka fallende Text ist von großer Bedeutung für die Dogmengeschichte des Buddhismus.

Blickt man nun über diese von Buddhaghosa im 5. Jh. n. Chr. beschriebene Form des Tipiṭaka hinaus und geht weiter in die Vergangenheit zurück, so fällt zunächst auf, daß neben dem Tipiṭaka kaum andere alte Texte stehen und das wenige, das erhalten ist, wiederum dem Kanon nahesteht. Vor allem gilt dies für zwei erklärende Handbücher zum Tipiṭaka. Zwei weitere Texte sind Verschroniken, die die Geschichte Ceylons aus dem Blickwinkel des Buddhismus schildern und somit ebenfalls dem Kanon, vor allem aber seinen Kommentaren nahestehen.

Als fünfter und letzter Text außerhalb des Kanons ist der Milindapañha, »die Fragen des Königs Mi-

linda« zu nennen, das berühmte Streitgespräch zwischen dem buddhistischen Mönch Nāgasena und dem indo-griechischen König Menander. Dieser, ursprünglich im Norden Indiens verfaßte Dialog ist gleichsam von außen in die ceylonesischen Theravāda-Tradition eingedrungen.
Der Kanon hat also offensichtlich auf frühe Texte des Theravāda eine so starke Anziehungskraft ausgeübt, daß er beinahe alles in sich aufgesogen hat, was während der ersten tausend Jahre des Bestehens des Buddhismus verfaßt worden ist. Dies wirkt insofern noch über Buddhaghosa hinaus fort, als in Birma, nicht jedoch in Ceylon, auch drei der genannten parakanonischen Texte in den Kanon hineingezogen werden, und zwar eben an der Stelle, die für Ergänzungen offenbleibt, nämlich am Ende des Khuddaka-Nikāya, das zugleich das Ende des Sutta-Piṭaka ist.

Das Bild der einen großen Textsammlung, die nichts neben sich duldet, ist allerdings trügerisch. Wie in anderen buddhistischen Schulen, so hat es auch im Theravāda neben dem Tipiṭaka andere Texte gegeben. Dies geht aus sehr seltenen Bemerkungen in den Buddhaghosa zugeschriebenen Kommentaren hervor, die auf nicht erhaltene Texte hinweisen. Bei diesen scheint es sich teilweise um abweichende Rezensionen von überlieferter Literatur zu handeln, aber auch um ganz Untergegange-

Titelbild und Textanfang einer gedruckten Sûtra-Rolle, datiert 868

nes. Diese, von Buddhaghosa als Apokrypha bezeichneten Titel haben wohl noch zu seiner Zeit neben dem Kanon existiert. Daher darf man sich den Bestand an buddhistischer Literatur im ersten nachchristlichen Jahrtausend ähnlich vorstellen wie man ihn noch heute in einer traditionellen Klosterbibliothek in Südostasien findet. In den nordthailändischen Klöstern werden neben kanonischen Texten eine Reihe von Suttas aufbewahrt, die nicht aus dem Kanon stammen. Bisher sind diese Texte beinahe völlig unbekannt, obwohl ihre Bedeutung für den praktizierten Buddhismus sicher höher war als die des Tipiṭaka. Denn einen vollständigen Kanon scheint es heute überhaupt nur in den sogenannten königlichen Ausgaben in Bangkok zu geben, deren genauer Bestand und Aufbewahrungsort allerdings nicht ganz klar sind.

In der Zeit vor Buddhaghosa ist die Geschichte des Tipiṭaka in Dunkel gehüllt. Historische Nachrichten über das Textcorpus fehlen beinahe völlig. Dennoch gibt es zunächst wenigstens eine wichtige Notiz in den Chroniken. Aus ihr geht hervor, daß das Tipiṭaka im 1. Jh. v. Chr. in Ceylon zum erstenmal schriftlich aufgezeichnet worden ist, als man sich in schwierigen Zeiten der Gefahr bewußt wurde, daß der Tod zahlreicher Überlieferungsträger den Untergang der heiligen Texte bedeuten könnte. Zugleich ergibt sich aus dieser Nachricht, daß die buddhistischen Texte ebenso wie der Veda, die älteste Literatur aus Indien überhaupt, mündlich weitergegeben worden sind. Auch nach der schriftlichen Niederlegung des Tipiṭaka reißt die mündliche Überlieferung keineswegs ab, sondern besteht neben der schriftlichen über viele Jahrhunderte hin weiter.

Zwar sagen die Chroniken ausdrücklich, daß alle drei Piṭaka niedergeschrieben worden seien, doch erfahren wir nicht, welche Texte damals bekannt und in das Tipiṭaka aufgenommen waren. Vermutlich fehlte noch einiges wie das Vinaya-Handbuch, das als letzter Teil das erste Piṭaka abschließt. Dieselbe Unsicherheit hinsichtlich des Textbestandes ergibt sich wiederum, wenn man die Frage stellt, wann und wie das Tipiṭaka nach Ceylon gelangt ist. Nach der Tradition des Theravāda brachte Mahinda, ein Verwandter Aśokas, den Buddhismus im 3. Jh. v. Chr. auf die Insel. Da sich der Buddhismus auf einen Mönchsorden (samgha) stützt, war zur Gründung der ersten Gemeinde von Mönchen der Besitz der einschlägigen Rechtsvorschriften unumgänglich. Mahinda und die vier ihn begleitenden Mönche, müssen also wenigstens Teile des Vinaya-Piṭaka, wenn auch nicht in ihrem Gepäck, so doch in ihrem Gedächtnis mitgeführt haben, dazu gewiß etliche Texte aus dem Sutta-Piṭaka. Ob das Abhidhamma-Piṭaka damals schon bestand, ist ungewiß und eher unwahrscheinlich. E. Frauwallner (1908–

1974) hat vermutet, daß diese Texte etwa zwischen den Jahren 200 v. Chr. und 200 n. Chr. entstanden sein könnten, also erst geraume Zeit nach der Ceylon-Mission.

Selbst nach der Vorstellung der Buddhisten sind die Abhidhamma-Texte jünger als die der beiden anderen Piṭaka. Denn als nach dem Nirvāṇa des Buddha fünfhundert Mönche unter dem Vorsitz Mahakassapas in der alten Hauptstadt des Reiches von Magadha, Rājagaha (Sanskrit: Rājagṛha) zum ersten Konzil zusammentraten, rezitierte Upāli als bester Kenner der Rechtsschriften die Vinaya-Texte und Ānanda die Suttas; Abhidhamma-Texte werden nicht erwähnt. Durch eine anschließende gemeinsame Rezitation der Texte durch alle am Konzil beteiligten Mönche wurde dann der Wortlaut festgelegt und als kanonisch anerkannt. Dies ist nach der Überzeugung der Buddhisten die Geburtsstunde des Kanons.

Obwohl die Entstehung des Tipiṭaka ein wesentlicher komplexerer Vorgang war, so ist der Konzilsbericht doch ein wertvoller Hinweis darauf, wie die Buddhisten die Entstehung ihrer Textsammlung sahen. Sie waren sich durchaus der Mündlichkeit der ältesten Überlieferung bewußt und der Tatsache, daß die mündlich konzipierten und tradierten Texte irgendwann zu einem bestimmten Zeitpunkt in eine feste Form gegossen worden sein mußten. Wenn nun alle Suttas mit: »So habe ich gehört: zu einer Zeit weilte der Erhabene in …« beginnen, so ist es eben nach der Tradition Ānanda, der hier zum ersten Konzil spricht.

Zugleich stand den Buddhisten auch die Gefahr des Zerfalls des Wortlautes der Texte klar vor Augen. Dies zeigt eine kleine Episode am Rande des Berichtes vom Konzil. Kaum war der Wortlaut festgelegt, als ein Mönch verspätet zum Konzil eintrifft. Unbeeindruckt von der gerade erfolgten Sanktionierung der Texte stellt er fest: »Gut rezidiert, Ehrwürdige, sind Lehr- und Rechtstexte. Dennoch werde ich sie geradeso bewahren, wie ich sie aus dem Munde des Erhabenen selbst gehört und aufgenommen habe.« Hier kündigt sich also noch auf dem Konzil eine zweite, vom Konzilstext abweichende Rezension an.

Es war also von Anfang an wichtig, die Authentizität von Texten überprüfen zu können. Daher findet sich schon in den älteren Teilen des Kanons ein Abschnitt, in dem der Buddha kurz vor seinem Tode den Mönchen vorschreibt, wie man die Echtheit eines Textes nachprüfen soll: Der Wortlaut muß dazu mit dem in einer Mönchsgemeinde mit gelehrten und vertrauenswürdigen Mitgliedern bewahrten Text verglichen werden.

Trotz dieser Wachsamkeit, mit der die Buddhisten das Wort ihres Gründers von Beginn an zu hüten suchten, sind viele Rezensionen entstanden, deren Wortlaut sich weit von den Ursprüngen entfernt hat, ohne daß sich im einzelnen das Ausmaß dieser Entfernung heute im Rückblick abschätzen ließe. Wagt man diesen Versuch trotzdem, so bieten Anhaltspunkte dafür allein die Texte selbst. Doch sind schon die ältesten heute noch zugänglichen, eben die des Theravāda-Kanon, nicht nur, wie bereits angedeutet, räumlich, sondern auch zeitlich weit vom Buddha entfernt, von dessen mündlichen Lehrvortrag schließlich die Tradition ihren Ausgang nimmt. Wenn sich auch das Pāli als Sprache durch einen Vergleich mit den Aśoka-Inschriften wenigstens ungefähr zeitlich einordnen läßt, so bleibt dennoch der Abstand zur Zeit des Buddha unsicher und schwer bestimmbar.

Denn obwohl lange Zeit für das Nirvāṇa ein Jahr nahe 480 v. Chr. als gesichert, ja als das erste feststehende Datum in der indischen Geschichte überhaupt galt, so ist doch seit 1980 die Diskussion um das Sterbejahr des Buddha wieder in Bewegung geraten. Es ist das Verdienst des Göttinger Indologen H. Bechert, erneut auf die Unsicherheit der Datierung des Buddha hingewiesen und im Jahre 1988 ein einwöchiges Symposion zu dieser Frage durchgeführt zu haben. Wegen der schwierigen Quellenlage hat sich Klarheit nicht ergeben. Immerhin ist jetzt auch ein Ansatz des Nirvāṇa um 380 v. Chr. oder gar 360 v. Chr. nicht mehr auszuschließen. Damit aber würde der Abstand zwischen dem Tode des Buddha und der Regierungszeit Aśokas, also auch der Missionierung Ceylons, die die Existenz von Pāli-Texten voraussetzt, auf ungefähr ein Jahrhundert zusammenschrumpfen.

Dies führt zurück zu der Frage nach den methodischen Möglichkeiten, dieses vermutete Jahrhundert zu überbrücken und durch die ältesten zugänglichen Texte gleichsam hindurchzublicken, um zu Erkenntnissen über die frühen mündlichen Texte zu gelangen und sich so auch der unmittelbaren Gedankenwelt des Buddha zu nähern. Grundsätzlich bieten sich zwei Wege an. Rückschlüsse auf eine relative Chronologie können ebenso aus der Entwicklung der Lehrinhalte wie der Form der Texte gezogen werden. Schließlich müssen dann die auf beiden Wegen unabhängig voneinander gefundenen Ergebnisse zu gegenseitiger Überprüfung zusammengeführt werden. Bis zur Erreichung dieses Ziels hat die Buddhismusforschung noch ein gutes Stück Arbeit zu leisten.
Seit geraumer Zeit hat man durchaus mit Erfolg versucht, durch einen Vergleich aller erreichbaren Parallelversionen eines Textes, seien diese nun in Pāli, Sanskrit oder nur noch in Übersetzungen zugänglich, und unter Auswertung von inhaltlichen Unstimmigkeiten Rückschlüsse auf die Entwicklung der Lehren des Buddhismus zu ziehen. Dies hat zu einer gerade in der jüngsten Vergangenheit wiederbelebten Methodendiskussion geführt. Zuletzt hat

der seit vielen Jahren in Holland wirkende deutsche Buddhologe T. Vetter in seinem 1988 erschienen Buch über die Meditationspraxis des frühen Buddhismus diesen Weg beschritten. Die Bewertung seiner Ergebnisse hat eine Kontroverse hervorgerufen. Während Vetters Arbeit im deutschen Sprachraum auf vorsichtige bis enthusiatische Zustimmung gestoßen ist, vermag die Buddhologie in England seinem methodischen Ansatz wenig abgewinnen.

Gegenüber der für die frühe indische Geistesgeschichte überaus wichtigen doch in ihren Ergebnissen umstrittenen Untersuchung des Inhalts der Lehre ist die Betrachtung der Form der Texte weit in den Hintergrund getreten. Dennoch bietet auch dieser bisher kaum beschrittene Weg vielfältige Möglichkeiten, sich der Entstehungszeit des Buddhismus zu nähern. Als Ausgangspunkt für entsprechende Überlegungen muß der Theravāda-Kanon dienen, da er die sprachlich älteste Gestalt der Texte bietet.

Obwohl auch dieser Tipiṭaka in seiner heutigen Form um mindestens ein Jahrhundert vom Nirvāṇa des Buddha getrennt ist, so reichen doch wohl allein seine Texte mit einiger Sicherheit in die Zeit der mündlichen Überlieferung hinein. Dies ist lange bekannt und unübersehbar. Denn auf Schritt und Tritt sind die Texte durch eine reiche Formelsprache geprägt, wie sie eben für mündlich gestaltete

Literatur charakteristisch ist. Über die Feststellung dieser schlichten Tatsache ist die Forschung bisher kaum hinausgegangen. Eine genaue Betrachtung dieser Formeln, die aus Wortreihungen bestehen, in denen die Wörter nach ihrer wachsenden Silbenzahl angeordnet sind, eröffnet durchaus vielfältige Ansatzpunkte, um zu neuen Erkenntnissen über die Geschichte der Texte zu gelangen. So lassen sich spätere von früheren Schichten allein schon durch die Beobachtung von Störungen der Formelstruktur trennen, wenn nämlich durch eine Vertauschung der Wortfolge oder durch die sekundäre Einfügung von neuen Wörtern ein zweisilbiges vor ein dreisilbiges Wort gesetzt und damit der Rhythmus unterbrochen wird. Verfolgt man nun aus diesem Blickwinkel bestimmte, in verschiedenen Abschnitten des Kanons immer wieder auftretende Formeln, so kann man herausfinden, daß das Vinaya-Piṭaka später seine heutige Gestalt angenommen hat als das Sutta-Piṭaka. Ergänzende Beobachtungen wie die der Entwicklung der materiellen Kultur, die diese beiden Kanonteile widerspiegeln, erhärten diese Schlußfolgerung.

Die Formelsprache des Tipiṭaka ist jedoch auch über ihre hohe, meist weit unterschätzte Bedeutung für die frühe buddhistische Literaturgeschichte hinaus wichtig. Eine ausgeprägte Formelsprache findet sich nämlich in der Regel in mündlichen epischen Traditionen. Die homerischen Epen können hier ebenso als Beispiel dienen wie die serbo-kroatische Volksepik. Es ist eine Besonderheit, wenn Formeln im buddhistischen Kanon auch in Prosa auftreten. Dies hat für die literarische Gestalt der Texte tiefgreifende Folgen.

Alle Lehrtexte, die letztlich auf dem verlorenen und unerreichbaren Urtext, dem Lehrgespräch, das die Schüler des Buddha in ihrem Gedächtnis bewahrt und weitergegeben haben, beruhen, beginnen mit »so habe ich gehört«. Denn die Buddhisten waren ganz offensichtlich bestrebt – und auch gezwungen (zur Zeit des Buddha war Schrift in Indien unbekannt), die lebendige Mündlichkeit der Unterweisung durch den Buddha in der Erinnerung festzuhalten. Dazu bedurfte es einer Formalisierung der Texte. Denn ohne die Einführung von festgefügten Formeln, deren rhythmische Gesetze im einzelnen noch genau untersucht werden müssen, lassen sich die beachtlichen Textmassen wohl selbst durch ein geübtes Gedächtnis kaum bewältigen. Das Medium der Überlieferung übte damit einen erheblichen Druck auf die literarische Form der frühen buddhistischen Texte aus.

Ganz anders als ein moderner Autor, dem das Medium der Schrift die Möglichkeit eröffnet, lebendige, der Wirklichkeit nachgebildete Dialoge mit all ihren Gedankensprüngen, ihren Halbsätzen und überraschenden Wendungen zu erfinden und festzuhalten und so zu einer fiktiven Mündlichkeit

(P. Goetsch) zu gelangen, unterlagen die Buddhisten dem Zwang, die natürliche mündliche Rede, die sie im Gedächtnis festhalten wollten, eben dieser ihrer Natürlichkeit zu berauben und sie in die engen Regeln memotechnischer Bedürfnisse zu zwängen. Diese erinnerte Mündlichkeit gewinnt damit gerade dort eine Künstlichkeit, wo die schriftlich konzipierte, fiktive Mündlichkeit eine natürliche Rede entstehen lassen kann.

Es ist also nicht nur die Sprache, die das Tiṭaka der Theravādin vom Buddha trennt, es ist zugleich auch die literarische Form, die eine durchdachte, kunstvolle Gestaltung der Prosatexte erkennen läßt. Führt man nun die sprachlichen Beobachtungen, also die Umsetzung der Texte aus der älteren östlichen in die jüngere westliche Sprache, eben in das Pāli, mit der Entwicklung der Formeln zusammen, so ergibt sich wiederum aus Störungen des Formelrhythmus, die eben während dieses Umsetzungsprozesses entstanden sein müssen, daß die Formeln in eine Zeit vor der Entstehung des Pāli-Kanons zurückreichen müssen. Sie enthalten also Gedanken, die sehr früh in eine feste Form gegossen worden sind, die tief in die Vergangenheit zurückgehen, vermutlich wenigstens zum Teil in eine Zeit, als der Kanon noch nicht die spätestens etwa seit der Zeit Aśokas gültige Einteilung in die »drei Körbe« kannte. Denn, wie man wiederum allein dem Theravāda-Kanon entnehmen kann, ging der heute noch gebräuchlichen Gliederung der Lehr- und Rechtstexte ein ältere, wieder aufgegebener Versuch Pvoraus, einen Kanon zu schaffen. Nur aus der pietätvollen Tradierung einer Liste ist die von den Buddhisten selbst längst nicht mehr verstandenen Einteilung der Texte in »neun Glieder« (navanga) bekannt. Den Schlüssel zum Verständnis dieser Neunerreihe liefert eine Stelle im Kanon, an der sich eine noch ältere Viererreihe erhalten hat. Aus ihr kann man entnehmen, daß dieser erste Versuch eine Einteilung das Pātimoikkhasutta, also die grundlegende Sammlung von Regeln für das Zusammenleben der Mönche, umfaßte: neben drei ganz allgemeinen Gliederungsprinzipien nämlich »Verse«, »Lehrreden« für die noch nicht das heute gebräuchliche Wort Sutta verwendet wird, und »Buddha-Legende«. Mit dem allmählichen Anwachsen der Textmenge wurden fünf weitere Begriffe hinzugesetzt, bis diese präkanonische Struktur als nicht mehr handhabbar verworfen und das Tipiṭaka geschaffen wurde.

Trotz dieser vielfältigen Möglichkeiten, über die überlieferte Literatur hinauszugehen, kann man vorerst kaum abschätzen, wann und ob man mit einer Formulierung oder gar einem Textstück in die Nähe des Buddha vorzustoßen in der Lage ist. Der Buddha und seine Lehre mit ihrer Sprache sind also noch immer weitgehend hinter der komplexen Entstehungsgeschichte des Kanons verborgen. Von diesem Schleier aber, der sich über den frühen Buddhismus legt, läßt sich schon heute ein gutes Stück aufdecken.

Zeittafel:

um 380 v. Chr.	Tod (Nirvāṇa) des Buddha (auch um 480 v. Chr. oder um 360 v. Chr. sind mögliche Sterbedaten) im selben Jahr: Konzil in Rajagrha (Rajagaha)
um 280 v. Chr.	100 Jahre nach dem Nirvāṇa nach der buddhistischen Tradition Konzil von Vaisali (Vesali)
Mitte 3. Jh. v. Chr.	Aśoka Maurya: Ceylon-Mission
1. Jh. v. Chr.	erste Aufzeichnung des Kanons auf Ceylon
4. Jh. n. Chr.	Kanonkommentierung (Buddhaghosa zugeschrieben)
9. Jh. n. Chr.	älteste erhaltene Pāli-Handschrift
13. Jh. n. Chr.	Ende des Buddhismus in Indien
1471 n. Chr.	älteste datierte Pāli-Handschrift
Anfang 19. Jh.	Beginn der Erforschung des Buddhismus in Europa
Ende 19. Jh.	Beginn der Funde buddhistischer Handschriften in Zentralasien

Bibliographischer Hinweis:

Eine gute Einführung in den Buddhismus gibt: Die Welt des Buddhismus, hg. von H. Bechert und R. Gombrich, München 1984 (als Taschenbuch: München 1989); eine repräsentative Auswahl aus dem Theravāda-Kanon enthält: Die Reden des Buddha. Lehre, Verse, Erzählungen übersetzt und eingeleitet von H. Oldenberg. München 1922; Neuausgabe mit einer Einführung von H. Bechert. Freiburg 1993.

Siehe auch:

Die Datierung des historischen Buddha, hg. von H. Bechert, Teil I 1991, Teil II 1992. Abhandlungen der Akademie der Wissenschaften in Göttingen Philologisch-Historische Klasse. Dritte Folge, Nr. 189, 192.

Frauwallner, E.: Abhidarma-Studien IV: Der Abhidharma der anderen Schulen, in: Wiener Zeitschrift für die Kunde Südasiens 15. 1971, S. 103–121.

Goetsch, P.: Fingierte Mündlichkeit in der Erzählkunst entwickelter Schriftkulturen, in: Poetica. Zeitschrift für Sprach- und Literaturwissenschaft 17. 1985, S. 202–218.

Hallisey, Ch.: Nibbanasutta: An Allegedly Non-canonocal Sutta on Nibbana as a Great City, in: Journal of the Pāli Text Society, London 18. 1993, S. 97–130.

Hinüber, O. v.: Der Beginn der Schrift und frühe Schriftlichkeit in Indien. Akademie der Wissenschaften und der Literatur, Mainz, Geistes- und sozialwissenschaftliche Klasse, Jg. 1989, Nr. 11.

Ders.: Die neun Angas: Ein früher Versuch zur Einteilung buddhistischer Texte, in: Wiener Zeitschrift für die Kunde Südasiens 39. 1994 (im Druck).

Ders.: Untersuchungen zur Mündlichkeit früher mittelindischer Texte der Buddhisten. Akademie der Wissenschaften und der Literatur, Mainz, Geistes- und sozialwissenschaftliche Klasse, Jg. 1994 (im Druck).

Vetter, T.: The Ideas and Meditative Practices of Early Buddhism. Leiden 1988 (mit den wichtigen Besprechungen von: R. Gombrich, Journal of the Royal Asiatic Society 1990, S. 405–417; H. Bechert, Zeitschrift der Deutschen Morgenländischen Gesellschaft 142. 1992, S. 210f.; E. Steinkeller, Wiener Zeitschrift für die Kunde Südasiens 36. 1992, S. 237–239; J. Brenkhorst, Indo-Iranian Journal 36. 1993, S. 63–68).

Typologische Schriftauslegung im Mittelalter: eine Seite aus einer »Biblia Pauperum« (Armenbibel) 2. Hälfte 15. Jh.
In der Mitte die Verkündigung des Engels an Maria (Lk 1,26 ff: Heilsankündigung), links die Versuchung der Eva durch die Schlange (Gen 3, 1 ff: Unheil durch den »Sündenfall«), rechts der Richter Gideon, wie er vom Engel Gottes ein Zeichen für die Echtheit seiner Berufung zur Rettung Israels erbittet (Ri 6, 11 ff).
Die Brustbilder der drei Propheten Jesaja, Ezechiel, Jeremia und des David »verweisen« mit entsprechenden Schriftstellen kommentierend auf diese Heils- bzw. Unheilsereignisse.
Oben links das berühmte Schriftzitat Jes 7, 14 aus der griechischen Vorlage: »Seht, die Jungfrau wird ein Kind empfangen...«
Aus: G. A. E. Bogeng, Geschichte der Buchdruckerkunst, Hellerau/Dresden 1930.

Bernhard Feininger

»Schreib' dir alle Worte ... in ein Buch« (Jeremia 30,2) Das Alte Testament der Christen

Neuer Wein in neue Schläuche? Jesus und die heilige Schrift

»Das sogenannte Erste Testament hat es schwer bei den Christen ... Bis heute haben Theologie und Kirche ein ungeklärtes Verhältnis zu diesem Teil der christlichen Bibel. Entweder wird er faktisch ignoriert und insgeheim verachtet oder er wird, freilich selektiv, christlich so vereinnahmt, daß er den Juden, seinen Erstadressaten, weggenommen wird – von der Kirche, die sich als das ›wahre Israel‹ definiert.« So der Münsteraner Alttestamentler E. Zenger in seinem Buch »Das erste Testament – die jüdische Bibel und die Christen«.[1] Das schwierige Verhältnis war von Anfang an gegeben, und das in einer »dialektischen« Ausprägung: Von den frühen Christen wurde das »Alte Testament« (= AT) so selbstverständlich in ihre Verkündigung einbezogen, daß es fortan nie mehr möglich war, es nachträglich

[1] Düsseldorf 2. Aufl. 1992, S. 9.

vom Christentum wieder zu trennen. Die »Bibel«, die Jesus und die Urgemeinde kannten, war die *hebräische* Bibel, damals zwar noch nicht kanonisiert, aber in unterschiedlicher Form als autoritativ angesehen und als »heilige Schrift« im Gottesdienst gelesen.[2] Und der praktizierende Jude Jeschua aus Nazaret wollte sein Judentum, so wie er es angesichts neu erfahrener Gottesnähe verstand, in Leben und Verkündigung zum Leuchten bringen und ganz Israel zu seinem Vater heimführen.[3] »Wer Jesus begegnet, begegnet dem Judentum. Er ist nach dem Zeugnis des NT als ›Sohn Davids‹ (Röm 1,3) und ›Sohn Abrahams‹ seinem Fleische nach aus dem Volk Israel hervorgegangen« (Röm 9,5). »Als die Zeit erfüllt war, sandte Gott seinen Sohn, geboren aus

[2] Zur Kanonbildung im Judentum vgl. J. Maier, Zwischen den Testamenten, Würzburg 1990, S. 13f. (= NEB – Ergänzungsband 3), im Anschluß an J. Neusner und G. Stemberger. Der älteste Beleg einer öffentlichen Lesung findet sich in Dtn 31, 10-13 (im NT vgl. Lk 4, 16ff.); die ausdrückliche Qualifizierung als »heilige Bücher« wird erst im Mittelalter gebräuchlich (P. Petzel in: König / Waldenfels, Lexikon der Religionen, Freiburg 1987, S. 267-269). J. D. Keastli / O. Wermelinger (Hg.), Le canon de l'Ancien Testament. Sa formation et son histoire. Genf 1984; vgl. das »Jahrbuch für Biblische Theologie 3« (1988): »Zum Problem des biblischen Kanons«; M. J. Mulder (Hg.), Mikra. Text, Translation, Reading and Interpretation of the Hebrew Bible in Ancient Judaism and Early Christianity: Assen-Maastricht 1988; Vgl. dazu die im Beitrag über die »Jüdische Bibel« angegebene Literatur! Vgl. die instruktive Phasen-Einteilung zur Entstehung des Artikel »Kanon« in : M. Görg / B. Land (Hg.), Neues Bibel-Lexikon, Lieferung 8, Zürich 1992, 440ff.

[3] Vgl. die jüdischen Jesus-Darstellungen von D. Flusser 1968 und Sch. Ben-Chorin 1967.

der Frau und dem Gesetz unterstellt«.[4] Dabei ist wichtig, daß man »Judentum« als eine lebendige Größe versteht, die ebenso wie heute schon zur Zeit Jesu verschiedene Gruppen umfaßte, mit je eigenen Akzenten ihres Bekenntnisses. Dies traf gewiß auch auf Jesus selbst zu. Aber auch wenn er seine Einstellung zur Tora oder seine Haltung zum Tempel in Jerusalem oder zu religiösen Führern seiner Zeit manchmal kritisch abgegrenzt haben wird, so waren doch die heiligen Schriften seines Volkes der Schlüssel, mit dem er sich selbst und seinen Gesprächspartnern den Sinn seiner Berufung, seiner Zeichen und seines Weges aufzuschließen versuchte.[5] Im Kontext der heiligen Schrift formuliert er seine Botschaft von der Gottes-Herrschaft, die mit ihm angebrochen ist. Damit kommt aber die andere Seite der angesprochenen dialektischen Verflechtung zum Tragen: Die neue Zeit des Heils setzt die »alten« Überlieferungen – trotz aller Selbstverständlichkeit ihrer Präsenz – in ein neues Licht. »Neuer Wein in neue Schläuche«? (Mt 9,17). Das wird bei Jesus ablesbar in einem gewandelten Verständnis von kultischer Reinheit (wenn das Logion Mk 7,15 parr. echt ist)[6], in der Sabbat-Frage und in

[4] Erklärung der deutschen Bischöfe »Über das Verhältnis der Kirche zum Judentum« vom 28.4.1980.

[5] M. Hengel, Jesus und die Tora. Theologische Beiträge 9 (1978) S. 157-172; K. Kertelge (Hg.), Das Gesetz im Neuen Testament. Freiburg 1986.

[6] F. Mußner, Die Kraft der Wurzel, Freiburg 1987, S. 93-103.

den Antithesen vom Töten, Schwören und Ehebrechen (Mt 5,21ff.).
Freilich kommt die Forschung wegen der schwierigen überlieferungsgeschichtlichen Sachlage über Anhaltspunkte nicht hinaus. Zumindest soviel läßt sich sagen: Jesus eignet sich die Tora an und gibt sie in dieser für ihn typischen Anverwandlung weiter. Darum können später seine Jünger bekennen: Er ist selbst das »Wort Gottes« (Joh 1,1.14). So erhielt die Christenheit die lebensvolle Bibel des Volkes Israel zuallererst aus den Händen Jesu selbst; ER war es, der dieses Erbe vermittelt und für seine Anhänger im Nachfolge- und Liebesgebot auf den Punkt gebracht hat.[7] Letztgültig und heilsrelevant wird nun das Wort von der Gottesherrschaft, das er ausrichtet und in dessen tiefem Glaubensvollzug er stirbt. Es ist bezeichnend, daß Jesus seine Jünger nicht explizit zum Tora-Studium anhält (anders die Qumran-Essener oder die Pharisäer!). Bei voller Akzeptanz der Tora führt gleichzeitig Jesu Einsicht in den Willen Gottes über die Weisung der Tora hinaus.[8] Seine Sendungs-Autorität der prophetischen Endzeit bindet die Zukunft Israels und seiner Anhängerschaft an die Entscheidung gegenüber seiner Person

[7] J. Gnilka, Jesus v. Nazaret, Freiburg 1990, S. 213ff.; W. Trilling, Jesus, der Urheber und Vollender des Glaubens. Exegetische Thesen. In: FS H. Kahlefeld, Frankfurt 1973, S. 3-23.

[8] Vgl. aber eine auch im Judentum mögliche Einstellung wie: »Manchmal ist die Aufhebung eines Toragesetzes die wahre Befestigung der Tora« (R. Simeon ben Laqisch in bMen 99a).

und Verkündigung (wobei man die Sonderstellung Jesu gegenüber seiner Umwelt nicht überstrapazieren sollte, und die Frage nach seinem »Selbstbewußtsein« wissenschaftlich noch nicht verantwortbar geklärt werden kann, ebensowenig wie die nach dem »Anspruch« Jesu).[9]

Das AT – verschleierte Wahrheit, die nur Christus enthüllen kann. Die heilige Schrift und die Christen der apostolischen Zeit.

»Das anfängliche Bewußtsein, an Christus glaubende Juden und in solchem Glauben gerade das wahre Israel zu sein, ließ auf Seiten der Christen ... zunächst keinen Zweifel daran aufkommen, sich mit vollem Recht auf die ererbten Schriften berufen zu dürfen ... Dies gilt auch für Jesus ... Es war vorerst auch in der nachösterlichen Gemeinde nicht anders.«[10] Das nachösterliche Glaubensbekenntnis verkündete, daß *dieser Jesus* der Christus war, der Messias, das Wort Gottes, das in diese Welt gekommen ist und versuchte, die Ereignisse um Karfreitag und Ostern über die ihm bekannten hl. Schriften

[9] F. Mußner, a.a.O. 1987, S. 104ff.

[10] A. H.J. Gunneweg, Vom Verstehen des AT. Göttingen 1977, S. 15ff; S. 19. »Es ist vor allem zu beachten, daß das alt. Erbe hier weder einseitig bejaht, noch verworfen, noch ganz und gar umgedeutet und neu verstanden wird. Ein einheitlicher hermeneutischer Schlüssel wird nicht angesetzt, und daß ein solcher fehlt, ist kein Mangel ...«(15). Auch das Stichwort »Gottesherrschaft« soll nicht als »Generalschlüssel« mißverstanden werden.

besser zu verstehen. Das Geschick Jesu war in den Schriften vor-verkündet, wenn man sie richtig las und aufschloß: »Brannte uns nicht das Herz in der Brust, als er unterwegs mit uns redete und uns den Sinn der Schrift erschloß?« (Lk 24,32) werden sich die Emmaus-Jünger fragen. Das Schema von Verheißung und Erfüllung wurde insbesonders zum Erweis der Messianität Jesu verwendet. Der leidende Gottesknecht beim Propheten Deutero-Jesaja rückte in den Vordergrund, um Verfolgung und Tod besser zu verstehen. Der Bundesschluß am Sinai, gemeinsam mit der Verheißung des Jeremia vom »Neuen Bund« (Jer 31,31) wurde zu einer zentralen Interpretations-Kategorie des Vermächtnisses Jesu, an der sich in der Feier des Abendmahles die Hoffnung auf seine Wiederkunft und das endgültige Kommen des Gottesreiches festmachte. Aber auch Schrift-Auslegungs-Methoden des antiken Judentums wurden angewandt, z.B der Midrasch, um Jesus typologisch in Beziehung zu Heilsgestalten der Schrift zu setzen, etwa Mose. Ein ganzes Beziehungsgeflecht wurde so über die jüdische Bibel gelegt, mit Jesus Christus im Mittelpunkt der Auslegung, gut erkennbar auch an den alttestamentarischen Hoheitstiteln, die auf Jesus übertragen wurden (z. B. »Sohn Davids«).[11]

[11] H. D. Preuß, Das AT in christlicher Predigt. Abschnitt II: Modelle christlicher Hermeneutik des AT. Stuttgart 1984, S. 61-164.

Im Vergleich zur Zeit Jesu war für diese Christengeneration die jüdische Bibel mehrheitlich nicht mehr das hebräische AT, sondern die *griechische Übersetzung* (»Septuaginta«), also die Bibel des griechisch sprechenden Diaspora-Judentums. Ein bekanntes Beispiel dafür, wie sich das Christentum auf die Septuaginta beruft, ist die »Immanuel-Verheißung« im griechischen Text des Jes-Buches, Jes 7,14: »Siehe, die Jungfrau wird ein Kind empfangen« (Mt 1,23). Die Septuaginta hat mit »Jungfrau« das hebräische Wort »alma« übersetzt, das in der Regel ein unverheiratetes junges Mädchen bezeichnet, aber auch eine junge, verheiratete Frau bedeuten kann. Bereits die jüdisch-griechische Übersetzung ist somit *Auslegung*, an die dann der Evangelist anknüpft: Für ihn weist diese Stelle auf die Ankündigung der Empfängnis Jesu hin. Durch die Struktur »Verheißung – Erfüllung« und das messianische Licht, in dem nun die ganze heilige Schrift betrachtet wurde[12], ergab

[12] Dabei bedeutet »Erfüllung« einer Verheißung im biblischen Sinne: Die Verheißung bleibt bestehen und wird bestätigt, besiegelt und bekräftigt – und nicht etwa: die Verheißung macht nun der Erfüllung Platz. E. Zenger erläutert diesen wichtigen Unterschied, den christliche Theologen nur allzu gerne übersehen haben, an instruktiven Beispielen: Das Erste Testament, Düsseldorf 2–1992, 126ff. M. Görg, In Abrahams Schoß. Düsseldorf 1993, S. 118-152; E. W. Stegemann, Welchen Sinn hat es, von Jesus als Messias zu reden? Kirche und Israel 7 (1992) S. 28-44. F. Mußner, a.a.O. 1987, S. 75-92. M. Rösel, Die Jungfrauengeburt des endzeitlichen Immanuel. Jes 7 in der Überlieferung der Septuaginta. Jahrbuch f. bibl. Theol. 6 (1991) 135–151.

sich für die Christen eine starke Betonung der Propheten-Bücher und der Psalmen. Die Tora, die Fünf Bücher Mose, rückten dagegen in den Hintergrund. Umgekehrt hob das damalige Judentum den »Weisungscharakter« der Tora hervor. Für die Christen hatte die Endzeit schon begonnen, für das Judentum setzte sich nach den gescheiterten Aufständen gegen die Römer die Erkenntnis durch, daß sie noch länger auf der Ebene der Geschichte werden ausharren müssen, und ihr Heilsweg mit der Erfüllung der Tora verknüpft sei. Die Christen hatten ihren neuen Heilsweg in Christus selbst gefunden. ER war nun der »Weg, die Wahrheit und das Leben« (Joh 14,6). Wie später der Islam, betrachten die Christen ihre eigene Offenbarungsgrundlage als heilsgeschichtlichen Wendepunkt, von dem aus die erste Offenbarung eingeholt wird, weil die letzte höhere, abschließende, endgültige, unüberbietbare Qualität besitzt. Obwohl Paulus den Fortbestand des ursprünglichen Gottesbundes mit Israel beschwört (Röm 9-11)[13], kann er doch mit einer Art »Verstockungstheorie« diese neue Einstellung der apostolischen Zeit gegenüber der ihr vorausliegenden hl. Schrift des Judentums in einem provozierenden »Schleiergleichnis« konkretisieren. Man *braucht* Jesus Christus, um das »Alte Testa-

[13] F. Mußner a.a.O. 1987, S. 39-54: Israels »Verstockung« und Rettung nach Röm 9-11.

ment« (palaia diatheke) *richtig* zu verstehen: »Wir sind sehr kühn und hegen eine solche Hoffnung; nicht wie Mose, der einen Schleier über sein Antlitz legte, damit die Israeliten das Ende des vergänglichen Glanzes nicht sähen. Doch ihre Gedanken wurden verhärtet. Dieser selbe Schleier liegt bis heute auf ihnen, wenn sie das AT lesen. Der Schleier wird nicht weggenommen, weil er nur durch Christus beseitigt wird. Ja, bis heute liegt, sooft Mose vorgelesen wird, ein Schleier auf ihren Herzen. Wenn aber jemand sich zum Herrn bekehrt, wird der Schleier weggenommen, denn der Herr ist der Geist. Wo aber der Geist des Herrn ist, da ist Freiheit« (2 Kor 3,12-18).[14] Hier zeigt sich, wie Erbgewinn und Aneignung des AT durch die Christenheit auch zu einer »Vereinnahmung« führten und in einen impulsiven Zugriff auf das Gotteswort münden mußten, das jetzt seinen Maßstab im fleischgewordenen Gotteswort, im Christus-Ereignis, gefunden hat. Die Gestalt der »besiegten Synagoge« kündigt sich an, deren Auge eine Binde oder ein Schleier bedeckt, um ihre Blindheit anzukla-

[14] Ein christlicher Midrasch zu Ex 34, 29-35. »Anlaß zu einem christlichen Triumphalismus gegenüber dem Volk des ersten Bundes sollten diese Verse gewiß nicht bieten« (H.-J. Klauck in: CiG 25/93, S. 207). Vgl. z. Stelle H.-J. Klauck, 2. Korintherbrief, NEB/NT Bd. 8, Würzburg 1986.

gen.[15] An diesem Schatten, der »Blindheit der Synagoge« hatte nun auch das AT zu tragen, weil es die »christliche Evidenz« nicht aus sich heraus leisten konnte, sondern bei aller vorausweisenden Qualität auf einen Neu-Ansatz von außen angewiesen war – Jesus Christus war Norm und Autorität des Glaubens – nicht etwa eine neue »Schrift«.[16]

Altes Testament: ja, Judentum: nein. Die Zeit der Kirchenväter und das Mittelalter

Die antike Kirche entfaltet die christozentrische Betrachtungsweise des AT systematisch. Die Gefahr lag auf der Hand, das ursprüngliche Offenbarungszeugnis des ersten Gotteswortes für uns zu verkürzen, bei gleichzeitig nur »formaler« Betonung der echten Offenbarungsqualität des AT. Einerseits hat man in der Auseinandersetzung mit der Gnosis am AT festgehalten[17] und begegnete dem Widerstand etwa des Marcion gegen den Gott des AT mit einer

[15] E. Zenger a. a. O. 1992, S. 13. Vgl. zur Paulus-Stelle C. Thoma in: Lexikon der jüdisch-christlichen Begegnung. Freiburg 1989, S. 255ff.

[16] Theologische Realencyklopädie (=TRE) 6, Berlin 1980, S. 29. Auch darin zeigt sich, daß für die Kirche der »kanonische Prozeß« insgesamt wichtiger war als der daraus resultierende Vorgang der »Festschreibung« der Bücher im »Inventarverzeichnis« eines Kanons. Vgl. Chr. Dohmen / M. Oeming, Biblischer Kanon, warum und wozu? (QD 137), Freiburg 1992, z. B. S. 92.

[17] Vgl. TRE 6, Berlin 1980, S. 35f.: Die Bedeutung von Gnosis, Marcion und Montanismus für die Kanongeschichte. Die ›Gnostiker‹ »haben das AT nicht verworfen, sondern es nur anders ausgelegt.«

Theologie der Einheit *beider* Offenbarungszeugnisse. Schon bei Justin dem Märtyrer ist nachweisbar, daß Evangelien *und* AT im Gottesdienst gelesen wurden (2. Jh.); Meliton von Sardes überliefert 160 n. Chr. eine Liste anerkannter heiliger Bücher, eine Art AT-Kanon, Athanasius spricht Mitte des 3. Jh. von den »Quellen des Heils«; gleiches gilt für Origenes: Beide meinen damit auch ausdrücklich das AT. Hieronymus, der im ausgehenden 4. Jh. in Betlehem die lateinische Übersetzung der hl. Schrift besorgte, die sogenannte VULGATA, stützt sich sogar auf die ursprünglich hebräische Überlieferung, während die meisten Kirchenschriftsteller den erweiterten griechischen Kanon der Septuaginta zugrunde legen.[18] Die *Heiligkeit* der Schrift[19] zeigt sich im ehrfürchtigen Bemühen um den Bibeltext, in der Sorgfalt und künstlerischen Ausstattung der Bibelhandschriften und natürlich in feierlichen kultischen Formen: Dem Opfergang im Gottesdienst entsprach die Prozession mit der hl. Schrift, die die Gemeinde zu berühren und zu küssen suchte. Die Lesung selber erfolgt (wie zum Teil heute noch!) mit prächtiger Ausstattung (Lichter und Weihrauch als Zeichen der Verehrung). Dabei kommt freilich

[18] Vgl. dazu mit reicher Literatur TRE 6, Berlin 1980, S. 50ff.

[19] Zur Heiligkeit von Offenbarungs-Urkunden allgemein siehe F. Heiler, Erscheinungsformen und Wesen der Religion. Stuttgart 1961, S. 339-364. Vgl. schon ägyptisch »Hieroglyphen« (»heilige Eingrabungen«).

(ebenfalls bis heute) den Evangelien ein Vorrang zu.[20] Ein bestimmter Lektionston bzw. Gesang erhöhte die Feierlichkeit der Lesung. Die Bezeichnung »lex« oder »canon« weist dagegen auf die Bedeutung der hl. Schrift als *Lehrnorm* hin. Der Einfluß des AT auf Gebete, Sakramente und Riten, wie sie nach biblischen Vorstellungen geformt wurden, war beträchtlich. Das Bekenntnis, daß im schriftgewordenen Wort der biblischen Zeugen Gott selbst zu uns spricht, führt zur Vorstellung der *Inspiration* und in Verbindung mit ihrer lehrmäßigen Autorität zum Glauben an die *Irrtumslosigkeit* der Hl. Schrift.

So heißt es im 2 Tim 3,16: »Jede von Gott(es Geist) eingegebene (also: inspirierte) Schrift ist auch für die Lehre von Nutzen, für den Erweis (der Wahrheit), für die Zurechtweisung und für die Erziehung in (gottgemäßer) Gerechtigkeit.«[21]

Heiligkeit und Inspirationsqualität heißen letztlich, daß die Schrift immer einen Bedeutungs-Überschuß enthält, daß sie interpretationsbedürftig aber auch interpretationswürdig bleibt, solange es Geschichte gibt. Daß sie über die ursprüngliche Verwendung hinaus wirkungsmächtig bleibt, schließt

[20] Sie repräsentieren im eigentlichen Sinn Christus im Sakrament des Wortes.

[21] Nach P. Fiedler, Wie heute die Bibel lesen? in: CiG 48/92, S. 399 (pāsa graphe theopneustos). Vgl. Quellenverweise bei F. Heiler a.a.O. 1961, S. 354.

Auslegungen auf neue Lebenssituationen notwendig ein, ihr Reichtum ist unerschöpflich: »Der Mensch lebt nicht nur vom Brot, sondern von jedem Wort, das aus Gottes Mund kommt« (Dtn 8,3; Mt 4,4). Erst in späterer Zeit führte das Mißverständnis der Inspiration als Verbal-Inspiration zum Mißbrauch gerade des AT als Instrument der Welterklärung. Ihre postulierte Gültigkeit in allen kulturellen und wissenschaftlichen Sachfragen förderte den Konflikt zwischen biblischen und naturwissenschaftlichen Vorstellungen (der Fall Galilei; Evolution vs Schöpfung etc.), wobei religiöse Wesens-Aussagen mit Sach- und Erklärungsstrukturen vertauscht wurden.[22] Die Vorstellung einer »Autorschaft Gottes« wie sie seit dem 4. Jh. bezeugt ist, kann nicht im Sinne eines »Wort-für-Wort-Diktates« oder eines »Nürnberger Trichters« verstanden werden, sondern schließt die Berufung aller eigenständigen Kräfte und Fähigkeiten der biblischen Verfasser in ihrer jeweiligen Kultur mit ein.[23]

In den Zusammenhang von Heiligkeit und Inspiration der Schrift gehört auch ihre *Kanonisierung*. Sie

[22] H. Haag, Die Inspiration in der Schrift: My Sal I, S. 335-357.

[23] J. Scharbert, Sachbuch zum AT. Aschaffenburg 1981, S. 116-124. Zum Problem der »Irrtumslosigkeit« der Schrift heute liegen zahlreiche Untersuchungen bekannter Dogmatiker und Exegeten vor, z. B. K. Rahner, Über die Schriftinspiration. Freiburg 1958; Grundkurs des Glaubens. Freiburg 1976; G.Lohfink, Über die Irrtumslosigkeit und die Einheit der Schrift. StdZ 174 (1964) S. 161-181. Historisch gut entwickelt in: A. Robert / A. Feuillet, Introduction à la Bible, tome I, Paris 2-1959, S. 13-68.

verlief für das AT gleichrangig mit dem NT. Ein erstes amtliches Kanonverzeichnis wurde auf der afrikanischen Regionalsynode von Hippo 393 erstellt. Dieser Kanon umfaßte alle Bücher der Septuaginta sowie das NT. Er wurde im Abendland mehrfach bestätigt, zuletzt vom Konzil zu Florenz 1441. Die griechische Kirche hatte diesen Kanon um 900 übenommen.[24] Erst in der Reformationszeit geriet die Kanonfrage bezüglich des AT wieder in Bewegung, als die deutschen und schweizer Reformatoren in ihren neuen Übersetzungen aus dem Urtext die hebräische Bibel als heilige Schrift aufnahmen und die nur griechisch erhaltenen Bücher, die die Septuaginta mehr hatte, entweder wegließen oder ihnen einen minderen Rang zuwiesen. Katholischerseits kam es auf dem Trienter Konzil 1546 zu einer verbindlichen Entscheidung auf der Basis der vorangegangenen Erklärungen. Dabei wurden alle alttestamentarischen Schriften der Vulgata kanonisiert, wie sie Hieronymus übersetzt bzw. bearbeitet hatte, und der griechische Mehrbestand der Septuaginta, den Hieronymus gleichfalls in sein Werk aufgenommen hatte (Judit, Tobit, Makkabäer I und II, Weisheit, Sirach, Baruch, Teile von Daniel). Der Kanon ist demnach selbst Ergebnis der Tradition und besitzt seine Autorität nicht unmittelbar von

[24] Vgl. J. Scharbert a. a. O. 1981, S. 99-105. Bestimmte Kirchen des Ostens, z. B. die äthiopische, unterscheiden sich allerdings von ihren Großkirchen in der Kanonfrage.

Christus oder den Aposteln, sondern aufgrund der Praxis der Kirchen und durch die Entscheidung der Konzilien bzw. der Reformatoren. Die Unterschiede im Kanon sind heute kein Problem mehr im ökumenischen Miteinander. So ist das AT durch die Jahrhunderte als integraler Bestandteil der christlichen Offenbarung bestätigt worden und profitierte in der Reformationszeit vom humanistisch belebten Bibelstudium. Die religiöse und theologische Erneuerung durch den Protestantismus vollzog sich weithin als Schriftauslegung, die auch viele Laien zum Bibelstudium anregte.[25] Dabei spielte auch die ethische Seite des AT (wie z.B. die zehn Gebote) eine große Rolle.[26]

Aber, wie eingangs betont, diese konsequente Bejahung des AT war nur *eine* Seite der Aufnahme durch die Christen, denn über seine spezifisch inhaltliche Geltung ist damit noch nicht viel gesagt. Was war den antiken und später den mittelalterlichen Theo-

[25] Zusammenfassend zu Luther vgl. neuerdings A. Beutel, Erfahrene Bibel. Verständnis und Gebrauch des verbum dei scriptum bei Luther. ZThK 89 (1992/3) S. 302-339. E. Zenger fordert eine innerchristliche Diskussion um die deuterokanonischen Bücher, weil in ihnen das Gespräche mit den kanonischen Büchern weitergehe und auch die Christologie darin eine Vertiefung erfahre (vgl. Sir 24 und Bar 3,9–14): Das Erste Testament, Düsseldorf ²1992, 150f.

[26] Chr. Burger, Gottesliebe, Erstes Gebot und menschliche Autonomie bei spätmittelalterlichen Theologen und bei M. Luther. ZThK 89 (1992/3) S. 280-301; G. Wenz, Die Zehn Gebote als Grundlage christlicher Ethik, ZThK 89 (1992/3) S. 404-439.

logen am AT *wichtig*? Mit welcher »Brille« haben sie es gelesen? Studiert man als Beispiel den Barnabas-Brief, der ca. 130 n. Chr. entstanden ist, findet man in dieser großen Auslegung des AT alles Jüdische, »Mosaische« und Israelitisch-Geschichtliche via geistlicher Deutung typologisch auf Jesus Christus bezogen. Eine breite Verwendung der Allegorese führt zur Ent-Werdung des Hebräisch-Israelitischen und zur Ablehnung der jüdischen Religion. Ziel ist die Stärkung des christlichen Glaubens durch Überwindung des Judentums. Bei Meliton von Sardes erscheint alles am AT in einem vorläufigen Modellcharakter, der nun durch die Wahrheitskraft des Originales überholt ist und »weggeworfen werden kann«. Im Gegensatz zu Paulus hat für ihn der erste Bund seine Berechtigung verloren.[27] Selbst die mehr dem Wortsinn verpflichtete Antiochener Schule macht in dieser Hinsicht keine Ausnahme. Während so das Judentum verworfen ist, hat das von Christen geerbte AT seine definitive Deutung erlangt. Das Hohe Mittelalter wird den vierfachen Schriftsinn der Antike, wie er sich seit dem 5. Jh. entwickelt hat (Johannes Cassianus ist hier besonders zu erwähnen) vervollkommnen: Dabei lehrt der Buchstabe nur das Geschehen an der Oberfläche, die allegorische Deutung aber den Glauben. Die

[27] Vgl. Jes 54,10 und zum Thema N. Lohfink, Der niemals gekündigte Bund. Freiburg 1989.

moralische und anagogische Auslegung stecken die weiteren Bereiche christlichen Lebens ab: das Tun der Menschen und ihre endzeitliche Hoffnung (Augustinus von Dänemark, gest. 1285). Der geistliche Sinn gilt als der von Gott eigentlich gemeinte.[28] Die christozentrische Betrachtungsweise führte so zu einer langanhaltenden »Entwertung der Basisurkunde« (M. Görg)[29] und einer selektiven Vereinnahmung, denn in Wirklichkeit hat Gott mit den Menschen doch nicht auf »einerlei Weise« (d.h. nur durch Jesus Christus) sondern auf »vielerlei Weise« gesprochen! (Hebr 1,1). Es zeigte sich: Wo das Christentum seine Bruderreligion verleugnen wollte, wurde das AT seiner ihm eigenen Stimme beraubt, seiner Wurzel, seines Nährbodens, obwohl es in christlich-geistlicher Deutung machtvoll präsent war. In dieses Vakuum an realitätsnaher Deutung stößt dann die antike und später mittelalterliche Kultur, die sich dieser Realität annimmt: Geistliche und weltliche Hierarchie gaben sich in Insignien, Kleidung und politischer Theologie als Erneuerung des alttestamentlichen Priester- und Königtums zu erkennen, vielfache Einflüsse auf kirchliche Organisationsformen und Sprache lassen sich aufzeigen.

[28] TRE 6 (1980) S. 61.
[29] In Abrahams Schoß. Düsseldorf 1993, S. 58ff.

Die einprägsamen Erzählungen des AT beeinflußten Kunst und Brauchtum (z.B. Biblia pauperum, Kirchenfenster). Vielfach wurde das AT bewußt als Waffe gegen das Judentum eingesetzt, z.B. in den Anklagen der Propheten. Dennoch wäre es verkehrt, wollte man den antiken und mittelalterlichen Exegeten das Verständnis für die Eigengestalt des AT ganz absprechen. Viele suchten zu beweisen, daß ein Übergang vom Alten zum Neuen möglich war, ohne daß das Alte bedeutungslos würde (entsprechend der Forderung Gregors d. Gr.).[30] Sie konzentrierten sich dabei auf die Genesis (das grundlegende Buch der Bibel), die Psalmen (das Gebetbuch) und das Hohelied (das Kontemplationsbuch). Aber die Bibelauslegung war vielfach nicht nur Zentrum der Theologie, sondern auch aller Bildung und Wissenschaft. Darum ist es nicht verwunderlich, daß ganz von der eigenen Kultur her gedacht wurde und das AT nicht als ein bereicherndes »Gegenüber« empfunden werden konnte.[31]

[30] J. Panagopoulos, Christologie und Schriftauslegung bei den griechischen Kirchenvätern. ZThK 89 (1992/1) S. 41-58. Eine große Ausnahmegestalt des Mittelalters war Hugo von St. Viktor. »In seiner Schule war auch Raum für eine durch Gespräche mit jüdischen Exegeten vertiefte Spezialisierung auf den geschichtlichen Wortsinn des AT.« (H. Riedlinger im Lexikon des Mittelalters II, München 1983, S. 52.)

[31] H. Riedlinger, Bibel: Geschichte der Auslegung. Lexikon des Mittelalters II, München 1983, S. 47-58; J. Gamberoni, Zur Auslegung des AT: ebd. S. 58-62.

Erst mit dem Durchbruch des geschichtlichen Denkens im 18. und 19. Jh. bildete sich ein neuer Umgang mit den Offenbarungsschriften in ihrer Eigenständigkeit heraus. Die geschichtliche Betrachtung führte in der Bibel-Wissenschaft zur historisch-kritischen Exegese. Ihr nach wie vor gültiges Ziel ist es zu zeigen, »wie es *damals* gewesen ist«, wie die Gottgläubigen damals gelitten und gebetet, wie sie ihr Leben und ihre Herkunft verschieden gedeutet haben und sich ihr Gottesbild und Glaube in unterschiedlichen Etappen entwickelte. So wird der alttestamentliche Mensch von früher zum Gesprächspartner von heute. Es ging nicht ohne Konflikte ab, bis die christlichen Kirchen erkannten, daß die geschichtliche Betrachtungsweise ebenfalls eine gültige Form gläubiger Schriftauslegung ist. In der katholischen Kirche vollzog sich das erst in diesem Jahrhundert. Als Marksteine kann man die Bibel-Enzyklika Pius' XII. von 1943 und die Offenbarungs-Konstitution des Vatikanum II bezeichnen, die dem AT ein eigenes Kapitel widmet: »Auf dem II. Vatikanum hat sich die Kirche von neuem zum AT bekannt und hat in ihrer letzten Liturgiereform den Lesungen aus dem AT einen größeren Raum gewährt als bisher. Sie will uns damit sagen, daß wir nicht nur den Weg von ihrer jetzigen Gestalt über das NT zurück bis Jesus gehen müssen, sondern daß wir im Geiste mit Israel den Weg der Patriarchen über Mose und die Propheten zu Jesus hingehen müssen, wenn wir das Heilswerk Gottes mit den Menschen verstehen wollen. Es gibt kein Verständnis ohne das AT, freilich auch keines des AT ohne das Neue«.[32] Selbst im Zentrum des kath. Gottesdienstes, im Hochgebet vor der Wandlung, ist nun das AT mit den Stichworten Bund-Schöpfung-Propheten vertreten (viertes Hochgebet).[33] Es ist gewiß nicht zufällig, daß sich gleichzeitig eine Rückbesinnung auf die jüdischen Wurzeln im Christentum ergab und ein neuer, geschwisterlicher Umgang *beider Erben* des Ersten Testamentes miteinander.[34] Jedes einzelne Wort des langen und nicht immer

[32] J. Schabert, a.a.O. 1981, S. 12. Einen Versuch, als christlicher Exeget das AT zunächst »ohne« das Neue zu verstehen, unternimmt M. Görg: In Abrahams Schoß. Christsein ohne NT. Düsseldorf 1993. Vielen Sachkundigen ist auch die Präsenz des AT im katholischen Gottesdienst noch zu minimal und zu selektiv. Vgl. M. Görg a.a.O., S. 13; E. Zenger a.a.O., 2-1992, S. 38ff. Andererseits versucht neuerdings G. Gäde in kritischer Auseinandersetzung mit Zenger an einer »Diskontinuität in der Kontinuität« bei der Zuordnung AT/NT festzuhalten. Das Sprechen Gottes »im Sohn« sei die »norma normans non normata«: Münchener Theo. Zeitschrift 45 (1994/2) S. 161–177.

[33] Vgl. aber die Kritik E. Zengers a.a.O., 2-1992, S. 24f., dem darin Israel noch zu wenig vertreten ist.

[34] Papst Johannes Paul II. in seiner Ansprache an den Zentralrat der Juden in Deutschland 1980: »Die erste Dimension dieses Dialoges, nämlich die Begegnung zwischen dem Gottesvolk des von Gott nie gekündigten Alten Bundes (Röm 11,29) und dem des Neuen Bundes, ist zugleich ein Dialog innerhalb unserer Kirche, gleichsam zwischen dem ersten und dem zweiten Teil ihrer Bibel.« Textnachweis bei E. Zenger a.a.O., 2-1992, S. 26.

leichten Gespräches zwischen Gott, seinem Volk und »uns« ist kostbar und erläutert sich »innerkanonisch« gegenseitig. So sucht die heutige Exegese immer nachdrücklicher einen mittleren kanonischen Auslegungs-Weg (»canonical approach«), der dem AT sein eigenes Recht widerfahren läßt, aber es fruchtbar machen will für die *christliche* Theologie und Lebenspraxis. So erscheint eine überzogene Christozentrik im Umgang mit dem AT zugunsten einer ursprünglich beiden Testamenten gemeinsamen Theozentrik rückgängig gemacht.

Christoph Dohmen setzt dem bekannten Wort Augustins »Novum Testamentum in Vetere latet, Vetus Testamentum in Novo patet« seine These entgegen, daß, wenn das jüngere Werk (NT) hinter dem älteren (AT) plaziert wird, dieses jüngere im Licht des älteren zu lesen sei.[35] Wenn wir damit Ernst machten, gäbe es da nicht viel zu entdecken? »Es gibt tatsächlich Ausdrucksformen von Humanität und von menschlichem Miteinander, von Zukunftsorientierung, von radikaler und trotzdem gläubiger Diesseitigkeit, die wir so im NT nicht verankert finden.«[36] Die christliche Bibel besteht aus zwei

[35] »Das Neue Testament liegt im Alten bereits verborgen; das Alte Testament aber wird im Neuen klar.« Chr. Dohmen / F. Mußner, Nur die halbe Wahrheit? Für die Einheit der ganzen Bibel. Freiburg 1993.

[36] M. Görg a. a. O., 1993, S. 15.

Teilen; es kommt darauf an, sie so zu verstehen, daß dies nicht zu Lasten des Alten Testamentes geht!

Der Text und seine Überlieferung

Die Textüberlieferung des hebräischen Urtextes deckt sich zunächst mit dessen Geschichte im Judentum der Antike und des Mittelalters. Jüdische Gelehrte haben für uns den Text überliefert, standardisiert, mit Vokal- und Lesezeichen versehen, jeden Buchstaben gezählt. Doch während die »Rabbiner-Bibeln« auf jüdische Drucke aus Venedig zurückgehen und in ihren Vorlagen den spätmittelalterlichen Textus receptus widerspiegeln, stützen sich die christlichen wissenschaftlichen Ausgaben auf den Codex Leningradensis, einen Muster-Codex, der um das Jahr 1008 n. Chr. in Kairo enstand. Er steht in der jüdischen Gelehrten-Tradition des Hauses Ben Asher. Seit 1929 liegt dieser Text dem wissenschaftlichen Standard zugrunde. Daran hat sich auch 1976 nichts geändert, als die Württembergische Bibelanstalt Stuttgart eine verbesserte Neufassung herausgab, die »Biblia Hebraica Stuttgartensia« (BHS). Nicht weniger bedeutend ist der Codex von Aleppo aus dem 10. Jh. n. Chr. Er kam im Altertum über Jerusalem nach Kairo und von dort nach Aleppo/Syrien. 1947 wurde er bei antijüdischen Ausschreitungen um ein Viertel zerstört und dann nach Jerusalem gerettet. Er ist gegenwär-

Eine Seite des CODEX LENINGRADENSIS, die grundlegende Handschrift für die heutige wissenschaftliche Ausgabe der »Biblia Hebraica«. Nach dem Kolophon ist dieser vollständig erhaltene hebräische Codex eine im Jahre 1008 gefertigte Abschrift, die auf die jüdische Philologenfamilie Ahron ben Mosche ben Ascher zurückgeht.
Abb. aus: E. Würthwein, Der Text des AT, Stuttgart [5]1989 (Württembergische Bibelanstalt)

tig in einer Faksimile-Ausgabe zugänglich. Die Ausgabe der BHS bietet neben dem Grundtext eine Fülle von Textmaterial aus mittelalterlichen Teil-Codices, der älteste davon stammt aus Kairo (895).[37] Aus dem 6.-8. Jh. gibt es zahlreiche Fragmente aus der Synagoge von Alt-Kairo. Ältestes Material finden wir in Papyrus-Fragmenten (z. B. 2. Jh. v. Chr., Dekalog und Dtn 6,4f.) und in kultisch gebrauchten Kapseln mit dem Priestersegen (Num 6,23). Einen wesentlichen Beitrag zur Textüberlieferung leisteten die Funde aus Qumran (seit 1947), die wohl aus dem 2. Jh. v. Chr. datieren und letztlich bestätigen, wie überraschend konstant und einheitlich die Überlieferung funktioniert hat, wobei verschiedene, miteinander konkurrierende Ausgaben und Traditionsstränge immer mehr in einen einheitlichen Mustertext einmündeten. So erkennt man in der ursprachlichen Jesaja-Rolle aus Qumran eine bewußt vereinfachte Ausgabe des uns in den späteren Muster-Codices überlieferten Textes, die öfter orthographisch abweicht oder eine jüngere Lesart bietet.[38] Die Textkritik, die sich um die Wiederherstellung eines möglichst authentischen Textes bemüht, benützt auch die alten Übersetzungen (griechisch,

[37] E. Würthwein, Der Text des AT. Stuttgart [5]1989.

[38] H. Wildberger, Jesaja. 3. Teilband, Neukirchen 1982 (BKAT X/3), § 4, S. 1523 ff.; K. A. Mathews, The Paleo – Hebrew Leviticus Scroll from Qumran. BA 50 (1987) S. 45-54.

syrisch, aramäisch, lateinisch), die seit dem 3. vorchristlichen Jahrhundert angefertigt worden sind. Viel Leidenschaft und Liebe zum »Gotteswort in Menschengestalt« ist gerade von früheren Gelehrten in diese Arbeit am Text hineingeflossen und heute bietet die »BHS« eine sehr verläßliche Grundlage der Auslegung. Unsere heutige Kapiteleinteilung und Verszählung geht auf den Pariser Professor und Kardinal Stephan Langton (gest. 1228) und auf den Pariser Buchdrucker Robert Estienne zurück, der in seiner Vulgata-Ausgabe 1551 die jetzige Verszählung zum ersten Mal anwandte.

Man darf die Frage nach der Textüberlieferung nicht isoliert von den Besonderheiten der hebräischen Sprache sehen, die zu jenen gehört, die beim Hörer oder Empfänger eine größere Leistung voraussetzen als beim »Sender«, dem Sprechenden. Dies gilt auch für das geschriebene Wort. Die Schwierigkeiten liegen besonders im Bereich der Syntax, der Zeitstufen des Verbums und der im ganzen sehr knappen Ausdrucksweise des Hebräischen. Der Leser muß vieles nachkonstruieren und sinngemäß erschließen, wo die grammatikalische Konstruktion keine eindeutigen Signale setzt. Das betrifft besonders poetische Texte. Etliche Wörter kommen nur selten oder einmal vor und bleiben in ihrer Bedeutung ungewiß. Dazu kommt die Vielfalt und Fülle der literarischen Ausdrucksformen, der Gattungen und Redeformen, die man in ihrer

Eigenart kennen und für eine sinngemäße Auslegung berücksichtigen muß. In rund 1000 Jahren, ungefähr von David an gerechnet, sammelt das AT zeitgebundene und überzeitlich verdichtete Schicksale des Menschenlebens, Mythen und Chroniken, religiös-politische Niederschriften sowie den exemplarischen Weg des einzelnen, Gesetze und Verbrechen, Opfervorschriften, Gottesdienst und Predigt, die großen Staatsgeschäfte und das Leben der kleinen Leute. Trockene Urkunden und Annalen stehen neben minutiösen Priester-Vorschriften, Anklagen neben Verheißungen, bewegte Gebete neben Liebesliedern, große Geschichtsentwürfe neben kleinen Stammes-Sprüchen, Kriegsvorschriften neben Friedens-Appellen.[39] Dieser Lebens-Reichtum füllt im »Sammelband AT« (nach kath. Zählung) 46 Bücher, die zumeist selber wieder in mehrere Epochen ihrer Abfassung untergliedert werden können (»Wachstumsliteratur«). Diese wenigen Hinweise müssen genügen, um ahnen zu lassen, »daß im AT ein nicht nur religiös, sondern auch geistes-, ja ›menschengeschichtlich‹ je und je zukunftsträchtiges Vermächtnis alle Gezeiten und Generationen anspricht.«[40] Um so bedauerlicher, wenn es heute als Gefahr zu wenig wahrgenommen wird, wie eine

[39] Zur Einführung vgl. G. Lohfink, Jetzt verstehe ich die Bibel, Neuauflage Stuttgart 1992.

[40] A. Deissler, Die Grundbotschaft des AT. Freiburg [9]1984, S. 14.

ganze Generation biblisch-religiöse Grundlagen unserer abendländischen Kultur verliert.

Das AT und die Christen von heute – Themen und Impulse

Theologisches Denken und religiöse Praxis verdanken der Auslegung des AT in den letzten Jahrzehnten wichtige Anregungen. Besonders fruchtbar erwies sich dabei die Beschäftigung mit:
– *den Propheten und ihrer Botschaft*: Mit ihrer Sozialkritik, dem Ineinander von Gottes- und Menschenrecht, ihrer Wertung von Opfer, Kult, Gottesdienst und deren Verbindung zum Dienst am Menschen sowie ihrer Forderung: Gott Jahwe allein!
– *dem Exodus-Geschehen* als der Geschichte der Befreiung Israels aus ägyptischer Abhängigkeit. Die Botschaft der Propheten und das Exodusthema wurden Grundlagen der »Befreiungstheologie«;
– *der Führung Gottes in der Geschichte*, das Unterwegssein mit ihm. Das beginnt mit dem Herausruf Abrahams und der Ur-Eltern Israels, setzt sich in den Wüstenwanderungen fort und begegnet auch nach der Landgabe in vielfacher Weise. Wanderschaft konterkariert Seßhaftigkeit, auch die Staatswerdung eines Volkes mit ihren vielen Versuchungen der Sättigung und falschen Zufriedenheit. Die Idee vom »wandernden Gottesvolk« interpretiert die menschliche Existenz als »abschiedliches Le-

ben« das immer neu aufbrechen muß, wenn es nicht seine Bestimmung verlieren will;

– *der Geschichte Israels als »Heils-Geschichte«* im Rahmen einer *»Bundes-Theologie«*: Gott, der den Menschen einen Bund setzt, ihn vorgängig einbringt oder ihn anbietet zum gemeinsamen Bundesschluß wie am Sinai, garantiert den Bestand der Beziehung zu ihm über alle Einbrüche der Geschichte hinweg.[41] Man erkannte, daß für Israel Geschichte und Mythos, historische Erkenntnis und symbolisches Denken, Glaube und Welt, keine Gegensätze waren, sondern sich vielmehr der Glaube in der Geschichte bewährt und Gott sich in der Geschichte zeigt und in seinem Handeln offenbart. Politische Groß- und persönliche Alltags-Geschichte werden transparent auf Gott jenseits von Geschichte und Welt, der ihr aber doch seinem Namen getreu nahe sein will. Wanderndes Gottesvolk und Heilsgeschichte, Öffnung des Glaubens zur Welt waren wichtige Stichworte für die katholische Theologie auf dem II. Vatikanum und trugen wesentlich zur Erneuerung des Kirchenbildes bei;

– den *Schöpfungstexten*, die man neu erfaßte und in ihrer Bedeutung für das ökologische Denken er-

[41] E. Zenger (Hg.), Der Neue Bund im Alten. Zur Bundestheologie der beiden Testamente. Freiburg 1993.

kannte. Aus ihnen erhellt sich der Ort des Menschen in der Schöpfung, sein Herrschafts- und Dienstauftrag als personaler Sachwalter der Schöpfung, sein Verhältnis zu Arbeit und Ruhe, die Gleichrangigkeit von Mann und Frau;
– den *Frauengestalten des AT* und ihrem Ertrag für eine feministische Exegese.
– dem Dekalog und der *Aktualität der Zehn Gebote* im Rahmen eines Angebotes menschlicher Freiräume, in denen ein besseres Miteinander wachsen kann: die Sicht der Gebote und Weisungen Gottes als Entwicklungshilfe zum Leben im »Schalom«.
– dem AT als einem (wie oben besprochen) *gemeinsamen Erbe von Judentum und Christentum.* Die Entfremdung vom Judentum überwindet am besten, wer sich auf die Wurzeln des Christentums besinnt. Gleichzeitig schützt diese Perspektive vor christlich-antijüdischen Vorurteilen von links und rechts.
Wie substantiell das AT auf Fragen unserer Zeit antworten kann (aber nicht mit Patentrezepten, sondern als Denkanstöße!) zeigt der vielseitige Alttestamentler Norbert Lohfink in seinen beiden Bänden »Unsere großen Wörter – das AT zu Themen dieser Jahre« und »Unsere neuen Fragen und das AT: Wiederentdeckte Lebensweisung«.[42] Gewalteilung und Wachstum, Pluralismus und Friedensbewegung sind nur einige dieser »Wörter« mit

[42] Freiburg ^{3}1985 und 1989.

denen Lohfink die alttestamentliche Welt konfrontiert und für uns zum Sprechen bringt.[43] Es ist keineswegs so, daß alttestamentliche Exegese eine kryptische Wissenschaft ist, die sich in zahlreiche Hypothesen und einzelne historische und literarische Fragestellungen aufsplittert – es geht ihr heute sehr »ums Ganze«, wie die gewachsene Bedeutung der biblischen Theologie, des jüdisch-christlichen Gespräches, der Kanonfrage, der Verbindung zu Archäologie und Religionsgeschichte oder die laufende Monotheismus-Debatte zeigen.[44] Dies wäre aber nicht möglich ohne die vorausgegangene Kleinarbeit auf dem Boden der Literarkritik und Redaktionsgeschichte, wo besonders in der Analyse der Fünf Bücher Mose große Fortschritte erzielt worden sind.

Heilsgeschichte und verrätselte Oberfläche

In den letzten Jahren sind die christlichen Traditionen vielfach kritisch angefragt worden, teils im Binnenbereich von Theologie und Kirche, teils von außen. Diese kritische Sichtung machte auch vor der Bibel nicht halt. Im Falle des AT wurde sie auch

[43] Vgl. auch die Reihe »Biblische Konfrontationen« im Kohlhammer-Verlag Stuttgart.

[44] Chr. Dohmen, Es geht ums Ganze. Aktuelle Tendenzen in der alttestamentlichen Wissenschaft. HK 46 (1992) S. 81-87. Vgl. A. Deissler, Wozu brauchen wir das AT? HK 35 (1981) S. 618-624; K. Lehmann, Das AT in seiner Bedeutung für das Leben und die Lehre der Kirche heute, TThZ 98 (1989) S. 161-170.

von tiefsitzenden Vorstellungen (und manchmal Vorurteilen) angestoßen, die speziell mit dem *Gottesbild des AT* zu tun haben: Der strenge Vater-Gott; der Gott des Gesetzes; Gesetz contra Liebe; der Richtergott; Gott der Rache und Vergeltung; der Gott der kriegerischen Landgabe-Erzählungen, der »heiligen Kriege«; die Flüche und Rachewünsche der Psalmen ...[45] Kann man das AT noch ein »heiliges Buch« nennen? »Kann das Christentum zutiefst inhumane Züge der Bibel als Bestandteil ihrer Glaubensgrundlage ausgeben?« So fragt der Freiburger Psychologe F. Buggle in seinem Buch »Denn sie wissen nicht, was sie glauben.«[46]
Wie gehen Christen mit dieser ernstgemeinten Anfrage um?
1. Es ist sinnvoll, daß diese Schwierigkeiten einmal umfassend zur Sprache kommen und diskutiert werden, aber es ist keineswegs das erste Mal, daß sie auftauchen: Seit der Antike und wiederholt in der Neuzeit ist diese Kritik artikuliert worden und führte zu einer Abwertung und Verwerfung des AT bei so großen Denkern wie Hegel und Schleiermacher.[47] Tatsächlich bietet das AT nicht einfach

[45] Dazu E. Zenger, Ein »ewiges« Klischee: Der Gott der Rache und der Gewalt? a.a.O., 2-1992, S. 48f.

[46] Freiburg 1992. Vgl. T. Moser, Gottesvergiftung. Jetzt: Frankfurt 1989.

[47] Nachzulesen bei A. H. J. Gunneweg 1977, S. 121ff. Vgl. auch dazu: F. Mildenberger, Biblische Dogmatik, 3 Bde. Stuttgart 1993 (jetzt vollständig).

ein harmonisches Bild kontinuierlicher »Heilsgeschichte«. Es zeigt stattdessen öfter eine *verrätselte Oberfläche*, die diese Heilsgeschichte wieder durchbricht (Verzögerung und Gefährdung seiner Verheißungen; geschichtliche Katastrophen; unverschuldetes Unglück ...). Gewalttaten werden in der gesamten Bibel tatsächlich sehr vielfältig und umfangreich dargestellt. Aber wenn die Bibel Gewalttätigkeiten der Menschen nicht totschweigt oder verharmlost, sondern sich dieser bitteren Realität stellt, so gewiß nicht, um Gewalt zu verherrlichen, sondern: um sie als eine grundlegende, unser Leben bestimmende, zerstörerische Kraft vorzuführen.
Gewalt ist überall gegenwärtig, umfaßt und durchdringt alles. Kain erschlägt seinen Bruder Abel: die Menschheitsgeschichte beginnt mit einem Mord. Mose erschlägt einen Ägypter: »Mord« steht auch am Beginn der Befreiungsgeschichte Israels. Gott Jahwe bekämpft die Einwohner Kanaans auf seiten der anrückenden Israeliten: Kriege begleiten auch die weitere Geschichte Israels und der Menschen. Die Propheten geißeln die gewalttätige Unterdrükkung der Armen und die Verletzung der Menschenrechte bis hin zum Völkermord. Und sie müssen auch im Namen Gottes Gewalt ankündigen oder selbst erleiden.
Die gesamte menschliche Geschichte ist von Gewalttaten durchzogen: »JAHWE sah, daß auf der Erde die Schlechtigkeit des Menschen zunahm und daß

alles Sinnen und Trachten seines Herzens immer nur böse war« (Gen 6,5) ... »denn das Trachten des Menschen ist böse von Jugend an« (Gen 8,21).

Das AT erfaßt auch die dunklen Seiten des Lebens. Es bietet keine »Religion des glücklichen Bewußtseins« (wie sie H. Zahrnt zu Recht kritisiert)[48] noch eine heile Welt ungestörten Seelenfriedens. Selbst Probleme allzumenschlichen Umgangs mit der Religion sind dem AT nicht fremd, und es kennt alle Versuchungen und Perversionen, die sich daraus ergeben können. Aber es stellt ihnen Alternativen gegenüber, die innerweltlich lebbar wären, und zu denen Gott die Menschen hinziehen will. Und es zeigt Verheißungen auf, die über die normale Geschichte aus Raum und Zeit hinausgehen. Die Vision eines einheitlichen Friedens der Menschen untereinander und gemeinsam mit allen Geschöpfen (z. B. Jes 11,1–9: »dann spielt der Säugling vor dem Schlipfloch der Natter / das Kind streckt seine Hand in die Höhle der Schlange«) steht neben konkreten Lebens-Bedingungen, wie z. B. dem Freiheitswort der Zehn Gebote, die Israel zu einem besseren Miteinander einladen wollen (Ex 20). Aber es bietet keine Illusionen, und es ist gut, daß das AT die dunklen Seiten von Religion und Gottesbild in sich enthält. Alles andere wäre pure Ideologie.

[48] H. Zahrnt, Wie kann Gott das zulassen? Hiob, der Mensch im Leid. München 5-1989. Vgl. H. Frohnhofer, Nichts Neues seit Kain und Abel? Theol. d. Gegenwart 37 (1994) 55–67.

2. Die Bibel hat als Gottes Wort in menschlicher Gestalt Anteil an der Dunkelheit und Mißverständlichkeit aller menschlichen Rede und an der jeweiligen Zeitgebundenheit des Denkens und Lebens ihrer Autoren.[49] Ihre Heiligkeit bezieht sich auf Gott als Initiator und Vollender eines Offenbarungsprozesses, den er mit der Schöpfung gestalten will. Gottes Wort ist heilig, aber nicht die einzelnen Wörter und ihre situationsgebundene Einkleidung! Gleiches gilt für Inspiration und Irrtumslosigkeit der Schrift: Sie bedeuten nicht, daß einzelne Aussagen punktuell (und letztlich fundamentalistisch) wortwörtlich von Gott inspiriert und irrtumslos seien. Alle Aussagen sind immer auf den Gesamtgehalt der ganzen Bücher und ihren Zusammenhang bezogen, sowie auf den Gesamttenor AT – NT.[50]

[49] J. Scharbert a. a. O. 1981, S. 120ff: Bibel als Menschenwort. Vgl. das Vatikanum II in seiner dogmatischen Konstitution »Dei Verbum« 13 und die neueste Verlautbarung der Päpstlichen Bibelkommission »Die Interpretation der Bibel in der Kirche« (1993). Diese nimmt Bezug auf die berühmte Bibel-Enzyklika von 1943: »Divino afflante spiritu« und setzt sich gegenwärtigen Problemen, auch z. B. der fundamentalistischen Deutung der Bibel, auseinander.

[50] Die in sich abgeschlossenen Bücher der Bibel erhalten durch den Kanon einen Stellenwert, den sie für sich allein nicht haben können. Hier zeigt sich ein Prinzip der »Fortschreibung« im Raum der Offenbarung Gottes, das Dohmen / Oeming wie folgt umreißen: »Die Durchdringung von Freiheit neuer religiöser Erfahrung und schriftgelehrter Rückbindung an Vorstellungen und Sprache der bewährten Tradition ist ein Fundamentalprinzip der Theologie des NT. Geprägte Fortschreibung erweist sich sogar als Fundamentalprinzip von Theologie überhaupt« (a. a. O. 1992, S. 106f).

3. In den Schriftstellen des dunklen Gottesbildes, der kriegerischen Gewalttätigkeit usw. geht es deshalb nicht darum, die Einzelaussagen als Lehre der Bibel oder der Kirche festzunageln oder gar glaubensverbindlich einzufordern, sondern darum, sich die Augen öffnen zu lassen, wie die Bibel selbst mit diesen Religions- und Gottesbildern umgeht: Sie läßt sie zu ihrer Zeit aufsteigen, sich darstellen und artikulieren, zeigt aber in einem größeren Zusammenhang, wie und warum es zu diesen Fehlentwicklungen kommen konnte, und wo sie Gegenmodelle sieht. Beispiel: In der Exilszeit wird die Landnahme Israels im Krieg mit den Kanaanäern als blutiger Vernichtungskampf ausgestaltet (was nicht der historischen Realität entsprach); gleichzeitig wird Jahwe als Kriegsgott modelliert, der für Israel kämpft und die Feinde vernichtet. Ebenfalls in der Exilszeit entstand aber auch der völlig unkriegerische Entwurf eines friedfertigen Volkes Israel, das aller Militärmacht abschwört und als Gottesdienst-Gemeinde lebt.[51] Und was das Gottesbild betrifft: Negativ berührt uns die zeitgebundene Einkleidung der Rettungstat Gottes in ein kriegerisches Bild. Positiv bleibt aber die Vorstellung von Gott als einem Retter und Heiland, auf den Menschen in

[51] N. Lohfink (Hg.), Gewalt und Gewaltlosigkeit im AT. Freiburg 1983.

der größten Not so sehr vertrauen können, daß sie selbst nicht einmal Waffen brauchen, weil eben Gott für sie kämpft. Der Hauptstrom des AT zeigt gerade auf, daß Gott im entscheidenden Moment die Israeliten auffordert, nicht zu den Waffen zu greifen, sondern allein ihm zu vertrauen (Jes 7,9!). Die Verbindlichkeit des Gotteswortes und das, was Christen glauben, liegt in diesem umfassenden Rezeptionsvorgang der Bibel, der die Faltungen und Tiefen ihrer Aussagen nachvollzieht und sich damit auseinandersetzt. Alles andere wäre ein flächiges, letztlich banales »Für-Wahr-Halten« vereinzelter Aussagen, das Mißverstehen der Bibel für bestimmte eigene Konzepte.

4. Dieser aktive Rezeptionsvorgang wird noch reichhaltiger, wenn man die Kenntnisse der Geschichte Israels, die Ergebnisse von Archäologie und Kulturforschung, von Geschichte und Religion der Völker des alten Kanaan und des Fruchtbaren Halbmondes mit einbezieht. Von der Bedeutung der literaturwissenschaftlichen Arbeit war schon die Rede. Dies alles führt nicht zu einer Relativierung und hermeneutischen Abschwächung der schwierigen und dunklen Worte im AT, sondern zu einem vertieften Bemühen um das rechte Verständnis der biblischen Offenbarung für unsere Zeit: zugunsten echter »Weitergabe des Glaubens« und nicht einfach zur Wiederholung von Sätzen, wie wir früher »Biblische Geschichte« auswendig gelernt haben.

5. Für den richtigen Umgang mit dem AT gibt es in der Bibel ein drastisches Bild: Der Prophet Ezechiel und Johannes, der Seher von Patmos, müssen die ihnen von Gott gereichte Schriftrolle »verschlingen« (Ez 2,8-3,3; Offb. 10, 8-11; vgl. Jer 15,16). Das Wort Gottes muß von innen verdaut werden, ehe wir es weitergeben können; nur durch diesen »Stoffwechsel« wird es in der Gegenwart neu! Aber es gibt auch unverdauliche Brocken und Ballaststoffe des Lebens, die bleiben: Das Leiden und der Tod, das Erleben von Ungerechtigkeit, die Theodizeefrage. Damit umzugehen heißt auch: das Fremde ertragen lernen, dem Unverstandenen in meinem Leben Raum geben können, und diese schwierige Grat-Wanderung versuchen zwischen meinen Möglichkeiten, die Verhältnisse des Leidens zu ändern und dem Ausharren in Würde und Hoffnung dort, wo ich meine Grenze spüre sowie das Vorläufige und Fragmentarische meines Denkens und Handelns.
Die Fragen, die das dunkle Gottesbild uns stellt, halten gleichzeitig die Gottesfrage überhaupt offen. In dieser Frage zeigt sich der bleibende Stachel nicht nur der Bibel und der Theologie, sondern überhaupt für jeden religiösen Menschen, der in seiner Religion mehr sucht als nur Harmonie und jeweilige Bedürfnisbefriedigung oder ein glückliches »Geben und Nehmen«.

Das AT als »Randgruppenliteratur«

Das AT vermag aufzuzeigen, wie sich eine realistische Einschätzung des Lebens »von unten« mit der Hoffnung auf einen »mitgehenden Gott« vebindet[52], in dessen Begleitung das Leben erfüllter, froher, »runder« werden kann, weil Gott das Leben liebt, und sich auch in dessen Schwierigkeiten und Nöten als treuer Weggefährte erweisen will: »Muß ich auch wandern in finsterer Schlucht / ich fürchte kein Unheil / denn du bist bei mir ...« (Ps 23,4). Der Sinn für das Kleine und ein Blick für die Schwachstellen des Lebens macht auf weite Strecken die Orginalität des AT aus. Hier kommt zum Tragen, was der Schweizer Alttestamentler O. Keel den Charakter einer »Randgruppen-Literatur« genannt hat.[53] Das AT ist im Gegensatz zur übrigen Literatur des Alten Orients (Ägypter, Babylonier, Assyrer ...) nicht das Werk einer Großmacht und auch nicht Produkt der Herrscher und Könige, sondern die religiöse Literatur eines kleinsten aller Völker (Dtn 7,7), das wiederum besondere Rücksicht nimmt auf die Armen und Schwachen in seinen Reihen.

»Ein umherirrender Aramäer war mein Vater« – so beginnt der Text, den jeder Israelit beim Opfer der

[52] A. Deissler, Gehen mit Gott. Stuttgart 1991.

[53] O. Keel, Orte und Landschaften der Bibel Bd. 1. Zürich 1984, S. 201 ff. Vgl. W. Schottroff / W. Stegemann, Der Gott der kleinen Leute. München 1979.

Erstlingsfrüchte sprechen sollte (Dtn 26,5). »Die Väter zogen umher von Volk zu Volk, von einem Herrschaftsgebiet zum anderen« (Ps 105,13). Im Gegensatz zum Ruhm der Großmächte bekennt sich hier Israel zu seiner Schwachheit (vgl. Paulus in 2 Kor 11,16ff.).

Das Nomadentum der Vorfahren wird zu einem theologischen Inhalt. Eine weitere Zuspitzung erfährt dieser Aspekt durch die Erfahrung der Fremdarbeiter-Existenz in Ägypten. Die fortdauernde Erinnerung daran unterstützte das Verständnis für Fremde und Abhängige im eigenen Land: »Einen Fremden darfst du nicht bedrücken, denn ihr wißt ja, wie einem Fremden zumute ist, seid ihr doch selber Fremde gewesen im Lande Ägypten« (Ex 23,9). »Du sollst deinen Nächsten lieben wie dich selbst« (Lev 19,18) bezieht sich auch auf den Fremden, »der euch wie ein Einheimischer gelten soll« (Lev 19,33f.). E. Zenger nennt darum die Vorurteile von Vergeltungs- und Rache-Ethik, die manche auch heute noch (oder schon wieder) in das Gottesbild Israels eintragen, zu Recht ein »ewiges Klischee«, an dem allerdings auch falsche Übersetzungen schuld haben, die dem biblischen Kontext zu wenig Rechnung tragen (z.B. meint »Rache und Vergeltung Gottes«, daß er die menschlichen Taten »ausgleicht«, wieder ins Lot bringt, die gestörte Lebensordnung wieder herstellt). Größer als Gottes Gerechtigkeit ist seine Liebe (Hos 11, 8b–9). Dieser

nach menschlichen Ordnungsvorstellungen unberechenbare Maßstab Gottes zeigt sich immer wieder. Gerne setzt das AT bei den kleinen und unbedeutenden Zeitgenossen an, modern gesprochen: bei den »Antihelden«. Da sind es auch Frauen, die Israel retten (Debora) oder ein lächerlich kleines Grüppchen von Kriegern gewinnt (Ri 7; 1 Sam 14) oder der junge David mit seiner Steinschleuder im Kampf gegen Goliat (1 Sam 17).
Auch was das AT von der Königszeit und seinen Königen überliefert, ist fast durchweg nicht aus dem Gesichtspunkt der Herrschenden geschrieben (vgl. 1 Sam 2,1ff.). Selbst die Schwächen und Verbrechen des großen Vorbild-Königs David werden nüchtern erzählt. Immer wieder kommen königskritische Stimmen zu Wort und wird der Kultur der Mächtigen mißtraut: ob es ihr Luxus ist, oder ihre Verwaltung, oder ihre Militärmacht. Die Propheten, die nicht selten aus kleinen Land- und Grenzstädten stammen, erheben für vernachlässigte Randgruppen ihre Stimme und fordern das Gottesrecht für die Armen und Schwachen ein. Diese Umwertung der normalen Werte der Sieger und Tüchtigen, dieses Vertrauen auf die anderen Maßstäbe Gottes setzt sich nahtlos im NT fort: Die Jesusbewegung beginnt im Randgruppen-Gebiet Galiläa. Im Stammbaum Jesu werden ausländische Frauen aufgeführt. Der Ruf Jesu in die Nachfolge ist zunächst der Ruf in ein Außenseiter-Dasein. Seine Frohbot-

schaft verkündet er vor allem den Armen, Unterdrückten, Trauernden und Sündern. Sein Leben endet außerhalb der Stadtmauern. Mit allen diesen Überlieferungen verkündet, demonstriert und illustriert die Bibel, daß die Liebe Gottes nicht den Großmächten, den Herrschenden und Erfolgreichen gehört, wie die Menschen hartnäckig anzunehmen geneigt sind. Diese Botschaft, die im AT grundgelegt ist, bleibt eine ständige Herausforderung an die christlichen Kirchen und ihre Theologie.[54]

[54] Nach O. Keel in: O. Keel / M. Küchler / Chr. Uehlinger, Orte und Landschaften der Bibel Bd. 1, Zürich 1984, 202.

Schritte der Kanonisierung des »Ersten Testaments der Christen«

- *bis zur Mitte des 3. Jh. n. Chr.:* Kirchenschriftsteller zitieren unterschiedslos proto- und deuterokanonische Bücher nach der griech. Übersetzung (Septuaginta).
- Origenes (gest. 254), Athanasius, Cyrill v. Jerusalem u. a. treten für den hebräischen Kanon ein und unterscheiden die protokanonischen Bücher, die die »Lehre der Frömmigkeit« rein verkündigen und die zum Gottesdienst zugelassen sind, von den »übrigen, die außerhalb, im zweiten Kanon, zu bleiben haben«, »aber gelesen werden dürfen«. Die Mehrheit der kirchlichen Autoren stützt sich aber auf den umfangreichen Kanon.
- *um 400:* Obwohl Hieronymus den hebräischen Urbestand bevorzugt, schließt er in seine grundlegende lateinische Übersetzung die deuterokanonischen Bücher mit ein.
- *393:* die afrikanische Regionalsynode von Hippo stellt ein Kanonverzeichnis auf, das sich an der griechischen Bibel orientiert.
- *405:* Papst Innozenz I. schickt eine Liste gleichen Inhalts dem Bischof von Toulouse.
- *419* bestätigt das Partikularkonzil von Karthago dieses Verzeichnis.
- Im *4.–6. Jh.* wird dieses Verzeichnis in das weithin rezipierte »Decretum Gelasianum« aufgenommen (eine pseudogelasianische Schrift), das wiederum Eingang in das »Decretum Gratiani« findet (um 1140 von Gratian zusammengestellte bedeutende kirchliche Rechts-Sammlung) und damit amtliche Geltung als kirchl. Index librorum erhält.
- *692:* Die griechische Kirche übernimmt auf dem Zweiten Trullanum diesen Kanon.
- *890:* Patriarch Photius bestätigt ihn für die griechische Kirche.

- *1441:* Das Konzil von Florenz bestätigt den besagten Kanon.
- *1546:* Das Konzil von Trient bestätigt diesen Kanon mit 45 Schriften auf der Basis der Vulgata (Klagelieder nicht eigens erzählt, sondern Anhang zu Jeremia gezählt; sonst 46 Einzelschriften).
- *1590:* gedruckte Erstausgabe der »Vulgata« unter Papst Sixtus V.
  In der protestantischen Kirche setzt sich durch den Rückgriff Luthers und der Reformatoren auf die »Veritas Hebraica« der jüdische Kanon durch. Luther hat aber die Reihenfolge der Bücher geändert und mehr der Vulgata angeglichen. Luther über die deuterokanonischen Schriften, die für ihne »Aporkryphen« sind: »Das sind Bücher, so nicht der Heiligen Schrift gleichgehalten und doch nützlich und gut zu lesen sind.«
- *1979:* Die revidierte Fassung der Vulgata tritt für die röm.-kath. Kirche in Kraft. Papst Johannes Paul II. verabschiedet sie mit der Apostolischen Konstitution »Scriptuarum thesaurus« für die Gesamtkirche.

Titelblatt der Vulgata-Ausgabe, die von Papst Sixtus V. 1590 herausgegeben wurde (Erstausgabe).
Von der Vulgata des Hieronymus kursierten im Mittelalter verschiedene Rezensionen, so daß die Erarbeitung dieser verbindlichen Ausgabe rund 50 Jahre in Anspruch nahm.

Winrich A. Löhr

Fixierte Wahrheit? – Der neutestamentliche Kanon als »Heilige Schrift«[1]

Die Frühgeschichte der Entstehung des Neuen Testamentes (= NT) nachzuzeichnen, ist ein heikles Geschäft. Spärlich sind die Nachrichten, die wir über diesen für die Geschichte der christlichen Kirche so überaus wichtigen Prozeß haben. Es gibt keine Synodalprotokolle und keine explizit mit dem Thema befaßten theologischen Schriften, die es uns erlauben würden, einigermaßen sichere und klare Konturen auszumachen. Und doch muß der Versuch einer Rekonstruktion gewagt werden. Denn die Art und Weise, wie der Kanon des NT entstand, die Entwicklungen, Tendenzen und Spannungen, die während jener Entstehung zutage traten, bestimmen in ihren Fernwirkungen noch heute die Lektüre und das Verständnis des NT. In diesem

[1] Zum Thema, vgl. die klassische Darstellung von H. v. Campenhausen, Die Entstehung der christlichen Bibel, Berlin [2]1977; B. M. Metzger, The Canon of the New Testament. Its Origin, Development and Significance, Oxford 1987; K. S. Frank, Zur altkirchlichen Kanongeschichte, in: W. Pannenberg/Th. Schneider (Hg.), Verbindliches Zeugnis I. Kanon – Schrift – Tradition (Dialog der Kirchen – Veröffentlichungen des ökumenischen Arbeitskreises evangelischer und katholischer Theologen Bd. 7, 1), Freiburg/Br.–Göttingen 1992, 128-155.

Sinne sei versucht, den kanonsgeschichtlichen Prozeß unter drei Aspekten etwas weiter zu erhellen:

I. Schriftlichkeit und Mündlichkeit
II. Von der Fortschreibung der Schrift zur Exegese der Schrift
III. Vom exklusiven zum inklusiven Kanon

I. Schriftlichkeit und Mündlichkeit

Faßt man den Prozeß der Entstehung des NT und damit der Kanonsbildung im Ganzen ins Auge, so ist zweifellos die Schriftlichkeit der kanonischen Schriften und ihr Verhältnis zur Mündlichkeit bestimmter möglicherweise konkurrierender Traditionen ein erster wichtiger Aspekt. Wir wollen unter diesem Aspekt nicht die überaus schwierige – und wenn ich recht sehe – in der neutestamentlichen Forschung auch umstrittene Frage verhandeln, ob, in welchem Maße und in welcher Form mündliche Tradition den NT-Schriften vorausliegt. Wir wollen vielmehr skizzieren, wie man über das Verhältnis von Mündlichkeit und Schriftlichkeit in der Epoche der Kanonsbildung, im 2. Jahrhundert dachte.
Einen ersten Einblick in die Bestimmung dieses Verhältnisses gewinnt man am besten anhand eines Zitates. Die Quelle des Zitates ist die Schrift ›Auslegung der Herrenworte‹ des kleinasiatischen Bischofs Papias von Hierapolis, die vielleicht ca. 125 n. Chr.

entstanden ist. Papias schreibt im Proömium, d.h. in der Einleitung seines Werkes:

»Wenn auch einmal irgendjemand vorbei kam, der den Alten nachgefolgt war, so fragte ich nach den Worten der Alten – was Andreas oder Petrus sagte oder auch Philippus oder Thomas oder Jakobus oder was Johannes oder Matthäus oder irgendein anderer der Herrenjünger und auch was Aristion und der Presbyter Johannes, die Jünger des Herrn, sagen. Ich nahm nämlich nicht an, daß Bücherwissen mir soviel nützen könnte, wie das, was aus der lebendigen und kontinuierlichen mündlichen Tradition stammt.«[2]

Mit diesen Worten beschreibt Papias, der Ausleger der Herrenworte, seine Forschungsmethode – und zwar, wie es sich gehört – in der Einleitung seines exegetischen Werkes:

Um mündliche Jesusüberlieferung zu eruieren, befragte Papias diejenigen, die mit den Schülern der Apostel noch Umgang gehabt hatten. Er interessiert sich also ausdrücklich für die mündliche Tradition. Doch – und dies ist wichtig! – von einem bewußt gepflegten oder gar institutionalisierten Traditionsprozeß verlautet hier nichts; vielmehr will Papias im Einklang mit der Topik antiker Historikerprologe seinen eigenen gelehrten Forschereifer herausstellen.

[2] Eusebius, h.e. III, 39, 3-4 (LCL 153 290-293).

Papias mit seinem Anspruch als gewissenhafter und gelehrter Exeget formuliert eine pointierte Hochschätzung der Mündlichkeit.

Es hat bedeutende Gelehrte gegeben, die Papias gerade deswegen des Anachronismus gescholten haben, so H. v. Campenhausen, der F. C. Baur zitierend aufnimmt:

»Bei Papias sinkt alles wieder in den Strom der ungeordneten, sei es schriftlichen, sei es mündlichen Überlieferung zurück, die trotz der behaupteten Sichtung höchstens durch das theologische Urteil ein wenig begrenzt wird, sonst aber praktisch unkontrollierbar, ungeschützt und uferlos weiterströmt. ›Es ist, wie wenn man die Unmittelbarkeit der ursprünglichen Offenbarung sich dadurch gegenwärtig erhalten wollte, daß man sich an das lebendige Wort hielt, nicht an die tote, vergängliche Schrift‹.«[3]

In gewisser Hinsicht wird sowohl das Urteil v. Campenhausens als auch dasjenige Baurs nicht ganz der Komplexität gerecht, die man bereits bei Papias für das Verhältnis von mündlicher und schriftlicher Tradition ansetzen muß:

Bei Papias dient doch die im Proömium akzentuierte mündliche Tradition offenbar dazu, sein Werk, d.h. etwas Schriftliches, zu beglaubigen; ihm eine

[3] Vgl. H. v. Campenhausen, Die Entstehung der christlichen Bibel, Berlin ²1977, 159.

Art Gütestempel und damit Autorität zu verleihen. Es handelt sich also weder um einen Anachronismus – wie H. v. Campenhausen offenbar meint, noch um Nostalgie – wie H. v. Campenhausen mit F. C. Baur meint; sondern Papias will sein literarisches Werk mit der Autorität der hochgeschätzten Mündlichkeit versehen. Die Mündlichkeit wird evoziert, um die Schriftlichkeit zu beglaubigen; es handelt sich also um eine Art sekundärer, abgeleiteter Mündlichkeit[4], um Mündlichkeit als Bestandteil eines literarischen Projektes.[5] Aufgrund der fragmentarischen Überlieferung des Papiaswerkes können wir nur noch erahnen, daß Papias aus der von ihm erforschten mündlichen Überlieferung möglicherweise auch später als häretisch bewerteten, d. h. chiliastischen Traditionen schöpfte.[6]

Theologische Brisanz und Bedeutung für den kanonsgeschichtlichen Prozeß bekam das Verhältnis von Mündlichkeit und Schriftlichkeit besonders durch die Tatsache, daß gnostische Lehrer sich auf mündliche Traditionen beriefen:

4 Vgl. die anregenden Überlegungen von I.H.Henderson, Journal of Biblical Literature 111, 2 (1992), 283-306.

5 Vgl. A. F. Walls, Papias and the Oral Tradition, in: Vigiliae Christianae 21 (1967), 137-140.

6 Zu Papias vgl. den jüngsten Überblick bei W.R.Schoedel, Papias, in: Aufstieg und Niedergang der römischen Welt (Reihe II), Bd. 27, 1, Berlin-New York 1993, 235-270.

Zum einen haben wir es hier mit einer Variante der schon bei Papias zu beobachtenden »sekundären Mündlichkeit« zu tun; denn die gnostischen Zirkel pflegten die konkurrierende Überlieferung schriftlich zu verbreiten. Wenn sich die Basilidianer auf Glaukias als den Dolmetscher des Petrus beriefen, so liegt die Annahme nahe, daß hiermit lediglich ein weiteres, natürlich schriftliches Evangelium empfohlen werden sollte.[7]
Zum anderen aber tritt diese »sekundäre Mündlichkeit« nun in pointierte Konkurrenz zu vorhandenen schriftlichen Evangelien, entweder, indem sie diese ersetzen oder überbieten will, oder indem sie doch beansprucht, deren Kriterium und hermeneutischer Schlüssel zu sein.[8]
Im Gegenzug gegen derartige Theorien einer konkurrierenden mündlichen Tradition betonte ein Theologe wie Irenäus v. Lyon die grundlegende Harmonie der mündlichen Tradition der Kirche mit der Lehre der Schrift. Für Irenäus standen die Bischöfe der Kirche in der Sukzession der Apostel; so ist die Kontinuität der Lehrtradition festgestellt. Da das NT und besonders sein für Irenäus zentraler Bestandteil, die vier Evangelien, ebenfalls apostoli-

[7] Vgl. Clemens Alexandrinus, Str. VII, 106, 4; zum Basilidesevangelium, vgl. W. Schneemelcher, Neutestamentliche Apokryphen I, Tübingen [6]1990, 317-318.

[8] Vgl. die von Irenäus v. Lyon, Adv.haer. III, 2, 1-3 bekämpfte gnostische Position.

schen Ursprungs sind, ist die Einheit von Schrift und Tradition gesichert. Die Schrift entspringt der mündlichen Tradition und mündet ihrerseits wieder in die mündliche Predigt.[9]
Resümieren wir vorläufig:
Die Hochschätzung mündlicher Tradition, wie wir sie hier und dort im 2. Jahrhundert bei christlichen Schriftstellern antreffen, ist kein nostalgischer Anachronismus. Vielmehr dient sie dazu, Schriftlichkeit zu beglaubigen, zu empfehlen und abzusichern. Diese Art der sekundären Mündlichkeit ist also ein Phänomen, das mit der Schriftlichkeit und deren Aporien auf das engste verknüpft ist.
Gehen wir diesem Gedanken noch ein wenig nach: Es ist bemerkenswert, daß das frühe Christentum besonders im Hinblick auf die Schriftlichkeit besonders kreativ war. Dies gilt nicht nur für die literarischen Gattungen der Evangelien und Apostelbriefe, die eine Art Neuerfindung darstellten, sondern auch für die Art und Weise, wie Evangelien und Briefe verbreitet wurden. Denn diese stellte, wie jemand einmal treffend bemerkte, im antiken Kontext eine Art ›Medienrevolution‹ dar:
Trotz der Tatsache, daß ihr Inhalt für die christlichen Gemeinden von überragender Wichtigkeit war, wurden sie – nach den erhaltenen Papyrusfun-

[9] Vgl. dazu die Irenäus gewidmeten Bemerkungen im in Anm. 1 zitierten Beitrag von K.S.Frank.

den aus dem 2. Jahrhundert zu urteilen – bemerkenswerterweise nicht auf teueren Rollen und in schöner Schrift geschrieben. Sondern ihre Verbreitung erfolgte in der praktischeren Codexform; die Schrift, in der sie aufgezeichnet wurden war die von Schreibern, die Dokumente zum täglichen Gebrauch im Geschäftsleben aufsetzten. Die zunehmende Verbreitung des Codex und die Ausbreitung des christlichen Schrifttums stehen so in einem engen Zusammenhang.[10]

Es ist klar, daß dies alles die Verbreitung der christlichen Schriften förderte. Ein gewisses Indiz hierfür bietet auch die älteste lateinische Märtyrerakte, das Martyrium der Christen von Scili (Nordafrika), das um 180 n. Chr. abgefaßt wurde:

»Der Prokonsul Saturninus sagte: Welche Sachen habt ihr in Eurem Behälter? Speratus antwortete: Bücher und Briefe des Paulus, eines gerechten Mannes.«[11]

Offenbar trug der Christ Speratus die Schriften des Paulus in einer Art Büchse oder Koffer bei sich.

Zweifellos hatte diese ›Medienrevolution‹ auch ihre besonderen Probleme: Da die Christen daran gewöhnt waren, ihre Botschaft durch eine Vielzahl von Schriften in anspruchsloser Form zu kommuni-

[10] Vgl. dazu C.H.Roberts, Manuscript, Society and Belief in Early Christian Egypt (The Schweich Lectures of the British Academy 1977), London 1979.

[11] Vgl. A. Wlosok, Rom und die Christen, Stuttgart 1970, 43.

zieren, konnten sich auch gefälschte oder manipulierte Texte verbreiten. Darüber hinaus impliziert der Modus der Schriftlichkeit, daß die christliche Botschaft numehr auch von solchen Menschen gelesen und interpretiert werden konnte, die der Gemeinde und damit dem Traditions- und Interpretationskontext, in der diese Schriften entstanden, fremd waren. Trotzdem kann man beobachten, daß die frühen Kopisten christlicher Texte im allgemeinen recht erfolgreich um Texttreue und Textgenauigkeit bemüht waren.[12]

Das Interessante und auch Paradoxe besteht nun darin, daß diese ›Medienrevolution‹, ihre Bedeutung für die Ausbreitung des Christentums sowie ihre spezifische Problematik von den großkirchlichen Quellen bis zur ersten Hälfte des 2. Jahrhunderts weitgehend ignoriert werden. In diesen Quellen ist das Bewußtsein für die Schriftlichkeit der Schrift noch ›unterentwickelt‹; sie zitieren recht frei und führen die Evangelien und Briefe nicht als solche an, sondern mit Formeln wie z. B. ›Der Herr sagt‹ oder ›Der Apostel sagt‹.[13] Erwähnung findet

[12] Vgl. dazu die wichtige Studie von B. Aland, Die Rezeption des neutestamentlichen Textes in den ersten Jahrhunderten, in: J.-M. Sevrin, The New Testament in Early Christianity. La reception des crits notestamentaires dans le christianisme primitif (BEThL LXXXVI), Leuven 1989, 1-38.

[13] Vgl. den in der vorigen Anmerkung zitierten Artikel von B. Aland. Aland spricht von einem sich entwickelnden ›Textbewußtsein‹ bei den christlichen Schriftstellern.

die Schriftlichkeit der christlichen Botschaft bei Apologeten wie Justin[14], Gnostikern wie Valentin[15] oder Ketzern wie Markion. Markion ist es auch, der mit als erster im 2. Jahrhundert konsequent das Evangelium als Schrift behandelt und die damit implizierte Problematik reflektiert: Für ihn stehen die überlieferten Evangelien unter Fälschungsverdacht; unter dieser Prämisse wird die – theologisch motivierte – Textkritik, die Feststellung der authentischen Botschaft, zur vornehmsten theologischen Aufgabe.[16]

Angesichts der Tatsache, daß die Gnostiker und Markion die Schriftlichkeit der vorhandenen Überlieferung entweder durch Hinweis auf konkurrie-

[14] Vgl. Justin, 1 Apol 67, 2.

[15] Vgl. Clemens Alexandrinus, Str. VI 52, 3-53, 1; vgl. dazu jetzt den Kommentar bei C.Markschies, Valentinus Gnosticus? (WUNT 65), Tübingen 1992, 186ff.

[16] Vgl. W.-D. Köhler, Die Rezeption des Matthäusevangeliums in der Zeit vor Irenäus (WUNT 2.Reihe Bd. 24), Tübingen 1987, 517-536. – Vgl. auch B. Aland (a. a. O., 20 [Anm. 61]), die meint, daß die gewaltsame Textkritik Markions selbst ein Indiz für mangelndes Textbewußtsein sei. Das ist nicht zu bestreiten, gleichzeitig aber ist Markion ein wichtiger (freilich nicht der einzige) Katalysator für die Entwicklung eines derartigen Textbewußtseins. Die Tatsache, daß Markion versucht, den Text zu reinigen, d.h. ihn nicht einfach großzügig beiseite schiebt, verrät doch ein gewisses ›Textbewußtsein‹. In ihrem TRE-Artikel über Markion (vgl. Anm. 23) versucht B. Aland, die markionitische Textkritik im Kontext des 2. Jahrhunderts zu würdigen. B. Aland hat in beiden Beiträgen eine überaus fruchtbare Forschungsperspektive formuliert.

rende esoterische mündliche Überlieferung[17] oder durch Textkritik problematisierten, war auch die Großkirche gezwungen, sich dieser Frage zu stellen: Irenäus v. Lyon (ca. 180 n. Chr.) war der erste großkirchliche Theologe, der die Evangelien konsequent als schriftliche Autoritäten behandelte. Bei Irenäus führte dies in Kombination mit dem älteren Schema dazu, daß er bei seinem Schriftbeweis sowohl die Worte des Herrn als auch die Evangelien anführte – so als handele es sich um verschiedene Quellen.[18]

Die Idee des Irenäus bestand darin, die schriftlichen Quellen der christlichen Botschaft fest in den Traditions- und Interpretationskontext der Kirche einzubinden, um auf diese Weise die Grundproblematik der Schriftlichkeit zu lösen: Zum einen wurde so der Verdacht beseitigt, die schriftlichen Texte seien gefälscht oder manipuliert; zum anderen insistierte Irenäus darauf, daß die christlichen Schriften nur dort sachgemäß interpretiert werden, wo sie auch entstanden sind: In der von den Aposteln gegründeten und in bischöflicher Lehrsukzession bewahrten Kirche.

[17] Ein derartiges gnostisches Argument setzt z. B. Irenäus, Adv.haer. III, 2, 1 voraus.
[18] Vgl. dazu H. v. Campenhausen, op.cit., 233f.

II. Von der ›Fortschreibung‹ bzw. Nachahmung zur Exegese

Das Mk-Ev ist die erste uns bekannte Schrift, die versuchte, die Jesusüberlieferungen in einer Darstellung zu sichten und zu sammeln. Als solche ist sie – wir deuteten es bereits an – ein bemerkenswerter Neueinsatz; ihr Anpruch wird gleich im ersten Vers des Mk-Ev deutlich.

Es mag ein Zeichen der inneren Vielfalt und auch des inneren Spannungsreichtums der frühen Christenheit sein, daß es nicht beim Mk-Ev blieb, sondern das dies vielmehr zum Anstoß für weitere Versuche in der gleichen Richtung wurde. Das überlegt formulierte Proömium des Lk-Ev verrät uns einen pointiert gelehrt-historischen Anspruch und gleichzeitig den Ehrgeiz, die anderen umlaufenden Darstellungen zu übertreffen und wohl auch zu ersetzen. Das Mt-Ev. wiederum betont den Anschluß an das AT; es will den Messias Jesus Christus und seine neue Thora vorstellen; im sogenannten Missionsbefehl von Mt 28,19 wird der Anspruch hörbar, das neue Gesetz vollständig darzustellen. Das Joh-Ev schließlich reflektiert bereits die eigene Bedeutung als – für zumindest eine urchristliche Gemeinde – kanonische Darstellung der Worte und Taten Jesu: Zum einen beansprucht es – im Gegensatz zu den anderen Evangelien – die Autorität eines Jesus besonders nahestehenden – freilich nie genannten – Jüngers für sich.[19]

Zum anderen weist es den typisch ›kanonischen‹ Anspruch auf materiale Vollständigkeit zurück (Joh 20,30): »Noch viele andere Zeichen tat Jesus vor den Jüngern, die nicht geschrieben sind in diesem Buch.«

Damit will das Joh-Ev andeuten, daß sein Gegenstand, die Person des fleischgewordenen Gotteswortes jede noch so ›kanonische‹ Darstellung transzendiert.

Die Produktion der Evangelien bezeichnet also eine kanonsgeschichtliche Epoche, in der das Überlieferte nur durch Um- oder Neuschreibung[20] die immer notwendige Interpretation erfahren konnte. Diese Epoche reichte bis weit in das 2. Jahrhundert hinein; weitere, später nicht in den Kanon aufgenommene Evangelien wurden produziert, die z.T. nur den bekannten Stoff mit leichten Zusätzen variierten, z.T. jedoch auch von den kanonischen Evangelien durchaus abweichende Traditionen zur Geltung brachten.[21]

[19] Zur Gestalt des Lieblingsjüngers im Johannesevangelium, vgl. M. Hengel, The Johannine Question, London-Philadelphia 1989, 76ff.

[20] Wir reden auch von ›Fortschreibung‹ der Evangelien.

[21] Die nichtkanonischen Evangelien bzw. deren Reste sind jetzt in deutscher Übersetzung bequem greifbar bei W. Schneemelcher, Neutestamentliche Apokryphen I: Evangelien, Tübingen [6]1990.

Auch die Paulusbriefe wurden mit der Fälschung der sogenannten ›Pastoralbriefe‹ (I/II Tim, Ti) in einem veränderten kirchlichen Kontext ›fortgeschrieben‹. Auch hier also der Versuch, der tradierten Vorlage unter gewandelten Umständen im gleichen Medium zu entsprechen.[22]

Doch auf die Dauer konnte es nicht ausbleiben, daß Auslegung und Interpretation der Evangelien nach einem neuen Medium, nach einer eigenen literarischen Form drängten. Die bezeugten Anfänge zu einer expliziten Kommentierung des Evangelienstoffes finden sich bemerkenswerterweise gerade in den beiden geographischen Zentren der Theologie des zweiten Jahrhunderts, d.h. in Ägypten und Kleinasien.

Zunächst zu Ägypten: Dort kommt es offenbar zunächst in gnostischen Kreisen zu einer Kommentierung des Evangeliums. Über den um 120 n.Chr. in Alexandrien lebenden gnostischen Lehrer Basilides erfahren wir, daß er einen Kommentar in 24 Büchern zum ›Evangelium‹ schrieb. Leider sagen uns die Quellen nicht, welches Evangelium Basilides kommentierte. Der große alexandrinische Schrifttheologe Origenes im 3. Jahrhundert meinte sogar, Basilides habe ein eigenes Evangelium zusammengeschrieben. Einige Indizien deuten aber darauf

[22] Diese hier summarisch skizzierten Phänomene verdienten natürlich eine viel differenziertere Behandlung, wobei auch die antike Literaturtheorie beachtet werden müßte.

hin, daß das von Basilides kommentierte Evangelium unserem Lk-Ev nahestand. Es wäre durchaus nicht verwunderlich, wenn Basilides – konfrontiert mit mehreren Evangelien – sich den Evangelienstoff für seinen Kommentar selbst zusammenstellte; in gewisser Weise würde er damit nur fortsetzen, was vor ihm auch die Verfasser des Lk-Ev oder Mt-Ev taten; Ähnliches unternahmen im 2. Jahrhundert Markion (auf den wir noch zurückkommen werden) und der Syrer Tatian.[23]

Vermutlich wurde dieses Evangelium zusammen mit dem Kommentar verbreitet – im 2. Jahrhundert konnte ein Theologe wie Basilides nicht davon ausgehen, daß jeder interessierte Leser zuhause ein Neues Testament hatte.

Man darf sich den Kommentar des Basilides nicht so vorstellen, daß Basilides Zeile um Zeile des Evangelientextes philologisch kommentierte. Sondern nach den erhaltenen zwei Fragmenten sieht es so aus, als habe Basilides im Anschluß an bestimmte Perikopen des Evangeliums theologische Fragen aufgeworfen und diese dann ausführlich diskutiert. Vielleicht wurden aber in dem Evangelienkommentar des Basilides auch ›historische‹ Sachfragen, wie z. B. die Grunddaten der Chronologie des Lebens Jesu geklärt.

[23] Zu Markion, vgl. jetzt B. Aland, Marcion/Marcioniten, in: TRE XXII (1991), 89-101.

Basilides fand mit seiner Auslegung des Evangeliums in gnostischen Kreisen bald Nachahmer. So kommentierte um die Mitte des 2. Jahrhunderts der gnostische Theologe Herakleon bestimmte Perikopen des Joh-Ev.[24]

Der andere Durchbruch zu einer Kommentierung des Evangelienstoffes fand offenbar in Kleinasien statt. Denn dort schrieb um 125 n.Chr. der bereits erwähnte Bischof Papias v. Hierapolis seine ›Auslegungen der Herrenworte‹. Da von diesem Werk nur wenige Fragmente überliefert sind, können wir über seinen Inhalt nicht mehr sehr viel ausmachen.

Das wenige Erhaltene gestattet aber einige interessante Beobachtungen: So hat Papias in seinem exegetischen Werk zum einen offenbar nicht nur Herrenworte ausgelegt, sondern auch schriftliche und mündliche Traditionen über die frühe Kirche, über die Apostel und Jünger des Herrn gesammelt. Über das Mk-Ev bemerkt Papias folgendes:

»Und dieses sagte der Älteste: Markus war der Dolmetscher des Petrus, und was er von dem vom Herrn Gesagten und Getanen im Gedächtnis behielt, schrieb er genau auf; allerdings nicht in der richtigen Reihenfolge. Weder nämlich hatte er den

[24] Vgl. C. Bammel, Herakleon, in: TRE XV (1986), 54-57. Erwähnenswert ist in diesem Zusammenhang auch ein ›Exegetica‹ betiteltes Werk des alexandrinischen, enkratitisch ausgerichteten Theologen Julius Cassianus, vgl. Clemens Alexandrinus, Str. I, 101, 2. Freilich ist nicht klar, auf welche Schriften sich das Werk des Julius Cassianus bezog.

Herrn gehört, noch war er ihm nachgefolgt; später aber – wie ich bereits sagte - folgte er dem Petrus, der so lehrte, wie es die Umstände geboten, aber keine geordnete Zusammenstellung der Herrenworte anfertigte. Markus beging also keinen Fehler, als er Einzelnes so aufschrieb, wie er es im Gedächtnis behalten hatte. Doch auf eines achtete er: Nichts von dem, was er gehört hatte auszulassen oder irgendetwas davon falsch darzustellen.«[25]

Und über Matthäus schreibt Papias: »Matthäus stellte die Herrenworte in hebräischer Sprache zusammen; ein jeder übersetzte sie dann, wie er es vermochte.«[26]

Diesen Notizen des Papias über die Entstehung des Mk-Ev und des Mt-Ev wird in der heutigen neutestamentlichen Wissenschaft nicht viel Glauben geschenkt. Weder hält man das Mk-Ev wesentlich für eine Niederschrift dessen, was Mk als Schüler des Petrus von der Verkündigung seines Lehrers behalten hatte, noch glaubt man an ein Hebräisch oder Aramäisch abgefaßtes Ur-Mt-Evangelium, das dann später ins Griechische übersetzt worden wäre. Trotz dieser Negativbewertung in der heutigen Forschung scheinen mir diese Papiasfragmente bemerkenswert zu sein: Sie zeigen uns nämlich, wie um

[25] Eusebius v. Cäsaräa, h.e. III, 39, 15 (LCL 153 296-297).
[26] Eusebius v. Cäsaräa, h.e. III, 39, 16 (LCL 153 296-297).

125 n. Chr. ein früher christlicher Theologe und Exeget zu einer kritischen Würdigung der schriftlichen Quellen der Jesusüberlieferung gelangen will. Da Papias weder Mk noch Mt der Unfähigkeit, Lüge oder bewußten Fälschung bezichtigen will, versucht er, die im Hinblick auf Anordnung und Wortlaut zwischen beiden Evangelien erkennbaren Differenzen auf andere Weise zu klären: Einmal, im Falle des Mk, verweist er auf den Charakter der Quelle, nämlich Petrus; im anderen Fall bemüht er das Verhältnis des Evangeliums zu seinen Übersetzern. Auf diese Weise gelangt Papias mit den Mitteln seiner Zeit zu einer von kritischer Sympathie bestimmten Würdigung der beiden Evangelien.

Der christliche Lehrer Basilides in Alexandrien und der kleinasiatische Bischof Papias in Hierapolis – beide markieren einen wichtigen Übergang in der Kanonsgeschichte:

Beide stellen selbst ein Evangelium bzw. Herrenworte zusammen und stehen so mit einem Bein noch in der kanonsgeschichtlichen Epoche, in der die Tradition durch die Verfertigung neuer Evangelien fortgeschrieben wurde. Mit dem anderen Bein aber stehen sie schon in einer neuen Epoche, nämlich derjenigen des expliziten, die Schrift voraussetzenden Kommentars. Man könnte sagen, daß sich sowohl in Basilides als auch in Papias der Übergang von der impliziten zur expliziten Interpretation des Evangelienstoffes ankündigt.

56 187 V 3 Εἶπεν δὲ πρὸς αὐτοὺς τὴν παραβολὴν ταύτην ᴼλέ-
γων· 4 τίς ἄνθρωπος ἐξ ὑμῶν ⌜ἔχων ἑκατὸν πρόβατα καὶ 4–7: Mt 18,12-14 J 10,11s!
⌜ἀπολέσας ἐξ αὐτῶν ἓν ⸀οὐ καταλείπει⸁ τὰ ἐνενήκοντα
ἐννέα ἐν τῇ ἐρήμῳ καὶ ⌜πορεύεται ἐπὶ τὸ ἀπολωλὸς⸁ ἕως 19,10 Ez 34,11s.16
ᵀ εὕρῃ αὐτό; 5 καὶ εὑρὼν ἐπιτίθησιν ἐπὶ τοὺς ὤμους αὐ- Is 49,22
τοῦ χαίρων 6 καὶ ἐλθὼν εἰς τὸν οἶκον ⌜συγκαλεῖ τοὺς
φίλους καὶ ᴼτοὺς γείτονας λέγων αὐτοῖς· συγχάρητέ μοι,
ὅτι εὗρον τὸ πρόβατόν μου τὸ ἀπολωλός. 7 λέγω ὑμῖν
ὅτι οὕτως χαρὰ ⸉ἐν τῷ οὐρανῷ ἔσται⸊ ἐπὶ ἑνὶ ἁμαρτωλῷ Mc 2,17p
μετανοοῦντι ἢ ἐπὶ ἐνενήκοντα ἐννέα δικαίοις οἵτινες οὐ
χρείαν ἔχουσιν μετανοίας.
188 X 8 Ἢ τίς γυνὴ δραχμὰς ἔχουσα δέκα ⸀ἐὰν ἀπολέσῃ
δραχμὴν μίαν⸁, οὐχὶ ἅπτει λύχνον καὶ σαροῖ τὴν οἰκίαν
καὶ ζητεῖ ἐπιμελῶς ἕως ⌜οὗ εὕρῃ; 9 καὶ εὑροῦσα ⌜συγκαλεῖ
τὰς φίλας καὶ ᵀ γείτονας λέγουσα· συγχάρητέ μοι, ὅτι
189 V εὗρον τὴν δραχμὴν ἣν ἀπώλεσα. 10 οὕτως, λέγω ὑμῖν,
⸀γίνεται χαρὰ⸁ ἐνώπιον ᴼτῶν ἀγγέλων τοῦ θεοῦ ἐπὶ ἑνὶ
ἁμαρτωλῷ μετανοοῦντι.
57 190 X 11 Εἶπεν δέ· ἄνθρωπός τις εἶχεν δύο υἱούς. 12 καὶ εἶπεν Mt 21,28
ὁ νεώτερος αὐτῶν τῷ πατρί· πάτερ, δός μοι τὸ ἐπιβάλλον 1 Mcc 10,29[30]
μέρος τῆς οὐσίας. ⸀ὁ δὲ⸁ διεῖλεν αὐτοῖς τὸν βίον. 13 καὶ Tob 3,17
μετ' οὐ πολλὰς ἡμέρας ⌜συναγαγὼν ⌜πάντα ὁ νεώτερος
υἱὸς ἀπεδήμησεν εἰς χώραν μακρὰν καὶ ἐκεῖ διεσκόρπισεν 16,1 Prv 29,3
⸀τὴν οὐσίαν αὐτοῦ⸁ ζῶν ἀσώτως. 14 δαπανήσαντος δὲ
αὐτοῦ πάντα ἐγένετο λιμὸς ⌜ἰσχυρὰ κατὰ τὴν χώραν ἐκεί-
νην, καὶ αὐτὸς ἤρξατο ὑστερεῖσθαι. 15 καὶ πορευθεὶς
ἐκολλήθη ἑνὶ τῶν πολιτῶν τῆς χώρας ἐκείνης, καὶ ἔπεμ-
ψεν αὐτὸν εἰς τοὺς ἀγροὺς αὐτοῦ βόσκειν χοίρους, 16 καὶ
ἐπεθύμει ⌜χορτασθῆναι ⌜ἐκ τῶν κερατίων ὧν ἤσθιον οἱ 16,21

3 ᴼ D Θ f^{13} 28 *pc* b e sy$^{s.c.p}$ • 4 ⌜ος εξει D *ex* lat? | ⌜απολεση B* D | ⸀ουκ αφιησι *et* ⌜απελθων το απ. ζητει D (lat sy$^{s.c.p}$ co) | ᵀου ℵ A N Δ Ψ $f^{1.13}$ 1424 *al* • 6 ⌜-ειται D N $f^{1.13}$ 1241 *al* | ᴼ $\mathfrak{P}^{75}$ Θ *pc* • 7 ⸉ A D W Θ $f^{1.13}$ (28) 𝔐 ¦ *txt* $\mathfrak{P}^{75}$ ℵ B L Ψ 892. 1241 *pc* • 8 ⸀και απολεσασα μιαν D it | ⌜οτου A W Ψ 𝔐 ¦ – D 892 *pc* ¦ *txt* $\mathfrak{P}^{75}$ ℵ B L Θ $f^{1.13}$ 33. 1241 *al* • 9 ⌜-ειται A D W $f^{1.13}$ 𝔐 ¦ *txt* $\mathfrak{P}^{75}$ ℵ B K L N Δ Θ Ψ 892. 1424 *al* | ᵀτας A W Ψ $f^{1.13}$ 𝔐 ¦ τους 579 *pc* ¦ *txt* $\mathfrak{P}^{75}$ ℵ B (⸉ D) L Θ *pc* • 10 ⸀*2 1* A W Θ Ψ f^{1} 𝔐 ¦ χ. εσται D N f^{13} *pc* latt ¦ *txt* $\mathfrak{P}^{75}$ ℵ B L 33 *pc* | ᴼ B • 12 ⸀και ℵ* D W Θ Ψ $f^{1.13}$ 𝔐 latt sy ¦ – $\mathfrak{P}^{75}$ ¦ *txt* ℵ^{2} A B L 892. 1241 *pc* bo • 13 ⌜συναγων $\mathfrak{P}^{75}$ *pc* | ⌜απαντα ℵ A L W Θ Ψ $f^{1.13}$ 𝔐 ¦ *txt* $\mathfrak{P}^{75}$ B D 1241 *pc* | ⸀εαυτου τον βιον D • 14 ⌜-ρος W Θ Ψ f^{13} 𝔐 ¦ – it sy^{s} ¦ *txt* $\mathfrak{P}^{75}$ ℵ A B D L R f^{1} 892 *pc* • 16 ⌜†γεμισαι την κοιλιαν αυτου A Θ Ψ 𝔐 lat sy$^{s.p.h}$ bo ¦ γεμ. τ. κ. και χορτασθηναι W ¦ *txt* $\mathfrak{P}^{75}$ ℵ B D L R $f^{1.13}$ 1241 *pc* e f (sy^{c}) sa | ⌜απο A W Θ Ψ 𝔐 ¦ *txt* $\mathfrak{P}^{75}$ ℵ B D L R $f^{1.13}$ *pc*

Eine Seite des griechischen Urtextes des Neuen Testamentes in der wissenschaftlichen Ausgabe von Nestle-Aland (Deutsche Bibelstiftung Stuttgart, 26. Auflage, 4. revidierter Druck 1981), Lukas 15, 3–16. (Das verlorene Schaf, Die verlorene Drachme, Der verlorene Sohn [Anfang].)

Angesehene evangelische Gelehrte wie A.v.Harnack und H.v.Campenhausen haben zu Recht darauf aufmerksam gemacht, daß es ein ›Häretiker‹ ist, der als erster eine Art ›Kanon‹ des NT geschaffen hat: Die Rede ist von Markion, einem umtriebigen Schiffsreeder aus Sinope am Schwarzen Meer, der noch vor der Mitte des 2. Jahrhunderts nach Rom kam und in der dortigen Gemeinde mindestens zeitweise eine geachtete und angesehene Stellung einnahm.

Markion hatte eine bestimmte theologische Theorie, die für seinen ›Kanon‹, seine Bibel entscheidend wurde:

Ihm zufolge sind der Gott des AT und der Vater Jesu Christi nicht ein und dieselbe Person. Vielmehr ist der Gott des AT ein kleinlicher, in Grenzen gerechter aber im Ganzen beschränkter Schöpfer- und Gesetzgebergott, der die vollkommene und selbstlose Liebe und Güte des Vaters Jesu Christi nicht erreicht und der so eingebildet ist, daß er glaubt, er sei der oberste Gott. Laut Markion schickte der oberste Gott aus reiner und selbstloser Liebe seinen Sohn zu den ihm fremden Kreaturen des Schöpfergottes, um die Menschen, die an den Erlöser glauben und seine Liebe erwidern, von der Macht des niederen Schöpfer- und Gesetzgebergottes zu befreien. Konsequenterweise war für Markion das AT eine Offenbarungsurkunde minderen Ranges, daß uns über den wahren, obersten Gott nichts erzählen kann.

Markion vertrat diese Theologie nicht in einer dogmatischen Monographie, sondern offenbar in einem exegetischen Werk, den sog. ›Antithesen‹. Auch dieses Buch ist uns nur fragmentarisch von denen überliefert worden, die es bekämpft haben. Es fällt schwer, sich aus den Fragmenten ein Bild über seinen Charakter zu machen. Der Titel ›Antithesen‹ hat offenbar etwas damit zu tun, daß Markion in seinem Werk antithetisch Aussagen des Alten und des Neuen Testamentes einander gegenüberstellte und aus den sich ergebenden Widersprüchen den Schluß zog, der Gott des AT und der Vater Jesu Christi könnten unmöglich ein- und dieselbe Person sein. Gleichzeitig dienten die ›Antithesen‹ offenbar der Begründung des marcionitischen Kanons: Markion erkannte nur das Lk-Ev und zehn Paulusbriefe (Gal, Röm, I Kor, II Kor, I Thess, II Thess, Eph, Phil, Kol, Philem – also unter Ausschluß der Pastoralbriefe) an. Freilich wurden auch diese Schriften von Markion einer theologischen ›Reinigung‹ unterzogen: Er eliminierte aus ihnen vieles, was auf den Gott des AT, seine Schöpfer- und Gesetzgebertätigkeit hinweist.

Charakteristisch für den Kanon des Markion waren also diese beiden Elemente: Das Evangelium und die Sammlung der Paulusbriefe.

Wichtig ist nun, daß Markion das Lk-Ev nicht als das ›Lukasevangelium‹ bezeichnet haben dürfte; für ihn war dies das Evangelium von Christus schlechthin, dasselbe Evangelium von dem Paulus am Eingang seines Galaterbriefes sagt:
»Wenn jemand Euch Evangelium predigt anders, als ihr es empfangen habt, der sei verflucht.« (Gal 1,9)
Nur das von Markion gereinigte Lk war das authentische Evangelium; denn nur dieses Evangelium war – so meinte Markion – von den verfälschenden Zusätzen judaisierender Falschapostel befreit.
Die Tatsache, daß Markion nur ein Evangelium und nicht mehrere anerkannte und kommentierte, war als solche im 2. Jahrhundert nicht unbedingt bemerkenswert: Schon Basilides hatte ja – wie eben bemerkt – nur ein Evangelium kommentiert. Ebenso haben wir Kenntnis von judenchristlichen Gruppen, die offenbar nur ein Evangelium (eine Rezension des Mt-Ev) benutzten; der Syrer Tatian schließlich stellte aus den vier Evangelien eine Evangelienharmonie zusammen, die bis in das 5. Jahrhundert hinein in der syrischen Kirche benützt wurde. In manchen christlichen Gemeinden des 2. Jahrhunderts dürfte ohnehin nur ein Evangelium in Gebrauch gewesen sein. Doch ist in diesem Kontext die dogmatische Konsequenz bemerkenswert, mit der Markion seine dogmatische Theorie von dem Unterschied zwischen Schöpfergott und

Erlösergott benutzte, um zum einen das AT auszuschließen, zum anderen die Schriften des NT zu reinigen.
Man kann also durchaus sagen, daß der Kanon Markions im 2. Jahrhundert etwas Neues darstellte: Markion stellte als erster Evangelium und Paulusbriefe zu einer Art zweiteiligem Kanon zusammen. Dieser ›Kanon‹ des Markion war nicht auf einer Synode beschlossen und festgelegt worden und er spiegelte auch nicht einfach einen weitverbreiteten Brauch in den Gemeinden. Sondern er ging auf die bewußte theologische Arbeit eines einzelnen christlichen Lehrers zurück und war verbindlich, wie heute z. B. für manche Christen (nicht nur Theologen!) die theologische Arbeit eines Karl Barth, eines Rudolf Bultmann oder eines Karl Rahner verbindlich ist.
Versuchen wir die historische Pointe der Kanonsidee des Markion noch etwas genauer zu erfassen: Es sei die These formuliert, daß man den exklusiven Kanon Markions als die konsequente Leugnung des kanonischen Prozesses unter den Bedingungen des 2. Jahrhunderts charakterisieren könnte. Als Begründung sei folgendes angeführt:
Zum einen schließt der exklusive Kanon des Markion das AT aus der christlichen Bibel aus, ja er tilgt offenbar sogar im NT z.T. die Spuren des alttestamentlichen Gottes. Damit bestreitet Markion eine Grundvoraussetzung der neutestamentlichen Ka-

non-Bildung, nämlich die Annahme, daß das NT die Fortschreibung, ja die Erfüllung des AT darstellt. Evangelium und Paulusbriefe kommen nicht mehr als das in den Blick, was sie nach ihrem Selbstverständnis waren: Zeugnis von dem Gott, der in seinem Sohn in jüngster Zeit die alten Weissagungen erfüllte. In diesem Zusammenhang ist es auch bemerkenswert, daß Markion offenbar die Allegorese abgelehnt hat. Diese Ablehnung der Allegorese hängt mit seiner Verwerfung des AT auf das engste zusammen: Legten sich andere, großkirchliche Theologen manchen Widerspruch zwischen AT und NT kühn zurecht, indem sie bestimmte Aussagen der Bibel eben allegorisch auffaßten, d.h. als Hinweis auf tiefere Mysterien, so beanspruchte Markion, die Texte wörtlich zu nehmen und die Widersprüche zwischen z. B. dem eifernden Gott des AT und dem liebenden Gott des NT scharf herauszuarbeiten. Mag uns diese Konsequenz des Markion heute auch als sympathisch erscheinen, so forderte sie doch einen hohen Preis: Die Stellen des NT, die der wörtlichen Interpretation Markions Schwierigkeiten bereiteten, wurden einfach als Produkte böswilliger Fälscher textkritisch eliminiert.

Zweitens erweist sich die den Text und die Schriftlichkeit bewußt reflektierende Hermeneutik Markions als eine Hermneutik des radikalen Verdachts; sie etablierte eine Lesart der heiligen Schriften,

welche diese bewußt aus ihrem Tradierungs- und Interpretationskontext löste.
Drittens leugnete der exklusive Kanon Markions die Pluralität der Evangelien; ein Evangelium, nämlich das Lk-Ev, wird als die unmittelbar von Christus herkommende Wahrheit aufgefaßt. Damit wird zum einen der Zeugnischarakter der einzelnen Evangelien verdeckt, d.h. die Tatsache, daß sie nicht in schriftlich fixierter Form die Wahrheit sind, sondern auf verschiedene Art und Weise die Wahrheit bezeugen. Zum anderen wird die sich bereits anbahnende Unterscheidung zwischen der Tradierung der Evangelien und ihrer Interpretation durch gewaltsame Textkritik wieder eingeebnet.
Der exklusive Kanon Markions, der auf dogmatischem Wege alles Widerständige und Widersprüchliche beseitigen wollte, blieb in gewissem Sinne eine Chimäre; Markion hatte keineswegs durch seine Arbeit alle Probleme beseitigen können; auch seine theologischen Lösungen wurden diskutiert und interpretiert. Und so ist es kein Wunder, daß in der sich mächtig ausbreitenden markionitischen Kirche die Schüler fortwährend die Arbeit des Meisters verbesserten: Sie setzten seine Kritik fort; zu den Paulusbriefen wurden nun offenbar – anders als bei Markion selbst – auch noch die Pastoralbriefe hinzugefügt.
Markion hatte eine Art Kanon und kann somit als Vorläufer unseres neutestamentlichen Kanons be-

trachtet werden – aber zweifellos doch nur bei einer sehr eingeschränkten und formalen Betrachtungsweise. Man darf nicht übersehen, wie ›antikanonisch‹ Markion im Grunde denkt, wenn er zum einen das AT streicht, zum anderen die Pluralität der-Evangelien eliminiert, und schließlich mit der Allegorese diejenige Methode leugnet, mit deren Hilfe der Ausleger das Widerständige und Unbequeme eines Textes als Ansporn auffassen konnte, noch tiefer in das Geheimnis der göttlichen Heilsgeschichte einzudringen.

Markions Kanon ist dogmatisch und exklusiv; er leugnet, daß die Pointe des kanonischen Prozesses in der produktiven Rezeption des Überlieferten besteht; einer Rezeption, die sich auf Vorgegebenes bezieht, ohne Deckungsgleichheit mit ihm anzustreben. Wäre die Kirche Markion gefolgt, so hätte sie wohl auch einen Kanon gehabt – doch anstelle der Polyphonie einer gewachsenen Tradition hätte sie lediglich die langweilige Einstimmigkeit einer beeindruckend radikalen ›relecture‹ der heiligen Schriften aus dem 2. Jahrhundert vernommen.

Als Gegenpol zu der exklusiven ›Kanonsidee‹ des Markion kann man die gegen Ende des 2. Jahrhundert von Irenäus, Bischof v. Lyon begründete Auffassung der Schrift ansehen. Irenäus war einer der bedeutendsten altkirchlichen Theologen und Ketzerbekämpfer; er überwand die Gnosis von innen heraus durch sorgfältige Argumentation und gediegene Schriftkenntnis.

Irenäus hat nirgendwo grundsätzlich über seine Kanon-Idee als solche geschrieben. Daß sie sich dennoch beträchtlich von derjenigen Markions unterscheidet, wird deutlich, wenn man liest, wie er im dritten Buch seines Werkes ›Gegen alle Häresien‹ ausführlich begründet, warum die Kirche einer Pluralität von Evangelien, eben des Evangelums in vierfacher Gestalt bedarf. Irenäus schreibt:

»Und außerdem kann es weder eine größere noch eine geringere Zahl von Evangelien geben. Da es nämlich vier Regionen der Welt gibt, in denen wir leben, und vier Hauptwinde und da die Kirche über den ganzen Erdkreis verstreut ist, die Säule aber und das Fundament der Kirche das Evangelium und der Geist des Lebens ist, so ist es folgerichtig, daß die Kirche vier Säulen hat, die von allen Richtungen Unvergänglichkeit hauchen und den Menschen das Leben gewähren. Daher ist es auch klar, daß das alles schaffende Wort, das über den Cherubim thront und alles erhält, uns ein vierfaches Evangelium gegeben hat, als es bei den Menschen erschien – ein Evangelium, das durch einen Geist zusammengehalten wird.«[27]

Diese wenigen Zeilen des Irenäus klingen geradezu wie ein lobpreisender Hymnus auf das vierfache Evangelium. Und sie machen sofort klar, daß für Irenäus die Frage der Zahl der Evangelien nicht

[27] Irenäus, Adv.haer. III, 11, 8 (Rousseau-Doutreleau 160-163).

eine in erster Linie philologische, historische oder gar kirchenrechtliche Frage war, sondern daß sie in das Zentrum seiner Theologie gehört:
Zum einen wird das Evangelium in seiner vierfachen Gestalt mit dem in der Kirche anwesenden Heiligen Geist geradezu identifiziert.[28]
Aus diesem Evangelium in seiner vierfachen Gestalt bläst laut Irenäus der Geist des Lebens, der Geist, der am Ende der Zeit das vergängliche Fleisch unvergänglich machen wird.
Dieser Geist des Lebens ist gleichzeitig die Säule der Kirche.
Schließlich betont Irenäus, daß das Evangelium durch das alleserhaltende Wort, d.h. Jesus Christus gegeben worden ist.
Zweifellos bildet für Irenäus diese geordnete Vielstimmigkeit und Pluralität des vierfachen Evangeliums den theologischen Schwerpunkt des NT-Schrifttums. Die anderen Schriften, z. B. die Paulusbriefe, werden von ihm nirgendwo in vergleichbarer Weise hervorgehoben und gepriesen.
Irenäus wird nicht müde, die geordnete Pluralität des vierfachen Evangeliums gegen die verschiedenen Häretiker zu verteidigen:
Zum einen gegen Markion, der nur ein verstümmeltes Lk-Ev zuläßt, zum zweiten gegen judenchristli-

[28] So wird der potentielle Gegensatz von Geist und Schrift in poetischer Form theologisch überwunden.

che Gruppen, die angeblich nur das Mt-Ev. anerkennen wollen (und im übrigen auch den Apostel Paulus wegen seiner Gesetzeskritik ablehnten), zum dritten gegen Gruppen, welche die Gottessohnschaft Christi leugneten und sich dabei auf das Mk-Ev beriefen; schließlich gegen Schüler des Gnostikers Valentin, die das Joh-Ev vorzogen.[29]
Aus der Perspektive des Irenäus stellt es sich so dar, als hätten alle diese verschiedenen Gruppierungen einen falschen, eben exklusiven Kanon, welcher sich der Fülle des Zeugnisses über Christus verweigert.
Irenäus ist es auch, der als erster dem vierfachen Evangelium die aus der christlichen Kunst bekannten Symbole der vier apokalyptischen Tiere zugeordnet und dies ausführlich begründet hat:
Das Wort thront auf den vier Cherubim (Irenäus interpretiert hier den Anfang des alttestamentlichen Hesekielbuches) und die vier Cherubim zeigen vier Gesichter, welche jeweils einen Aspekt des Heilhandelns des Gottessohnes ausdrücken:
Zum einen das Gesicht eines Löwen – damit wird das herrscherliche und königliche Handeln des Gottessohnes ausgedrückt – und dieses Symbol wird dem Joh-Ev zugeordnet. Zum anderen das Gesicht eines Stiers – der Stier als Opfertier deutet auf das

[29] Irenäus, Adv.haer. III, 11, 9.

priesterliche Handeln des Gottessohnes, wie es sich laut Irenäus am klarsten im Lk-Ev zeigt. Zum dritten das Gesicht eines Menschen – die Menschlichkeit Christi wird laut Irenäus am meisten im Mt-Ev akzentuiert. Und schließlich das Gesicht eines Adlers – der steht für den prophetischen Geist, der sich laut Irenäus am deutlichsten im Mk-Ev manifestiert.

Mit seiner liebevoll ausgedachten Symbolik kann Irenäus zeigen, daß das vierfache Evangelium alle Aspekte der Gestalt Christi umfaßt: Christus ist König, Priester, Prophet und ein Mensch voll Milde und Demut. Erst das vierfache Evangelium vermag die Vollkommenheit des Gottessohnes zu zeigen.[30]

An der engagierten Verteidigung einer Pluralität von Evangelien ist ablesbar, daß Irenäus die Schrift wesentlich anders auffaßte als Markion. Ich möchte die Kanon-Idee des Irenäus noch etwas weiter präzisieren:

Zum einen gehören für Irenäus die Schriften des AT unbedingt in die christliche Bibel. Irenäus unterscheidet nirgendwo ausdrücklich zwischen AT und NT. AT und NT zusammen bezeugen für Irenäus die eine Geschichte des göttlichen Wortes,

[30] Irenäus, Adv.haer. III, 11, 8; die Zuordnungen schwanken, vgl. H. v. Campenhausen, op.cit. (Anm. 1), 232f (Lit.!).

das Fleisch wurde, um die Unheilsgeschichte aufzulösen und dem Menschengeschlecht die Unvergänglichkeit zu vermitteln.
Zum anderen ist das heilbringende Evangelium für Irenäus nicht mit einer seiner schriftlichen Formen einfach identisch, sondern das ganze Evangelium ist nur in der Pluralität seiner vier Formen gegenwärtig. Es ist auch nicht einfach eine schriftliche Größe, sondern es existiert sowohl schriftlich als auch mündlich und beides notwendigerweise, wobei der Akzent für Irenäus zweifellos auf der lebendigen Mündlichkeit liegt. Für Irenäus ist die Bibel und ihre Teile ein polyphoner Chor von Stimmen, die miteinander eine Wahrheit bezeugen. Die eigentliche Gefahr liegt für Irenäus nicht in der Pluralität, nicht darin, daß es zuviele – möglicherweise häretische! – Evangelien geben könnte, sondern sie besteht in der Exklusivität.
Irenäus akzeptierte nicht nur den Vier-Evangelien-Kanon, sondern auch die Paulusbriefe (einschließlich der Pastoralbriefe) sowie die Offenbarung des Johannes.
Demnach hatte der Bischof von Lyon gegen Ende des zweiten Jahrhunderts das NT, das wir heute auch haben. Freilich bezeichnet Irenäus nirgendwo das NT zusammenfassend als ›Neues Testament‹; er redet auch nicht von einem Schriftkanon. Und doch ist er der erste Theologe, für den das NT eine feste Größe ist; sein ganzer in drei Büchern ausgebreite-

ter Schriftbeweis gegen die Häretiker baut auf dem NT auf.
Man kann Irenäus als für seine Zeit durchaus repräsentativ bezeichnen:
Zum einen schöpfte er offenbar selbst aus der reichen Tradition besonders der kleinasiatischen Kirche, zum anderen wurde sein Werk schnell verbreitet und offenbar schon kurz nach seinem Erscheinen z.B. in Ägypten fleißig gelesen.
Allerdings heißt das nicht, daß von nun an der Kanon unverrückbar und ›sakrosankt‹ gewesen wäre: So lehnte z.B. um 200 n.Chr. ein römischer Presbyter namens Gaius das Joh-Ev, die Johannesbriefe und die Apokalypse ab, weil sich die in Kleinasien entstandene und nach Rom übergreifende charismatische Bewegung der Montanisten auf diese Schriften berief. Bemerkenswerterweise wurde Gaius deshalb nicht ausgeschlossen, sondern blieb offenbar ein angesehenes Mitglied der römischen Kirche.[31]
Etwa um die gleiche Zeit entdeckte der Bischof von Antiochien, Serapion, in einem seiner Sprengel ein sog. ›Petrusevangelium‹, das er bis dahin nicht kannte. Er hatte zunächst nichts gegen die kirchliche Benutzung des Evangeliums einzuwenden – immerhin zierte das Evangelium ein apostolischer Name. Doch nach genauerer Prüfung und theolo-

[31] Vgl. dazu H.v.Campenhausen, op.cit., 278ff.

gisch offenbar von dritter Seite beraten wurde Serapion darauf aufmerksam, daß das Evangelium häretische Anschauungen über ein bloßes Scheinleiden Christi enthielt.[32]

Die Episode beweist, daß Serapion sich nicht veranlaßt fühlte, aus bloß formalen, ›kanonsrechtlichen‹ Gründen einzuschreiten – erst die theologischen, inhaltlichen Gründe hatten Gewicht.

Gegen Ende des 2. Jahrhunderts hatte sich der neutestamentliche Kanon etwa in der heutigen Gestalt durchgesetzt, auch wenn einige Schriften – wie z. B. der Hebräerbrief, die Offenbarung des Johannes oder der 2. Petrusbrief noch um ihre universale Anerkennung zu kämpfen hatten. Bei der Diskussion, ob eine Schrift zum Kanon gehört oder nicht, spielte nunmehr das Kriterium der ›Apostolizität‹ eine wachsende Rolle, d.h. die Frage, ob eine Schrift direkt oder indirekt auf einen der 12 Apostel zurückgeführt werden kann.

Aus dem vierten Jahrhundert sind für einige Kirchenprovinzen Kanonszusammenstellungen überliefert; so werden im Osterbrief des Bischofs Athanasius v. Alexandrien von 367 zum erstenmal die 27 Bücher unseres heutigen NT vollständig aufgezählt. Freilich gab es noch für lange Zeit geringfügige Abweichungen zwischen verschiedenen Kirchenprovinzen; eine präzise synodale Feststellung des

[32] Vgl. Eusebius v. Cäsaräa, h.e. VI, 12, 2-6.

Umfangs des NT-Kanons hat es für die Alte Kirche als Ganze nicht gegeben. Immerhin versuchte im Westen Augustin eine Klärung; sie setzte sich in Nordafrika und in Rom durch. Am Ausgang des Mittelalters, auf dem Konzil von Florenz 1442 wurde eine Kanonliste des AT und NT erstellt; gegenüber der Kritik der Humanisten erfolgte dann deren Bestätigung auf dem Konzil v. Trient (1546). Die Reformatoren akzeptierten den überlieferten Kanon; für Martin Luther aber kam es beim Gebrauch des überlieferten Kanons besonders darauf an, die einzelnen Schriften des NT immer wieder auf Jesus Christus und seine Predigt in Worten und Werken als Mitte und Kriterium zu beziehen und sie von dorther gegebenenfalls kritisch zu beurteilen.[33]

Schluß

Aus der Frühgeschichte des NT-Kanons ergeben sich Gesichtspunkte, die auch heute noch für die Lektüre und Interpretation des NT von Bedeutung sind:

a) Bei der Entstehung des NT begegnen wir nicht von Anfang an einem gewissermaßen ›amtlich-kirchlich‹ kontrollierten Traditionsprozeß, sondern

[33] Vgl. L. Vischer, Kanon II. Kirchengeschichtlich, in: Die Religion in Geschichte und Gegenwart Bd. 3, Tübingen ^{3}1959 (Nachdruck 1986), 1119-1122.

wir haben es mit einer Pluralität von Überlieferungen zu tun, mit sich z.T. widersprechenden Traditionen, mit Revisionen und Korrekturen. Diese Vielfalt setzt sich auf der Ebene der schriftlichen Fixierung fort – es gibt mehrere Evangelien –, um schließlich auf der Ebene der Kanon-Bildung wiederzukehren: Es gibt offenbar zunächst verschiedene Kanones – erinnert sei nur an Markion und Irenäus – und auch nachdem der großkirchliche Kanon in seinen Grundzügen feststeht, ist theologisch begründete Kritik an einzelnen Schriften möglich und nicht unüblich.

Wichtig ist in diesem Zusammenhang auch die Beobachtung, daß die Anfänge der Exegese Einfluß auf den Prozeß der Kanonbildung genommen haben: Papias von Hierapolis und Basilides aus Alexandrien sind die ersten Exegeten der Herrenworte bzw. des Evangeliums, und Markion begründete seinen biblischen Kanon offenbar im Zusammenhang einer exegetischen Behandlung des Evangeliums und der Paulusbriefe. So hoch man gewiß die gottesdienstliche Praxis der rund um das Mittelmeer verstreuten christlichen Gemeinden für die Kanon-Bildung veranschlagen muß, so darf man auch nicht den Einfluß der verschiedenen christlichen Lehrer und Theologen übersehen: Ihr Fragen und Forschen hatte die natürliche Tendenz, die Pluralität von mündlichen und schriftlichen Überlieferungen kritisch zu sichten, zu beschneiden und auf theologische Konsistenz und dogmatische Konsequenz zu drängen.

Man kann nicht nur eine Entwicklung von der Fortschreibung des Evangeliums zu seiner Exegese beobachten, sondern auch ein sich allmählich ausbildendes Bewußtsein für die Schriftlichkeit der Schrift, die damit verbundenen Probleme und Aufgaben. Hier bieten gnostische Theologen, aber auch ein Apologet wie Justin oder ein ›Häretiker‹ wie Markion wichtige Anhaltspunkte; immer im Auge zu behalten ist aber auch die unspektakuläre, nur noch fragmentarisch rekonstruierbare Praxis der frühen Kopisten neutestamentlicher Texte.

b) Macht man sich das Widerspiel von auf der einen Seite einer gewissen Vielfalt von Überlieferungen und auf der anderen Seite der theologischen Bemühung um konsistente und überzeugende Interpretation dieser Vielfalt klar, so wird auch die spezifische Pointe der großkirchlichen Kanon-Idee deutlich, wie sie von einem Theologen wie Irenäus v. Lyon formuliert wird:

Auf der einen Seite soll der Kanon laut Irenäus der theologischen Engführung verschiedener ›Häretiker‹ wie Markion oder der judenchristlichen Gruppen wehren. Gerade seine innere Vielfalt, so könnte man vielleicht sagen, ermöglicht es, das NT von seiner theologischen Interpretation zu unterscheiden.

Auf der anderen Seite aber drängt gerade diese innere, spannungsreiche Vielfalt immer wieder zur theologischen Interpretation – einer Tätigkeit, die auch für Irenäus wesentlich zur Kirche als der in der Geschichte fortdauernden Traditions- und Interpretationsgemeinschaft gehört.

c) Es ist ein Kennzeichen der christlichen Kirchen- und Theologiegeschichte, daß die Frontstellungen, von denen sie zu berichten weiß, niemals völlig überwunden sind, sondern in veränderter Form wiederkehren, weil sie fortbestehende Probleme anzeigen. So kann man auch nicht sagen, daß die eben noch einmal formulierte Kanon-Idee des Irenäus einfach die entgegengesetzte Kanon-Idee Markions überwunden hat. Im Gegenteil: Markions Idee, den Umfang der Bibel so zu bestimmen, daß die Heilige Schrift überall mit der gewünschten Eindeutigkeit den Gott der souveränen Liebe und Güte als den Vater Jesu Christi bezeugt, scheint mir auch heute noch sehr aktuell zu sein.

Die Parallelen zu gegenwärtigen Diskussionen sind nicht schwer zu finden:

Es gibt auch heute Christen, welche die Bibel passagenweise anstößig finden und meinen, diese oder jene Schriftstelle passe nicht zu einem Gott der Liebe.

Auch heute gibt es Christen, welche die Bibel textkritisch reinigen möchten, z. B. Passagen, die als ›antijüdisch‹ oder ›frauenfeindlich‹ empfunden werden, streichen oder zumindest anders formulieren möchten. Dieser Protest gegen Teile der Bibel ist im

Kern eine sehr wichtige und sehr ernstzunehmende Diskussion um den biblischen Schriftkanon.

Auch die auf die Schriftlichkeit der Schrift fixierte Hermeneutik des ›radikalen‹ Verdachtes, welche die Schrift gegen die Kirche in Schutz nehmen will, hat im Laufe der Kirchengeschichte bis heute immer wieder engagierte Vertreter gefunden.[34]

Wer den Kanon des NT verteidigen möchte, kann sich - genausowenig wie die Theologen des zweiten Jahrhunderts! – mit einer rein formalen Argumentation begnügen. Gerade wer die Kirchengeschichte kennt, weiß, daß es niemals genügt, auf einmal in der Kirchengeschichte gefallene Entscheidungen hinzuweisen. Sondern eine Verteidigung des Kanons muß immer wieder versuchen, die im 2. Jahrhundert getroffenen theologischen Grundentscheidungen zu verstehen, die hinter dem NT in seiner jetzigen Form stehen:

Demnach ist zum einen das NT keine isoliert vom Himmel gefallene Offenbarungsurkunde, sondern die Rezeption, die Neuerschließung, die Neuakzen-

[34] Erinnert sei z. B. an eine Gestalt der Reformationszeit wie Michael Servet. Aber auch in der heutigen Bibelexegese wird immer wieder – und sei es nur aus heuristischen Gründen – mit den Elementen einer ›Hermeneutik des radikalen Verdachts‹ – gearbeitet. Die Fruchtbarkeit einer derartig ›von außen kommenden‹ Lektüre der Bibel steht außer Frage; der Kirche und der Theologie hat es nie geschadet, sich mit Fragen, die aus dieser Richtung (bzw. aus diesen Richtungen) kommen, auseinanderzusetzen. Sie verzichtet auf diese Auseinandersetzung nur um den Preis der geistigen und geistlichen Erstarrung.

tuierung einmal geschehener Offenbarung; NT und AT gehören zusammen; das NT gibt uns eine gültige Perspektive auf das AT.

Die Zusammengehörigkeit von AT und NT impliziert zum zweiten die nicht selbstverständliche theologische Grundentscheidung, daß der Gott des AT, der Gott, der die Welt geschaffen hat und der Mose das Gesetz offenbart hat, mit dem Vater Jesu Christi identisch ist.

Und schließlich steht der Kanon des NT dafür, daß nur in der Pluralität verschiedener Stimmen die ganze Wahrheit erklingen kann.

Ob und inwieweit diese theologischen Grundentscheidungen heute noch Gültigkeit haben, dies ist eine Frage, die eine theologische Diskussion zu beantworten hätte, welche nicht das Thema dieses Beitrags ist. Mir oblag es aufzuzeigen, daß wer immer die christliche Bibel in die Hand nimmt, eine Urkunde liest, die ihre jetzige Gestalt und Form mit all ihren inneren Spannungen und Problemen jener fernen Zeit, dem 2. Jahrhundert, seinen Kämpfen, seinen theologischen Leidenschaften und seinen theologischen Lösungen verdankt.

»Bereschit« (= »Am Anfang...«), das erste Wort der hebräischen Bibel, Beginn des Schöpfungsgedichtes Genesis 1, 1.
Aus einer Rabbiner-Bibel des 18. Jh. (Privatbesitz)

ANNEMARIE OHLER

Die jüdische Bibel

Daß die jüdische Bibel hier von einer christlichen Theologin vorgestellt wird, ist sinnvoll, denn Christen haben allen Grund, darüber nachzudenken, was es bedeutet, daß vier Fünftel ihrer Bibel zugleich die Bibel der Juden sind. Für Jesus und seine Jünger gab es keine anderen heiligen Schriften als die ihres jüdischen Volkes; Nachfolge Jesu schließt die Anerkennung seiner Heiligen Schrift ein. In der Mitte des 2. Jahrhunderts (bezeichnenderweise in der Zeit, als die Sammlung der neutestamentlichen Schriften Konturen gewann) warb Marcion in der ganzen Christenheit dafür, endlich den Gott zu verwerfen, von dem die jüdische Bibel rede. Der Gott, der diese Welt voller Unheil geschaffen, ein hartes Gesetz gegeben habe und die Übertreter schwer bestrafe, könne nicht der Vater Jesu Christi sein. Marcions Lehre setzte sich nicht durch; sie blieb der einzige ernsthafte Angriff gegen das Alte Testament als Buch der Kirche.

Und doch kennt die Kirchengeschichte viele Beispiele dafür, daß Christen dieses Vermächtnis Jesu mißachten. Auch heute gibt es gläubige Christen, die überzeugt sind, daß alttestamentliche Texte, die ihrem Bild von einem gütigen Gott widersprechen,

»jüdisch« seien und sie nichts angingen. Mißachtet wird die Heilige Schrift, mit der Jesus lebte, aber auch, wenn Christen im Alten Testament nur die Verheißung sehen, die sich in Christus erfüllt. Diese Vorstellung schließt die Behauptung ein, daß Juden ihre eigene Heilige Schrift nicht verstünden; sie beraubt aber auch die Christen selber des größten Teiles ihrer Heiligen Schrift. Denn wozu sollten sie noch auf das Alte Testament hören, wenn es ihnen nichts anderes zu sagen hätte als das, was für sie in der Christusbotschaft viel besser und klarer zu Wort kommt?

Die Erschütterung durch den Holocaust hat die Fragwürdigkeit aller Versuche von Christen, das Alte Testament für sich zu vereinnahmen, hoffentlich endgültig ans Licht gebracht. Zur Leidensgeschichte der Juden in christlichen Ländern kam es, weil Christen deren eigenständiges religiöses Erbe nicht anerkannten. Diese Einsicht hat ein vielstimmiges Gespräch von Christen und Juden in Gang gebracht. Wie geht das: die Schriften, die den beiden verwandten Religionen gemeinsam sind, in ihrem Eigensinn zu respektieren und sie dabei nicht bloß als Buch aus der Vergangenheit zu lesen, sondern als das Glaubens- und Lebensbuch heutiger Juden *und* Christen?[1] Auf zwei Antworten sei

[1] Bezeichnend für den Stand der Frage ist es, daß dies vor allem in Sammelbänden geschieht: Chr. Dohmen: Aktuelle Tendenzen in

hingewiesen: Der katholische Theologe Erich Zenger betont, daß im »Ersten Testament« das Volk Israel angeredet ist und es darum seine authentische Fortsetzung im heutigen Judentum findet, so daß Christen erst in zweiter Linie daran teilhaben. Jacob Neusner, ein jüdischer Gelehrter, hebt die Gleichrangigkeit der christlichen und der jüdischen Nachgeschichte der hebräischen Bibel hervor; das »Alte Testament« der Christen sei in seinem christlichen Kontext, d. h. im Zusammenhang mit dem Neuen Testament, ein anderes Buch als die Bibel, die Juden in Rahmen ihrer maßgebenden Tradition, des Talmud, lesen.[2] (Der Talmud, das große Kompendium jüdischer Gesetzes- und Schriftgelehrsamkeit, wurde zuerst im 2. Jh. n. Chr. schriftlich redigiert, enthält jedoch ältere Materialien aus der mündlichen Lehrtradition und wuchs weiter bis ins 9. Jh. Für

der alttestamentlichen Wissenschaft. Herderkorrespondenz 46. 1992, S. 81-87; Erhard Blum u. a. (Hg.): Die Hebräische Bibel und ihre zweifache Nachgeschichte. Neukirchen 1990; Roger Brooks/ John J. Collins: Hebrew Bible or Old Testament? Notre Dame, Indiana, 1990; Jacob Neusner u. a. (Hg.): Religious Writings and Religious Systems. Vol 2. Atlanta 1989; G.M. Tucker u. a. (Hg.): Canon Theology and Old Testament Interpretation. Philadelphia 1988; G. Stemberger u. I. Baldermann (Hg.): Zum Problem des biblischen Kanons. Jahrb. für Bibl. Theologie. Bd. 3, Neukirchen 1988; M. Mulder (Hg.): Mikra. Text, Translation, Reading and Interpretation of the Hebrew Bible in Ancient Judaism and Early Christianty. Maastricht/Philiadelphia 1988.

2 E. Zenger: Das Erste Testament. Düsseldorf 1991, S. 137, 200ff. Jacob Neusner: The Jewish-Christian Argument in the First Century. In: T. Veijola (Hg.) The Law in the Bible and in his Environment, 1990, S. 173-186.

viele Juden ist er wie für Neusner bis heute der Zugang zu ihrer Bibel.[3])

Im folgenden geht es um die Frage, wie die jüdische Bibel zu der Einheit wurde, als die sie seit weit mehr als zwei Jahrtausenden mit aller Sorgfalt tradiert wird. Sie ist in der Tat das bemerkenswerteste Beispiel eines »zeitresistenten Traditionskomplexes« in der Menschheitsgeschichte.[4] Doch sie ist kein zeitenthobenes Dokument. Sie trägt kräftige Spuren ihres Werdeganges an sich und provoziert so Fragen nach ihrer Entstehung. Gibt sie damit von sich aus aktuellen Überlegungen zu ihrer Bedeutung für Juden und Christen die Richtung an? Diese Frage ist der Beweggrund für die folgenden Bemerkungen zur Entstehungsgeschichte der jüdischen Bibel.

Das Thema des Beitrags mutet dem Leser einiges zu; es gilt, einen langen Zeitraum und komplexe Zusammenhänge zu überblicken. In der heutigen Umgangssprache weckt das Wort »Bibel« eher andere Vorstellungen. »Das ist nun einmal seine Bibel«, mag man etwas herablassend sagen, wenn jemand ein bestimmtes Buch stets zur Hand hat, weil er meint, er brauche darin nur nachzuschlagen, um Bescheid zu wissen. »Bibel« hat sich damit weit

3 Emmanuel Levinas: Schwierige Freiheit. Versuch über das Judentum. Frankfurt 1992, S. 24, 42, 119.

4 Vgl. die Beschreibung solcher Traditionen durch Aleida und Jan Assman, im Vorwort eines von ihnen herausgegebenen Sammelbandes (Kanon und Zensur. Archäologie der literarischen Kommunikation II, München 1987).

von seiner ursprünglichen Bedeutung entfernt. *Biblia* begegnet als Bezeichnung der Heiligen Schrift zuerst im mittelalterlichen Latein, abgeleitet aus *bibliotheca.*[5] An einer Universität weiß man, was es bedeutet, eine Bibliothek zu Rate zu ziehen, wenn man über etwas Bescheid wissen will. Am Ende ist man oft froh, wenn dabei wenigstens soviel herausgekommen ist, daß man seine Fragen präziser stellen kann. Daß es dem ernsthaften Benützer der »Bibliothek« biblischer Bücher nicht anders geht, mag schon ein Blick auf ihre heutige »Bibliotheksordnung« zeigen.

Es gibt zwei (oder drei?) Gestalten der jüdischen Bibel

In heutigen jüdischen und christlichen Bibeln sind die Bücher unterschiedlich angeordnet. Wer jedoch historisch nach der jüdischen Bibel fragt, kann nicht nur die dreiteilige Ordnung des TaNaCH berücksichtigen; auch die vierteilige Ordnung des christlichen Alten Testamentes ist ursprünglich jüdisch. Christen wußten das eigentlich schon immer. Als Luther eine Reihe von Büchern nicht in sein Altes Testament aufnahm, während das Konzil von Trient sie daraufhin fest in die katholische Bibel einband, lebte ein seit langem unentschiedener

[5] F. Brunhölzel (Art. Bibel, Lexikon des Mittelalters II, München 1983) hält die Ableitung von griech. ta biblia für falsch, da es latein. biblium nicht gibt. Bibliotheca und sacra scriptura haben dagegen gelegentlich den gleichen Sinn.

Die jüdische Bibel

Das Alte Testament

der Lutherbibel und die deuterokanonischen Bücher der katholischen Bibel

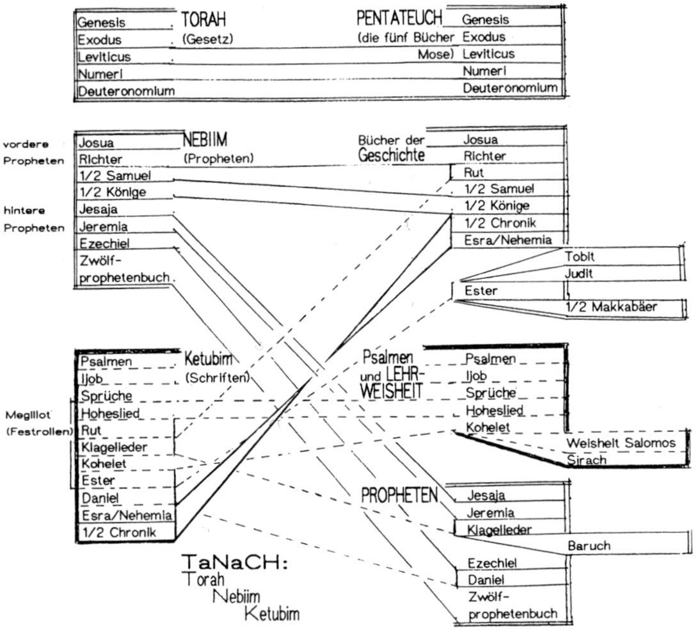

Während das Alte Testament der Lutherbibel und die hebräische jüdische Bibel den gleichen Umfang haben, enthält die katholische Bibel einige zusätzliche Bücher. In der Anordnung der Bücher unterscheiden sich jedoch alle christlichen Bibeln von der jüdischen Bibel: Dem vierteiligen Aufbau der christlichen steht ein dreiteiliger Aufbau der jüdischen Bibel gegenüber. Ursprünglich sind beide Ordnungen jüdischer Herkunft. Auch die zusätzlichen Schriften der katholischen Bibel stammen aus dem frühen Judentum. Bei einem Vergleich eröffnen sich also Zugänge zur Entstehungsgeschichte der jüdischen Bibel.

Streit wieder auf. Im 4. Jh. hatte Hieronymus sich gegen Augustinus für die »veritas hebraica« eingesetzt; er folgte damit ostkirchlichen Traditionen, die im 3. Jh. Origines, im 2. Jh. Melito von Sardes vertreten hatte. Wie Melito so informierte sich auch Hieronymus in jüdischen Lehrhäusern des Ostens; beide brachten von dort die vierteilige Ordnung mit, die mit den Propheten endet. Die Juden besaßen damals also wohl nicht nur die Ordnung des TaNaCH, der durch den Talmud zur einzigen jüdischen Bibel wurde, sondern auch eine vierteilige Bibel.[6] Eine Zwischenform kennt im 1. Jh. n. Chr. der jüdische Schriftsteller Flavius Josefus. Er beschreibt die dreiteilige Bibel; doch zum dritten Teil zählt er nur »vier Bücher des Gotteslobes und der Lebenslehren für den Menschen« (in Apionem 1, 38 ff.). Die erzählenden Bücher hat Josefus, so wie das vierteilige Alte Testament es tut, von den »Psalmen und der Lehrweisheit« getrennt.

Ob es eine dritte Gestalt der jüdischen Bibel gab, die auch die Bücher einschloß, die Hieronymus ablehnte, ist fraglich. Bis zu den Qumranfunden kannte man diese »deuterokanonischen« Bücher fast nur aus der Septuagintaüberlieferung. Die Sep-

[6] Bei der Einordnung antiker Quellen zu Entstehung der Bibel stütze ich mich auf Earle Ellis: The Old Testament in Early Christianity. Tübingen 1992; und Roger Beckwitt: The Old Testament Canon of the New Testament Church. London 1985; Ferner ders.: The Formation of the Hebrew Bible. In: M.J. Mulder: Mikra (wie Anm. 2), S. 39-136.

tuaginta ist eine in vorchristlicher Zeit entstandene Übersetzung der Bibel ins Griechische. Der Prolog zum Sirachbuch erwähnt um 130 v. Chr.[7] eine solche Übersetzung. Der Autor beruft sich darauf, weil er in seinem eigenen Buch, der Übertragung einer hebräischen Schrift seines Großvaters ins Griechische, selber mit Übersetzungsproblemen zu kämpfen hatte:

> Auch das Gesetz, die Propheten und die übrigen Schriften weisen keine geringen Unterschiede auf, wenn man sie in der Grundsprache liest.

Hier ist an die dreiteilige Bibel gedacht. Die Septuagintahandschriften dagegen folgen im Großen und Ganzen der Viererordnung. Die ältesten dieser Codices stammen aus dem 4. Jh. n. Chr. und sind für den Gebrauch in christlichen Gemeinden gedacht, denn sie enthalten auch neutestamentliche Schriften. Im alttestamentlichen Teil kennen sie keine feste Ordnung; an jeweils anderen Stellen sind zudem unterschiedliche Bücher jüdischer Herkunft eingefügt.

Doch nur eine Auswahl dieser Bücher gelangte in das christliche Alte Testament, und zwar zuerst durch Synoden von Hippo in der afrikanischen Kirche, wo Augustinus wirkte. Erst seit dem Triden-

[7] Diese Datierung ergibt sich daraus, daß sich der Schreiber des Prologs als Enkel des Verfassers vorstellt, der in Sir 50 den Hohenpriester Simeon (218-192 v. Chr.), den er wohl selber noch gesehen hat, ausführlich rühmt.

tinum gehören sie fest zur katholischen Bibel. Orientierten die afrikanischen Synoden sich für diese Auswahl an einer jüdischen Bibel, die es einmal in Nordafrika gab? Eine sichere Antwort darauf gibt es ebensowenig, wie es historisch zu entscheiden ist, ob die drei- oder die vierteilige Bibel mit mehr Recht die jüdische Bibel heißen kann.

Die Dreierordnung ist früher bezeugt: Zuerst um 130 v. Chr. im Prolog des Sirachbuches, dann gut 200 Jahre später wieder in Luk 24, 44, darauf bei Josefus, und bald danach im Talmud, von wo die bei den Juden bis heute gültige Ordnung des TaNaCH stammt. Daß die dreiteilige Bibel jedoch nicht immer so aussah wie die heutige jüdische Bibel, zeigt die Bibelbeschreibung des Josefus, aber auch der babylonische Talmud, der z. B. die Propheten (in Baba batra 14 b und 15 a) in der Reihenfolge Jer, Ez, Jes bietet.[8]

Auch die vierteilige Bibel ist, historisch gesehen, nicht die für Christen eindeutig »richtige« Bibel. Christen nehmen die Heilige Schrift der Juden aus der Hand des Juden Jesus an; sah Jesu Bibel so aus wie das christliche Alte Testament? Die vierteilige Ordnung bezeugt zuerst Melito im 2. Jh. n. Chr.; in der Septuaginta gab es sie vielleicht schon vorher; doch in Palästina brauchte man keine griechische

[8] Bei Beckwith (Canon, wie Anm. 6, S. 206f) sind unterschiedliche Formen der Dreierordnung übersichtlich zusammengestellt.

Übersetzung. – Statt eine Gestalt der anderen überzuordnen, erscheint es angemessener, die eine und die andere gelten zu lassen oder von einer jüdischen Bibel in verschiedenen Gestalten zu sprechen. Beim Rückblick auf die Entstehungsgeschichte wird man auch auf verschiedene Bestimmungen des Gesamtsinnes der ganzen Bibel aufmerksam.

Jeder ihrer Teile kann den Gesamtsinn der jüdischen Bibel bestimmen

Das Alte Testament der christlichen Bibel schließt in Mal 3, 23f. mit einem Ausblick auf die Endzeit, in der Elija wiederkommt. Lukas knüpft am Evangelienanfang (1, 17) daran an; mit Mal 3, 23f. weist er auf Johannes, den Vorläufer Jesu hin. Der TaNaCH dagegen schließt in 2 Chron 36, 23 mit einem Ausblick in die jüdische Geschichte, mit einer Anrede an das jüdische Volk:

> Wer unter euch von seinem Volk ist, mit dem sei der Herr, sein Gott, und er ziehe hinauf (nach Jerusalem).

Damit dieser Satz an den Schluß kam, mußten die Bücher des sogenannten chronistischen Werkes, das mit 1 Chronik beginnt und mit Nehemia endet, umgestellt werden. Dieser Aufruf steht also nicht zufällig am Ende. Wie er verwirklicht wurde, haben Bibelleser schon vorher erfahren: Die Bücher Esra und Nehemia erzählen von der Heimkehr verschleppter Juden, die in Jerusalem den Tempel wieder aufbauen und ihrem Volk von neuem eine Heimstatt schaffen.

1. Die jüdische Bibel ist eine Geschichtserzählung

Der dreiteilige TaNaCH braucht keinen »geschichtlichen« Teil, weil er sich als Ganzes wie eine Geschichtserzählung lesen läßt, in die die anderen Überlieferungen und Bücher eingebaut sind: Die TORAH erzählt die Geschichte bis zum Tod des Mose; die »vorderen Propheten« setzen sie fort bis zum babylonischen Exil; die Ketubim schließen mit dem chronistischen Werk, das in die Zeit nach der Heimkehr führt. 2 Chron 36, 23 weist in die Zukunft hinaus, in der diese Geschichte überall dort weitergeht, wo Menschen zu »seinem Volk« gehören.

Juden unserer Zeit verstehen ihre Heilige Schrift mit gutem Grund als das Buch der Geschichte ihres Volkes.[9] Erst recht sah man sie in der Vergangenheit gern als Geschichtserzählung. Ein frühes Beispiel bietet wiederum das Buch Sirach. »Mein Großvater Jesus«, sagt der Übersetzer im Prolog, »hat sorgfältig das Gesetz, die Propheten und die anderen von den Vätern überkommenen Schriften studiert«. Wie gut dieser sich tatsächlich darin auskannte, beweist

[9] Vgl. dazu sowie zu der oben vorgetragenen Deutung der Schlußsätze der beiden Bibeln Edna Borcke: Von den »Schriften« zum »Alten Testament« – und zurück? In: E. Blum u. a. (wie Anm. 4), S. 589.

er in Sir 44-49, wo er heilige Männer von Adam bis Nehemia rühmt. Daß ihm eine schriftliche Bibel vorlag, zeigt sich, wenn er dabei auch die »Zwölf Propheten« (Sir 49, 12) nennt. Als Zwölfergruppe gibt es diese nur in der Sammlung verschieden alter, kurzer Prophetenschriften im Zwölfprophetenbuch. Aber Jesus Sirach deutet nicht an, daß er Bücher benützte. Nur einen Einschnitt markiert er: Bevor er in Sir 50 ausführlicher als alle anderen den Hohenpriester Simeon (218-192 v. Chr.) rühmt, den er wohl selber noch gesehen hat, schlägt er den Bogen von Nehemia noch einmal zu Adam zurück (Sir 49, 16). Jesus Sirach will die ganze heilige Geschichte erzählen, die mit Adam beginnt und für ihn mit Nehemia endet (etwa 150 Jahre vor seiner Zeit).
Diese Art zusammenfassender Nacherzählung war, solange Handschriften ein kostbarer Besitz für wenige waren, die Hauptgestalt, in der Gläubige ihre Bibel kennenlernten: nicht als Schrift, sondern im mündlichen Vortrag. Bis heute heißt die hebräische Bibel auch MIKRA, »Ausrufung, Verlesung«. (KORAN hat dieselbe Bedeutung.) Diese Bezeichnung hält fest, daß die Bibel dort zuhause ist, wo Menschen sie erzählen, vorlesen, hören.
Daß die Reihenfolge der mündlichen Darbietung sich nicht nur am Geschichtsverlauf orientierte, bezeugt u. a. die Stellung des Buches Rut. Es gehört seinem Inhalt nach eigentlich zu der in den »vorderen Propheten« erzählten Geschichte. In der hebräi-

schen Überlieferung steht es gelegentlich vor den Psalmen, das Buch der Ahnfrau Davids also vor den Davidsliedern. Seit dem 12. Jh. gehört es zu den »Festrollen«, den Büchern, die an den fünf großen Jahresfesten gelesen werden. MIKRA ist die Bibel vor allem an religiösen Festen.

2. Die ganze Bibel ist »Gesetz«

Wer die Bibel als Geschichtserzählung zu lesen beginnt, wird bald enttäuscht. So spannend es auch anfängt, schon vom zweiten Buch an sind Erzählungen oft nur noch knapp angedeutete Aufhänger für viele Gesetzesmaterialien. Der hebräische Name für die ersten fünf Bücher, TORAH, benennt diesen Hauptinhalt. Bereits der Sirachprolog gibt diesem ersten Teil besonderes Gewicht, indem der »Gesetz« in doppelter Bedeutung verwendet: Für Juden, die »auch in der Fremde nach dem Gesetz leben wollen«, so erklärt der Autor, habe er das Buch seines Großvaters übersetzt, das in »Gesetz, Propheten, Schriften« einführt. Die Bibelbeschreibung des Josefus redet noch deutlicher; sie benennt den ersten Teil der Bibel nach dem Vermittler des Gesetzes, Mose, und betont zugleich, daß die ganze Bibel das »Gesetz« ist, nach dem Juden leben, und für das sie zu sterben bereit sind:

> Wir besitzen nicht eine Unzahl widersprüchlicher und ungeordneter Bücher, sondern nur 22. Das sind zuerst die fünf Bücher des Mose … dann die Propheten … und vier

Die frühesten Bezeugungen der vierteiligen Anordnung der biblischen Bücher

im 2. Jh. v. Chr.: Die Septuaginta

Alle Septuagintahandschriften (die ältesten aus dem 4. Jh. n. Chr.) richten sich nach der Viererordnung, die mit dem GESETZ (d.h. den fünf Büchern Mose) beginnt und mit den PROPHETEN endet.

nach 70 n. Chr. Das Neue Testament:

Im NT wird die jüdische Bibel oft als DAS GESETZ UND DIE PROPHETEN bezeichnet.

Mt 5,17: "Meint nicht, ich sei gekommen, DAS GESETZ UND DIE PROPHETEN aufzuheben."

im 1. Jh.: Im frühjüdischen Schrifttum (4 Makk 18,10)

(Eine Mutter zu ihren Söhnen:)

Euer Vater lehrte euch, als er noch bei euch war, DAS GESETZ UND DIE PROPHETEN.

vor 190 n. Chr. Melito von Sardes

"Du hast mich wiederholt .. um Auszüge aus dem GESETZ UND DEN PROPHETEN gebeten ... Da ich wiederholt in den Orient gereist bin und genaue Erkundigungen eingezogen habe, teile ich dir die Bücher im Folgenden mit:

Die FÜNF BÜCHER MOSES, nämlich Genesis, Exodus, Leviticus, Numeri und Deuteronomium

Jesus, Sohn des Nave *(d.h. Josua)*, die Richter, Ruth, vier Bücher der Könige, zwei Paralipomena *(d.h.: die BÜCHER DER GESCHICHTE)*;

die Psalmen Davids, Salomos Sprüche, Ekklesiastes, das Hohelied, Job *(d.h.: PSALMEN UND LEHRWEISHEIT)*;

die PROPHETEN Isaias und Jeremias, das Zwölfprophetenbuch, Daniel, Ezechiel, Esdras

(Vorwort zu den "Auszügen aus dem Gesetz und den Propheten" zitiert von Eusebius, Historia Ecclesiae IV 26,13f)

Die frühesten Bezeugungen der dreiteiligen Anordnung der biblischen Bücher

um 130 v. Chr. *Im Prolog zum Buch des Jesus Sirach:*

So befaßte sich mein Großvater Jesus sorgfältig mit dem GESETZ, mit den PROPHETEN und mit den anderen von den Vätern überkommenen SCHRIFTEN.

nach 70 n. Chr. *Im Neuen Testament:*

Alles muß in Erfüllung gehen, was im GESETZ des Mose, bei den PROPHETEN und in den PSALMEN über mich geschrieben ist. (Luk 24,44)

um 100 n. Chr. *Bei Flavius Josefus:*

Nicht Zehntausende von Büchern gibt es bei uns, ... sondern nur zweiundzwanzig ..., die mit Recht für glaubwürdig gehalten werden. Davon sind FÜNF SCHRIFTEN DES MOSE, die die Gesetze und die Überlieferung seit der Entstehung des Menschengeschlechtes ... enthalten. ... Vom Tod des Mose bis zur Regierung des Artaxerxes ... haben die nachmosaischen PROPHETEN die Ereignisse in dreizehn Büchern aufgezeichnet. Die ÜBRIGEN VIER enthalten Loblieder auf Gott und Lebensregeln für die Menschen. (In Apionem I.8)

nach 100 n. Chr. *Im babylonischen Talmud:*

Die Sadduzäer fragten den Rabban Gamliel (um 90 n. Chr.): Woher läßt sich beweisen, daß Gott die Toten auferwecken wird? Er antwortete ihnen: "Aus der TORAH und aus den PROPHETEN und aus den KETUBIM. (Sanh 90 b)

> Bücher des Gotteslobes und Lebenslehren … Alle Juden verstehen diese Bücher als Dekrete Gottes; sie achten sie und werden, wenn es notwendig ist, mit Freuden dafür sterben.
> (In Apionem I, 38 ff.)

Wer das heute liest, fängt an zu rechnen, wie 22 mit der Zahl der uns bekannten Bücher in Übereinstimmung zu bringen ist. Eine jüdische Schrift aus der Zeit des Josefus (2 Esr 14, 45) spricht von 24 biblischen Büchern: Das sind zweimal zwölf. Josefus wählt eine andere »ganze« Zahl, die 22 Buchstaben des hebräischen Alphabets. Wie leicht solche Zahlen zu erreichen sind, zeigen alte Bibelhandschriften, die Bücher unterschiedlich zusammenfassen. Auf das Abzählen kommt es weniger an als darauf, was die Zahl bedeutet: Eine ganze Bibel, die den Juden »Gesetz« ihres ganzen Lebens ist.
Josefus wußte, daß Juden unter der Herrschaft des Antiochus Epiphanes (168 v. Chr.) tatsächlich für ihre Bücher gestorben sind. Sein Bericht (»Jüdische Altertümer« 12, 5, 4) bezieht sich auf das erste Makkabäerbuch:

> Alle Buchrollen des Gesetzes, die man fand, wurden zerrissen und verbrannt. Wer im Besitz einer Bundesrolle angetroffen wurde oder zum Gesetz hielt, wurde zum Tode verurteilt.
> (1 Makk, 1, 56 f.)

Das »Gesetz«, nach dem Juden leben und für das sie sterben, ist ein Buch und eine Lebensweise. Die »Bibliothek« der Bibel ist nicht in Bibliotheken zu

Hause, sondern bei Menschen, die ihr Leben dafür einsetzen.

Diesen Gedanken bringt der Talmud und bringen Juden bis heute darin zum Ausdruck, daß TORAH für sie der bedeutsamste Name der heiligen Überlieferungen ist. Als ein von Juden verfaßtes Buch kennt das Neue Testament die gleiche Vorstellung von der »ganzen Bibel«; es mahnt, das »Gesetz und die Propheten« zu *tun* (Mt 7, 12; 22, 40; Luk 16, 29). Nach Mt 5, 17 f. sind »Gesetz und Propheten« das »Gesetz«, von dem »nicht der kleinste Buchstabe dahingehen wird«; nach Joh 15, 25 ist auch ein Psalm »Gesetz«.

Doch die ganze Bibel wird im Neuen Testament gelegentlich auch unter einem anderen Aspekt zusammengefaßt:

3. Die ganze Bibel spricht prophetisch

»Gesetz und Propheten weissagen«, heißt es in Mt 11, 13; nach Apg 2, 30 ist der Psalmdichter David ein Prophet. Während die Vorstellung von der Bibel als dem »Gesetz« ihrem ersten Teil Gewicht verleiht, gibt diese Deutung dem Abschluß der vierteiligen Bibel mit ihrem Ausblick auf die Endzeit besondere Bedeutung. Das NT nimmt auch damit eine jüdische Vorstellung auf. In seiner bereits mehrfach zitierten Bibelbeschreibung erklärt z. B. Flavius Josefus, warum seit langem keine biblischen Bücher mehr entstehen konnten: »Die Nachfolge der Propheten war nicht mehr gesichert«.

Andere um die Zeitenwende weit verbreitete jüdische Schriften geben sich als Worte von Männern, die in der Bibel selber keine Propheten sind (z. B. des Urvaters Henoch oder des Priesters Esra), in diesen Büchern jedoch wie Propheten reden; »geheime Offenbarungen« (Apokalypsen) wurden ihnen zuteil, und sie verstehen es darum, den auf die Endzeit ausgerichteten Geschichtsverlauf zu deuten. Lange kannte man diese Schriften lediglich aus christlich tradierten Handschriften. Inzwischen weiß man, daß sie auch in Qumran sorgfältig gehütet wurden; ihre Art der Schriftdeutung schätzten Juden der Zeit Jesu offenbar sehr. Die ganze Bibel wurde als prophetisches Buch gelesen, das im Zeitenlauf den Willen Gottes zu erkennen lehrt. Auch im Schluß der vierteiligen Bibel mit ihrem Hinweis auf den in der Endzeit wiederkehrenden Elija spiegeln sich also jüdische Vorstellungen vom Sinn der ganzen Bibel.

Das Neue Testament nennt die Bibel oft »das Gesetz und die Propheten«. Darin sah man lange einen Beweis, daß die KETUBIM damals noch nicht als »Heilige Schrift« gegolten hätten.[10] Doch woher hätte dann der Enkel des Sirach um 130 v. Chr. die

[10] Vgl. z. B. O. Eißfeldt. Einleitung in das Alte Testament. Tübingen 1956, S. 703.

dreiteilige Bibel gekannt? Und hätte man dann Texte aus den KETUBIM als heilige Schriften zitiert, im NT Psalmen, in Qumran auch Sprüche (11 Q Melch 23)? Der neutestamentliche Doppelname benennt eher die beiden Hauptbedeutungen der ganzen Heiligen Schrift als nur zwei ihrer Teile. Er erklärt auch, warum Juden die vierteilige Bibel schufen, die Melito und Hieronymus im 1. und 4. Jh. bei ihnen fanden: Es hatte für sie einen alten, guten Sinn, die Bibel mit dem »Gesetz« zu beginnen und mit den »Propheten« zu beschließen.[11]

4. Die ganze Bibel führt zur Weisheit hin

Auch von der Sammlung der »Lehrweisheit« ausgehend konnte der Sinn der Heiligen Schrift begriffen werden. Hier muß ein Beleg dafür genügen: Das »Buch der Weisheit« enthält eine zusammenfassende Erzählung der Begebenheiten aus den fünf Büchern Mose, von der Schöpfung bis zur Entstehung Israels als eines »großen Volkes« (Weish 8, 19-19, 22); der Verfasser schildert darin das Walten der Weisheit, der »Throngenossin Gottes«, in der Geschichte. Im einleitenden Gedicht wagt er eine Bitte an Gott, die ihm vor einem irdischen Thron

[11] Im ntl. Doppelnamen der Bibel könnten die »Propheten« auch alle Bücher sein, die nicht zum »Gesetz« gehören. Im Talmud werden z. B. auch Texte aus Kohelet, den Sprüchen oder Psalmen »prophetische« Worte genannt. Belege: Strack/ Billerbeck, Kommentar zum NT aus Talmud und Midrasch. Bd. I, S. 670.

den Kopf gekostet hätte: »Gib mir deine Throngenossin!« (Weish 9, 4); nach Weish 8, 2 möchte er die Weisheit »als Braut« heimführen (Weish 8, 2). Der Autor, ein Lehrer im hellenistischen Alexandrien, will seinen von griechischer Weisheit faszinierten Studenten die jüdische Bibel als das Buch nahebringen, das ihnen »bräutlichen« Umgang mit den tiefsten Geheimnissen der Welt schenkt.

Die ganze Bibel erzählt die Geschichte Israels; sie ist Gesetz; sie redet prophetisch; sie schenkt Weisheit. Hat eine dieser Deutungen Vorrang? Oder historisch gefragt: Welches war die Leitvorstellung, die es zuerst als nötig erscheinen ließ, eine »ganze Heilige Schrift« zu besitzen? Und wann war die Bibel abgeschlossen? Im folgenden wird sich zeigen: Einerseits gab es die Vorstellung von einer ganzen Heiligen Schrift schon lange, bevor das Wachstum der Bibel zuende war; andererseits pflegten Juden die Vorstellung von der Bibel als einem Buch, das weitergeschrieben werden mußte, als diese schon abgeschlossen war.

Die beiden ersten Vorstellungen von einer ganzen Heiligen Schrift

1. Das ganze Vermächtnis des Mose

Schon mitten in der Bibel steht eine »Kanonformel«, die Israel auf eine abgeschlossene Überlieferung verpflichtet.

> Ihr sollt dem Wort (oder: »der Sache«; DABAR meint beides), auf das ich euch heute verpflichte, nichts wegnehmen und nichts hinzufügen. (Dtn 4, 2)

Mit dem verpflichtenden »Wort« ist hier zunächst das Buch Deuteronomium gemeint, mehr jedoch die Sache, um die es darin geht: das Vermächtnis des Mose. Das Deuteronomium gibt sich als Abschiedsrede des Mose vor seinem Tod; im Predigtstil erinnert es an Sinai und Wüstenzug; ältere Erzählungen davon stehen im Buch Exodus. Außerdem schreibt das Deuteronomium eine ebenfalls in Exodus bereits aufgezeichnete Gesetzessammlung für eine andere Zeit um. Es faßt Altbekanntes zu einem Ganzen zusammen, das unversehrt erhalten bleiben soll.

Daß die »Deuteronomisten« nicht an buchstabengetreue Weitergabe eines schriftlichen Textes denken, geht aus Dtn 31 hervor; »ganz Israel«, so fordern sie, soll sich regelmäßig versammeln, um das Gesetz zu hören und auswendig zu lernen, »by heart«. Das Vermächtnis des Mose soll im Herzen von Menschen unversehrt bewahrt bleiben. Die Vorstellung von der Bibel, die ausgerufen und gehört werden muß, hat hier einen biblischen Haftpunkt: Zuerst ist die Bibel die heilige Geschichte und das Gesetz des Lebens, das Menschen in ihrem Inneren tragen, und nicht ein heiliger Text.[12]

[12] Vgl. James S. Sanders. From Sacred Story to sacred Text. Philadelphia 1987.

Die Deuteronomisten führen diesen Gedanken in ihrem großen Geschichtswerk durch: In den Büchern Jos – 2 Kön stellen sie die Geschichte Israels dar, um zu beweisen, wie oft Israel seiner Verpflichtung untreu geworden ist. Sie bereiten damit auf das Ende ihrer Geschichtserzählung vor, auf den Untergang Judas und Jerusalems und die Verschleppung der Bevölkerung, die die Autoren, die das Werk vollendeten, selbst erlebt hatten (587 v. Chr.).
Es ist bezeichnend, unter welchen geschichtlichen Umständen diese erste Vorstellung von einem ganzen, verpflichtenden Vermächtnis entstand. 721 v. Chr. war Israel, der nördliche Bruderstaat Judas, untergegangen. Im Deuteronomium und dem damit zusammenhängenden Geschichtswerk spiegelt sich diese Erschütterung und die in der folgenden Zeit oft bestätigte Einsicht, daß auch Juda auf das Ende zugehe. Was bleibt, wenn das Volk sein Land und seine Freiheit verliert? Was kann bleiben, wenn die ganze Geschichte Israels in seinem Land beweist, wie wenig es einem eigenen Erbe treu bleibt? Mit der Vorstellung von einem ganzen, Israel anvertrauten Vermächtnis des Mose suchten die Deuteronomisten Antwort darauf.
Man kann sich fragen, ob überhaupt Überlieferungen Israels erhalten geblieben wären, hätten nicht wenige Jahrzehnte nach dem Untergang Jerusalems die Perser den verschleppten Juden die Heimkehr und den Wiederaufbau des Tempels erlaubt. Man

kann aber auch fragen, ob eine Erneuerung möglich gewesen wäre, hätten diese Überlieferungen den Rest Israels nicht an seine lange Geschichte erinnert. Die furchtbaren Erschütterungen beim Untergang Judas und Jerusalems waren sozusagen die »Geburtsstunde« der jüdischen Bibel; der Verlust aller anderen politischen und religiösen Institutionen ließ erkennen, wie lebensnotwendig es war, Überlieferungen nicht zu vergessen. Mündliche wurden aufgezeichnet, schriftliche mit Eifer gesammelt und bewahrt. Besondere Bedeutung hatte der Entwurf der Deuteronomisten, der das Vermächtnis des Mose eindringlich als ein Ganzes darstellt und es möglich machte, die erlittene Katastrophe zu verstehen.

Doch nun bildet sowohl in der drei- wie in der vierteiligen Bibel das deuteronomistische Werk keine Einheit mehr. Das Deuteronomium gehört in beiden Gestalten der Bibel zum ersten, die Bücher Jos – 2 Kön gehören zum zweiten Teil. Wie kam es zu einem so gravierenden Einschnitt, der den Entwurf von einem ganzen Vermächtnis des Mose von der Erzählung einer ganzen von diesem Gesetz bestimmten Geschichte trennte? – Im folgenden werden Gründe genannt, warum man annehmen darf, daß diese Entscheidung wahrscheinlich am Ende des 5. Jahrhunderts v. Chr. getroffen wurde.

2. Die Zeit des Esra und Nehemia

Antike jüdische Autoren datieren den Abschluß der Heiligen Schrift immer wieder in diese Zeit: Um 200 v. Chr. stellt Jesus Sirach eine ganze heilige Geschichte dar, die mit Nehemia abgeschlossen ist. Gut 100 Jahre später bezeugt, wiederum mit einem Hinweis auf Nehemia auch das zweite Makkabäerbuch, wie eng für Juden die Geschichte ihres Volkes und ihrer Bibel zusammengehören.
2 Makk erzählt (unabhängig von 1 Makk) von der Verfolgung, in der Juden für ihre Bücher und ihr Gesetz starben. Unter Führung der Makkabäer, einer Familie von Landpriestern, setzten die Juden sich zur Wehr und waren überraschend erfolgreich. Zum ersten Mal seit dem Untergang Judas 587 v. Chr. entstand 164 v. Chr. wieder ein freier jüdischer Staat. Nach 2 Makk 2, 14 gehörte zu dieser Erneuerung die Wiederherstellung der Bibel; in einem Brief aus Jerusalem an Juden in Ägypten[13] heißt es:

> Judas (der Makkabäer) hat alle Schriften wieder gesammelt, die in dem Krieg, den wir führen mußten, zerstreut worden waren. Sollten euch einige davon fehlen, so laßt sie durch Boten holen.

[13] Der Brief ist wahrscheinlich eine Fiktion; doch daß es diese Fiktion gab, ist für die in diesem Beitrag untersuchten Fragen ebenso wichtig.

Im Kontext erinnert der Autor an einen Mann, dem Judas nacheiferte: Auch Nehemia habe eine »Bücherei« zusammengestellt. – Wer war dieser Nehemia?

Nehemia war ein frommer Jude und persischer Beamter. Im Auftrag des Artaxerxes (Artaxerxes I. in der Mitte des 5. oder Artaxerxes II. am Anfang des 4. Jahrhunderts) schuf er in Jerusalem als dem Zentrum der persischen Provinz Juda eine sichere politische Ordnung. Etwa zur gleichen Zeit kam im Auftrag des Perserkönigs der Priester Esra nach Jerusalem, um dort »das Gesetz des Himmelsgottes« zu verkünden (Esr 7, 12).

Auf dieselbe Zeit weist auch Flavius Josefus hin. In seiner Bibelbeschreibung unterscheidet er drei Epochen der Geschichte seines Volkes:

> Wir besitzen ... zuerst die fünf Bücher des Mose. Vom Tod des Mose bis zu Artaxerxes ... haben Propheten ... die Geschichte ihrer Zeit in dreizehn Büchern erzählt. Vier weitere Bücher enthalten Lieder des Gotteslobes und Lebenslehren für die Menschen. Auch von Artaxerxes bis heute hat man die Begebenheiten erzählt; aber diese Bücher nimmt man nicht mit gleichem Glauben auf ... (In Apionem I, 38 ff.)

Josefus ist der älteste Zeuge dafür, daß in der Entstehungsgeschichte der Bibel »Kanon und Zensur«[14] zusammengehören: Sobald es eine abgeschlossene Bibel gibt, muß man wissen, welche

[14] Vgl. in Anm. 4.

Bücher nicht dazugehören. Josefus kennt einen zeitlichen Maßstab dafür: Ein Buch muß ausgeschlossen werden, wenn es erst nach der Zeit des Artaxerxes, d. h. des Esra und des Nehemia, entstand.
Ein weiteres Zeugnis dafür, wie stark die Erinnerung an diese Zeit blieb, liegt im zweiten Buch Esra vor: Da die Bibel verbrannt gewesen sei, habe Esra alle »24 Bücher« der Schrift in einer neuen Offenbarung empfangen und diktiert (2 Esr 14, 45). Auch nach dem Talmud spielt Esra eine hervorragende Rolle bei der Vollendung der Bibel: Er habe die »große Versammlung« begründet; und die Gelehrten dieser Versammlung hätten die schriftliche TORAH vollendet.[15]
In einer Hinsicht irren sich alle diese Zeugen; zur Zeit des Esra war die Bibel, wie wir sie heute besitzen, noch nicht fertig. Das chronistische Werk, das in den Büchern Esra und Nehemia Erinnerungen an jene beiden Erneuerer ausbreitet, entstand erst später. Und als Jesus Sirach um 200 v. Chr. die heilige Geschichte für abgeschlossen hielt, konnte er nicht wissen, daß wenige Jahrzehnte später noch das Buch Daniel geschrieben würde, in dem sich die Verfolgung gesetzestreuer Juden unter Antiochus Epiphanes spiegelt.

[15] Baraita (Ergänzung) zu Baba batra 14 b; nach Strack/ Bill, a. a. O. Bd. IV, 1., S. 424.

In einer anderen Hinsicht haben die alten Dokumente jedoch recht: Esra hat das Gesicht der ganzen jüdischen Bibel entscheidend geprägt. Insofern kann man die Erzählung vom Auftreten des Esra in Jerusalem in Neh 8 als eine Erzählung von der Vollendung der Bibel lesen:

> Das ganze Volk ... bat den Schriftgelehrten Esra, das Buch mit dem Gesetz des Mose zu holen ... Der Priester Esra brachte das Gesetz vor die Versammlung ...

Da sich Vorstellungen vom jüdischen Patriarchalismus, der den Frauen in der Gemeinde keine Bedeutung gelassen habe, heutzutage hartnäckig halten, sei auch noch zitiert, wie diese Versammlung geschildert wird:

> ... dazu gehörten die Männer und die Frauen und alle, die das Gesetz verstehen konnten. (Neh 8, 2)

Vom »frühen Morgen bis zum Mittag« liest Esra vor. Leviten gehen umher, um »das Vorgelesene zu erklären«. Als die Leute weinen, tröstet Esra sie:

> Geht heim! Haltet ein festliches Mahl, trinkt süßen Wein! ... Denn die Freude an JHWH ist eure Stärke. (Neh 8, 10)

Der Tag endet mit einem »Freudenfest, denn sie hatten die Worte verstanden«.
Diese Erzählung verdichtet eindrucksvoll Erfahrungen aus der Zeit der Erneuerung Jerusalems durch das Wirken Nehemias und Esras: Eine klägliche Gemeinschaft, die Grund hatte zu weinen, erlebt

sich voller Freude als ein Volk, das das »Buch mit dem Gesetz des Mose« verstanden hat.
Esra hat gewiß nicht in Jerusalem alle fünf Bücher Mose vorgelesen; dafür hätte die Zeit von einem noch so frühen Morgen bis zum Mittag nie gereicht. Doch die Erinnerung an ihn blieb wichtig, weil er im Hinblick auf diese fünf Bücher etwas zuwege brachte, was für das Verständnis der ganzen Bibel bedeutsam war: Er gab dem ganzen Vermächtnis des Mose, das die Deuteronomisten dem Volk ans Herz gelegt hatten, neue, freudige Bedeutung. Er wird es gewesen sein, der das deuteronomistische Geschichtswerk, die Bücher Jos – 2 Kön mit ihrem unheilvollen Ausgang, vom Deuteronomium trennte und ein neues Ganzes schuf: den ersten Teil der Bibel, die TORAH. Sie erhielt durch Esra die grundlegende Bedeutung, die sich bis heute in den unterschiedlichen Bibelordnungen spiegelt. Die vierteilige Bibel entspricht ja nur im Pentateuch (»Fünfrollenbuch«) völlig dem entsprechenden Teil des TaNaCH, der TORAH: Am ehrwürdigen ersten Teil der Bibel wurde seit den Zeiten des Esra nichts mehr geändert.
Ebenso bedeutsam wie der Schnitt, der das Deuteronomium zum fünften Buch Mose machte, ist für das Verständnis der ganzen Bibel aber auch die Tatsache, daß das ganze deuteronomistische Werk vom Dtn bis 2 Kön dennoch in beiden Bibelordnungen hintereinander stehen blieb: Die neue Deutung

respektierte die ältere. Darin setzte sich eine Bewegung fort, die schon lange vorher für die Entstehungsgeschichte der Bibel bedeutsam war: Neue Sammelwerke fügten ältere Einheiten mit solcher Vorsicht in ein neues Ganzes ein, daß deren Eigenständigkeit gewahrt blieb. So hatte z. B. das deuteronomistische Geschichtswerk zahlreiche, seit langem abgeschlossene Texteinheiten in sich aufgenommen. Nicht anders sollte nach Esra auch das chronistische Werk entstehen, in dem u. a. das Erinnerungsbuch des Nehemia zu unterscheiden ist.

Die jüdische Bibel erhielt auf diese Weise eine eigenartige Struktur: Stimmen aus unterschiedlichen Zeiten kommen in ihrem eigenen Klang und mit ihrer unverwechselbaren Aussage zu Wort. Die Bibel ist so zum Zeugnis eines großen, Jahrhunderte übergreifenden Gesprächs geworden. Es ist kein Wunder, daß dabei nicht alles harmonisch zusammenklingt. Doch gerade damit blieb die Bibel ein lebendiges Buch. Das Gespräch biblischer Stimmen läßt »Lücken«, in die sich Menschen mit ihren Erfahrungen auch heute einbringen.

(So überlegt z. B. der jüdische Philosoph Emil Fakkenheim, ob der »jüdischen Bibel nach dem Holocaust«[16] noch der Schluß in 2 Chron die Richtung angeben könne, oder nicht eher die tragischen

[16] Emil Fackenheim. The Jewish Bible after the Holocaust. Manchester 1990.

Überblick zur Entstehungsgeschichte der hebräischen Bibel

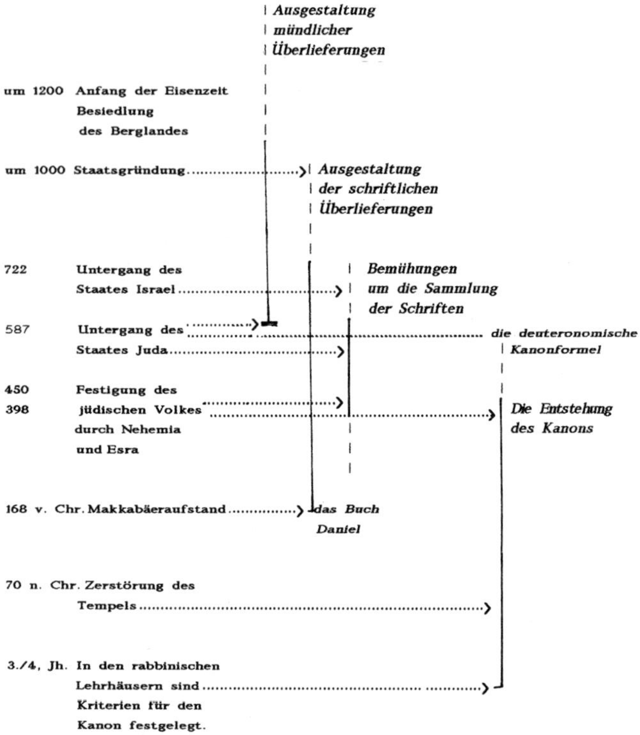

Die Entstehungsgeschichte der hebräischen Bibel ist eng mit der Geschichte Israels verbunden.
Wesentliche biblische Überlieferungen reichen in Zeiten zurück, bevor Israel entstanden war: Israel weiß, daß seine Wurzeln in der Völkerwelt des Orients zu suchen sind.
Der Prozeß der Verschriftlichung konnte erst mit der Staatsgründung beginnen. Die eigentliche „Geburtsstunde" der schriftlichen Bibel ist jedoch die Zeit, in der das Volk die politische Freiheit verlor und damit auch die Institutionen, in denen mündliche Traditionen gepflegt worden waren: mit Eifer sammelte man nun die überkommenen Schriften und gab sie neu bearbeitet heraus. Das jüngste Buch, Daniel, kam hinzu, als aus dem Makkabäeraufstand ein jüdischer Staat hervorging.
Mühen um die Bildung des Kanons, d.h. um eine „ganze" Heilige Schrift, beginnen, bevor die Bearbeitung und Sammlung der Schriften beendet ist: abgeschlossen sind sie, als die biblischen Bücher schon seit langem „fertig" sind.

Erzählungen des deuteronomistischen Werkes vom Untergang des Saul oder vielleicht gar ein jüdisches Buch, das nur zur katholischen Bibel gehört, 1 Makk, wo nicht »heilige« Geschichte erzählt wird, sondern nur von mutigen Juden, die sich gegen Verfolgung wehren.)

Von dieser »lückenhaften« Struktur der Bibel her wird begreiflich, daß sie auch dann noch nicht fertig war, als längst alle ihre Bücher geschrieben waren. Johann Maier, ein Kenner der frühen Geschichte des Judentums, vertritt die Auffassung, daß man im Judentum erst im 3. bis 4. Jh. n. Chr. die Kriterien besaß, mit denen sich ein Kanon der Bibel verbindlich machen ließ[17], sieben bis acht Jahrhunderte nach dem Auftreten des Esra. Daß solche Offenheit nicht Willkür bedeutete, wird im letzten Abschnitt zu zeigen sein: Es gab bestimmte Orte, wo die Bibel »zuhause« war, und wo man verantwortlich darauf achtete, daß im Gespräch *mit* der Bibel das Gespräch der Stimmen *in* der Bibel zur Geltung kam. Vier Orte, an denen Juden ihre werdende Bibel hüteten, sollen im folgenden vorgestellt werden.

[17] Johann Maier. Zwischen den Testamenten. Geschichte und Religion in der Zeit des Zweiten Tempels. Würzburg 1990, S. 13.

Die vier frühesten Heimatorte der abgeschlossenen und doch nicht fertigen Bibel

1. Der zweite Tempel als Heimat der Bibel

Im Deuteronomium wird Israel nicht nur verpflichtet, das ganze Vermächtnis des Mose unversehrt zu bewahren, sondern auch zu einer durchgreifenden Reform seines religiösen Lebens aufgefordert, die es fähig machen soll, diesem Anspruch zu genügen: Nur noch an einem einzigen Ort soll Israel sich zum Gottesdienst versammeln. Mit dieser Reform wurde kurz vor dem Untergang Judas tatsächlich begonnen; altehrwürdige Heiligtümer wurden von frommen Männern entweiht, damit Israel nur noch in Jerusalem Gottesdienst feiere.
Es ist sehr fraglich, ob so radikale Maßnahmen sich auf Dauer durchgesetzt hätten, hätte der Geschichtsverlauf sie nicht erzwungen. Die Juden, die aus der Verschleppung zurückkehrten, konnten nur den Tempel in Jerusalem wieder aufbauen. Er wurde zum Mittelpunkt für die in viele Länder verstreuten Juden, erst recht nach der Erneuerung durch Nehemia und Esra. Man darf gewiß annehmen, daß das »Buch des Gesetztes«, das durch den Priester Esra neue Bedeutung gewonnen hatte, der Tempelpriesterschaft anvertraut blieb, und daß sich darüber hinaus auch die anderen schriftlichen

Überlieferungen, die über die Exilszeit hinweggerettet worden waren, hier ansammelten.
Da es kaum historische Quellen aus der Anfangszeit des zweiten Tempels gibt, wird diese Vermutung erst durch Sirach bestätigt. In seiner Ruhmesliste, mit der er in Sir 44-49 an die ganze »biblische« Geschichte erinnert, hebt er auch die Bedeutung der Priester hervor. Im Anschluß daran, doch deutlich davon abgesetzt, rühmt er in Sir 50 ausführlicher als alle anderen den Hohenpriester Simeon, den er selber gesehen hat. Er gibt damit dem in der heiligen Geschichte verankerten und darüber hinausführenden hohenpriesterlichen Dienst große Bedeutung: Hier lebt die heilige Überlieferung Israels weiter.
Unter Berufung auf Mt 22, 23 behaupten christliche Exegeten gelegentlich, die Tempelpriesterschaft habe nur die fünf Bücher der TORAH als Heilige Schrift anerkannt. Es heißt dort, daß die Sadduzäer, d. h. die Partei der Priester, nicht an die Auferstehung der Toten glauben. In den Prophetenbüchern dagegen (z. B. Jes 25, 8; 26, 19), so argumentiert man, sei dieser Glaube bezeugt. – Das ältere Zeugnis des Jesus Sirach ist so nicht zu entkräften. Wenn die Sadduzäer nicht an die Auferstehung glaubten, so werden sie Prophetentexte, die diesen Glauben nahelegen, anders ausgelegt haben.
Sie hätten damit nichts anderes getan, als was seit eh und je ihr Amt war. Nach Dtn 32, 10 ist es das

Hauptkennzeichen des Priesterstammes, daß er »Israel die TORAH lehrt«. TORAH hat sogar ursprünglich den präzisen Sinn der »Auskunft«, die Priester Ratsuchenden aus den heiligen Überlieferungen gaben (vgl. Jer 18, 18). Eine Institution, die beauftragt ist, heilige Traditionen zu hüten, kommt nicht umhin, deren bleibende Bedeutsamkeit hervorzuheben. Das bedeutet: Sie muß »Auskunft« geben, welches ihr Sinn für die jeweilige Zeit ist. J. und A. Assmann legen dar, daß zu einem »zeitresistenten« Kanon immer institutionalisierte »Sinnpflege« gehört.[18] Bewahrung und »Sinnpflege« der jüdischen Bibel waren bis zur Zerstörung des zweiten Tempels durch die Römer im Jahre 70 n. Chr. ein Teil des priesterlichen Dienstes. Daß die alten Quellen nicht viel darüber berichten, hängt damit zusammen, daß die Sadduzäer mit der Zerstörung des Tempels und dem Ende des Opferdienstes jede Bedeutung verloren.[19]

Das Judentum hätte diesen zweiten Verlust seiner zentralen Heimat im Tempel wohl kaum überlebt, wäre die Bibel nicht, um mit Heinrich Heine zu sprechen, sein »portatives Vaterland«[20] gewesen.

[18] Vgl. Anm. 4.

[19] Argumente dafür, daß die Bibel der Sadduzäer auf die TORAH beschränkt gewesen sei, weist Beckwith zurück (Formation, a. a. O.; S. 73-75).

[20] Frank Crüsemann wählt dieses Wort von H. Heine als Titel für seinen Aufsatz zu »Struktur und Genese des alttestamentlichen Kanons«. In: J. u. A. Assmann, a. a. O., S. 63-79.

Daß sie es werden konnte, hängt vor allem damit zusammen, daß der Tempel schon lange vor seiner Zerstörung nicht mehr der einzige Ort war, an dem die Heilige Schrift gehütet wurde.

Entscheidend war die Makkabäerzeit. Ihre Bedeutung für die Geschichte der Bibel spiegelt sich u. a. in den beiden bereits erwähnten Texten aus 1 Makk 1, 56 und 2 Makk 2, 14, die Ereignisse dieser Zeit, die Verfolgung gesetzestreuer Juden und die Errichtung eines freien Staates, als Ereignisse aus der Geschichte der Bibel darstellen. Die Erschütterungen dieser Zeit kommen auch in Daniel, dem jüngsten Buch im TaNaCH, zum Ausdruck. Der »verwüstende Greuel«, der nach Dan 9, 27 das Ende der Weltgeschichte anzeigt, ist auch in 1 Makk 1, 54 erwähnt. Gemeint ist beide Mal die Entweihung des Tempels durch eine Zeusstatue, deren Errichtung 168 v. Chr. zum Anlaß des Makkabäeraufstandes wurde. Die Bibel, die für Jesus Sirach schon abgeschlossen gewesen war, wurde unter dem Eindruck der großen Wende noch einmal erweitert. Daß das nur gegen Widerstände geschah, kann man daraus schließen, daß andere Apokalypsen, die z. T. älter sind als Daniel, ausgeschlossen blieben.

Durch die Funde von Qumran ist nun eine jüdische Gemeinschaft bekannt geworden, die eine solche Erweiterung auch weiterhin für notwendig hielt. Der Ursprung der Qumran-Essener ist ebenfalls in der Makkabäerzeit zu suchen. Aus dieser Anfangszeit nahmen sie die Vorstellung von einer ganzen und doch noch erweiterungsfähigen Bibel mit, die sich in der Aufnahme des Buches Daniel in die Reihe der heiligen Schriften ausgewirkt hatte.

2. Die jüdische Bibel in Qumran

Als die erfolgreichen Makkabäer die politische Führung mit dem Hohenpriesteramt verbanden, das einer Sippe von Landespriestern nicht zustand, als sie sich darin sogar von heidnischen Fürsten bestätigen ließen und den für den Messias, den Sohn Davids, reservierten Königstitel annahmen, zog sich nach vergeblichen Kämpfen eine der Gruppen, die sich zuvor mit den Makkabäern zusammen für die Freiheit der Gesetzestreuen eingesetzt hatte, unter der Leitung eines Priesters, des »Lehrers der Gerechtigkeit«, aus dem Tempeldienst zurück. Mittelpunkt ihres später gegründeten Studienzentrums in der Wüste von Qumran waren der Schreibsaal und die dort hergestellten Bücher, die sie vor der Zerstörung Qumrans durch die Römer (70 n. Chr.) in umliegenden Höhlen in Sicherheit brachten, von wo sie seit 1947 ans Licht kamen.
In der Bibliothek von Qumran befanden sich nicht nur alle Bücher des TaNaCH (bis auf Ester), sondern auch Bücher, die heute als »deuterkanonische« nur zur katholischen Bibel gehören, u. a. die hebräische Fassung des Sirachbuches; aber auch Apoka-

lypsen und andere jüdische Schriften, die in keine der Bibelordnungen Aufnahme gefunden hatten. Doch man wußte in Qumran zwischen diesen Schriften und der »Heiligen Schrift« zu unterscheiden. In den von der Gemeinschaft selber verfaßten Büchern sind nur Worte der hebräischen Bibel als Zitate aus heiligen Schriften gekennzeichnet. Die Erweiterung der Bibel bestand für die Qumranleute nicht in neuen Schriften (mit einer Ausnahme), sondern in einer Gestalt, die ihnen den eigentlichen Sinn der heiligen Schriften enthüllte: im charismatischen Gründer ihrer Gemeinschaft, dem

> Lehrer der Gerechtigkeit, dem Gott kundgetan hat alle Geheimnisse der Worte seiner Knechte, der Propheten. (1 Q p Hab VII,4)

Auf ähnliche Weise sollte sich später der Gemeinschaft der Jünger Jesu die Heilige Schrift im Blick auf die Gestalt Jesu neu und autoritativ erschließen. Eine Szene aus der Erzählung von der Verklärung Jesu macht das anschaulich:

> Da erschien vor ihren Augen Elija und mit ihm Mose, und sie redeten mit Jesus. (Mk 9, 4)

Repräsentiert durch den Propheten und den Vermittler des Gesetzes sehen die Jünger Jesus die heilige Überlieferung, »Gesetz und Propheten« im Gespräch mit ihrem Meister. Sie reden miteinander, es sind drei gleichrangige Gestalten. Im Markusevangelium, das hier zitiert ist, ist die Botschaft von

Jesus schon schriftlich verdichtet. Die Szene in Mk 9 macht verständlich, wie die frühe Christenheit ihre neuen heiligen Schriften verstand: Sie nimmt durch Jesus das Gespräch mit der jüdischen Bibel auf, das über diese hinausführt und zugleich deren eigene Würde und Integrität anerkennt.
Ein Vorspiel für eine derartige Weiterführung der Heiligen Schrift mit einer neuen Schrift gibt es in der jüdischen Gemeinschaft von Qumran. Eine der Sonderschriften der Gemeinschaft, die Tempelrolle, redet mit der ganzen Autorität der Sinaioffenbarung.[21] Sie bezeugt, welche Bedeutung diese Gemeinschaft nach wie vor dem Tempel gab. Unter Führung des »Lehrers der Gerechtigkeit« waren sie von dort fortgegangen und hatten den Schatz der heiligen Schriften mitgenommen, weil der Tempel in Jerusalem durch unwürdige Hohenpriester entweiht war. Ihre Gemeinschaft sollte nun ein Tempel sein, in dem die Schriften solange zu hüten waren, bis die Hoffnung auf die Erneuerung eines reinen Priesterdienstes im Jerusalemer sich erfüllte. Bis dahin sollte die Tempelrolle mit der ganzen Autorität der TORAH vom Sinai festhalten, wie dieser Dienst auszusehen hatte.
Der aufregendste Teil der Qumranfunde waren jedoch wohl die zahlreichen Handschriften, die Texte der biblischen Bücher enthielten. Sie waren

[21] Johann Maier. Die Tempelrolle vom Toten Meer. München 1978.

900-1000 Jahre älter als die hebräischen Bibelhandschriften, die man bis dahin kannte! Die größte Sensation war, daß jede Sensation ausblieb. Die Abschreiber hatten über all die Zeit hinweg so sorgsam gearbeitet, daß keine entscheidenden Varianten entstanden waren. Ebenso bedeutsam ist, daß Qumranhandschriften nicht nur die hebräische handschriftliche Überlieferung bestätigen, sondern auch Abweichungen der Septuaginta. Ja, beide Textüberlieferungen gab es in Qumran nebeneinander in verschiedenen Handschriften. Damit ist endgültig klar, wie müßig es ist, einen »Urtext« der Bibel rekonstruieren zu wollen. Es gibt die eine jüdische Bibel nicht nur in verschiedenen Gestalten, sondern auch in verschiedenen Textüberlieferungen.[22]

3. Die Septuaginta, eine »inspirierte« Übersetzung

Der »Auszug« der Bibel aus dem Tempel in Jerusalem hatte schon vor der Makkabäerzeit begonnen: Juden der griechischsprachigen Welt brauchten eine Übersetzung ihrer heiligen Schriften. Seit der Mitte

[22] Vgl. Dominique Barthelemy. Critique textuelle de l'Ancien Testament. Bd. 1 und 2. Fribourg/ Göttingen 1982 und 1986. An einem Einzeltext durchgespielt wird die Deutung der unterschiedlichen Textüberlieferungen in Barthelemy/ Gooding/ Lust/ Tov: The Story of David and Goliath. Fribourg/ Göttingen 1986.

des 3. bis ins 1. Jh. v. Chr. wird in Ägypten daran gearbeitet worden sein. Der Aristeasbrief, eine jüdische Schrift vom Anfang des 1. Jh. v. Chr., erzählt eine Legende vom Ursprung dieser Übersetzung, die nicht nur ihren Namen (Septuaginta-Siebzig) erklärt, sondern auch zeigt, welch hohen Wert man ihr beimaß: Ptolemäus, der König von Ägypten, habe aus jedem der zwölf Stämme Israels sechs Männer die Heilige Schrift der Juden für seine Bibliothek ins Griechische übertragen lassen, und alle 72 hätten unabhängig voneinander den gleiche Wortlaut gefunden. Im 1. Jh. n. Chr. wiederholt der jüdische Schriftsteller Philo von Alexandrien diese Legende (Vita Moysis II, 26f.). Auch für ihn ist die griechische Bibel eine geheiligte Übersetzung: »Ganz Israel« hat sie, repräsentiert durch seine Stammesvertreter und wunderbar geleitet vom Geist Gottes, so geschaffen, daß auch ein heidnischer König daran teilhaben kann. Griechische Diasporajuden waren also überzeugt, daß es neben der hebräischen Bibel ein zweites, ebenso heiliges Buch gebe: deren griechische Übersetzung.

So wie alle anderen jüdischen Schriften, die außer der hebräischen Bibel selber Auskunft über die Entstehungsgeschichte der jüdischen Bibel geben, sind auch die Werke Philos und der Aristeasbrief nur in der christlichen handschriftlichen Überlieferung erhalten. Wie merkwürdig das ist, wurde unterstrichen, als im Qumran eine Bibliothek zutage kam, die nicht wenige jener bis dahin fast nur aus christlicher Tradition bekannten Schriften enthielt. Aus der Geniza von Kairo (einem Aufbewahrungsort für unbrauchbar gewordene heilige Schriften) kannte man zwar schon vorher in Handschriften aus dem 9. Jh. n. Chr. ein Fragment des hebräischen Sirach und eine der Qumranschriften, die sogenannte Damaskusschrift; doch man hatte beides für späte Erzeugnisse der untergegangenen jüdischen Sondergemeinschaft der Karäer gehalten. Erst durch die Qumranfunde erfuhr man, wie alt die Texte waren.

Die einzige von Juden aus der Antike bis in die Neuzeit weitergereichte, außerbiblische jüdische Texttradition ist der Talmud, in dem von der Vielfalt des Judentums vor dem Untergang des zweiten Tempels wenig zu spüren ist. Auf den Talmud berufen sich Juden bis heute für ihr Bibelverständnis. Darum ist zu fragen, wie es dazu kam, und was es für das Verständnis der Bibel bedeutet, daß die breitere jüdische Tradition so eingeschränkt wurde.

4. Die pharisäisch-rabbinische Bibeltradition

Die Gemeinschaft von Qumran ging zur gleichen Zeit zugrunde wie der zweite Tempel. Die griechischsprachige Diaspora verlor alle Bedeutung, nachdem Aufstände der Diasporajuden gegen die Römer in langen Kämpfen 115-117 n. Chr. niedergerungen worden waren. Jüdische Überlieferungen und damit auch das Erbe der Heiligen Schrift konnten also außer durch die Christen nur von den Pharisäern und ihren Nachfolgern, den Rabbinen, weitergetragen werden. Die Reduzierung des reichen jüdischen Schrifttums ist darauf zurückzuführen, daß das Judentum nur dank dieser einen Gemeinschaft überlebte.

Entstanden war die Gemeinschaft der Pharisäer ebenfalls in der Makkabäerzeit. Abgestoßen von den politischen Ambitionen der Tempelpriesterschaft, hatten sie anders als die Essener (die »Qumranleute«) dennoch die Bindung an den Tempel aufrecht erhalten. Doch sie lehrten, daß alle Gesetzestreuen im ganzen Volk wie Priester leben müßten. Das schloß ein, daß diesen auch die heiligen Schriften anvertraut seien. So waren die Pharisäer darauf vorbereitet, sich nach dem Untergang des Tempels als die berufenen Hüter der Bibel zu verstehen.

Sie überstanden die Katastrophe, weil sie sich am Widerstand gegen die Römer nicht beteiligten. Aus dem »Jüdischen Krieg« des Flavius Josefus, eines Mannes pharisäischer Herkunft, geht hervor, warum sie sich zurückhielten: Josefus stellt dar, daß der Tempel fallen mußte, weil Israel nicht würdig war. Auch die Schriften des Josefus sind nur von Christen aufbewahrt worden. Sein Beiname Flavius macht deutlich, warum die Rabbinen auch ihn ablehnten: Die Pharisäer hatten von Anfang an die politischen Ambitionen der Sadduzäer abgelehnt; nach dem Untergang des Tempels blieben sie bei dieser Haltung: Die Juden sollten alle messianischen Hoffnungen auf politische Freiheit aufgeben, ohne deswegen nur noch eines der in das Römerreich integrierten Völker zu sein. Wiederum, so wie schon nach dem Untergang Judas 587 v. Chr., erkannten sich Juden nur an ihren heiligen Schriften als ein eigenständiges Volk.

Die in der christlichen Bibelwissenschaft lange vorgetragene Meinung, daß eine »Synode zu Jamnia« um 100 n. Chr. über den Kanon der biblischen Schriften, insbesondere über seinen noch »offenen« dritten Teil, entschieden hätte, um das Judentum zu festigen und gegen das werdende Christentum abzugrenzen (vgl. Anm. 10), läßt sich nach all den Daten, die in diesem Beitrag zur Entstehungsgeschichte der jüdischen Bibel zusammengetragen worden sind, nicht mehr halten. Für die Pharisäer waren schon in vorchristlicher Zeit alle heiligen Schriften der Schatz, der gesetztestreuen Juden anvertraut ist. Als sie sich in die Küstenstadt Jabne/Jamnia zurückzogen, nahmen sie diesen sorgsam gehüteten Schatz gewiß mit. Doch eine »Synode«, die weitreichende Entscheidungen treffen konnte oder auch nur wollte, gab es nicht. Der Talmud enthält zwar Traditionen, wonach es unter ihnen Diskussionen darüber gab, ob das Hohelied und

Die frühen Heimatorte der jüdischen Bibel

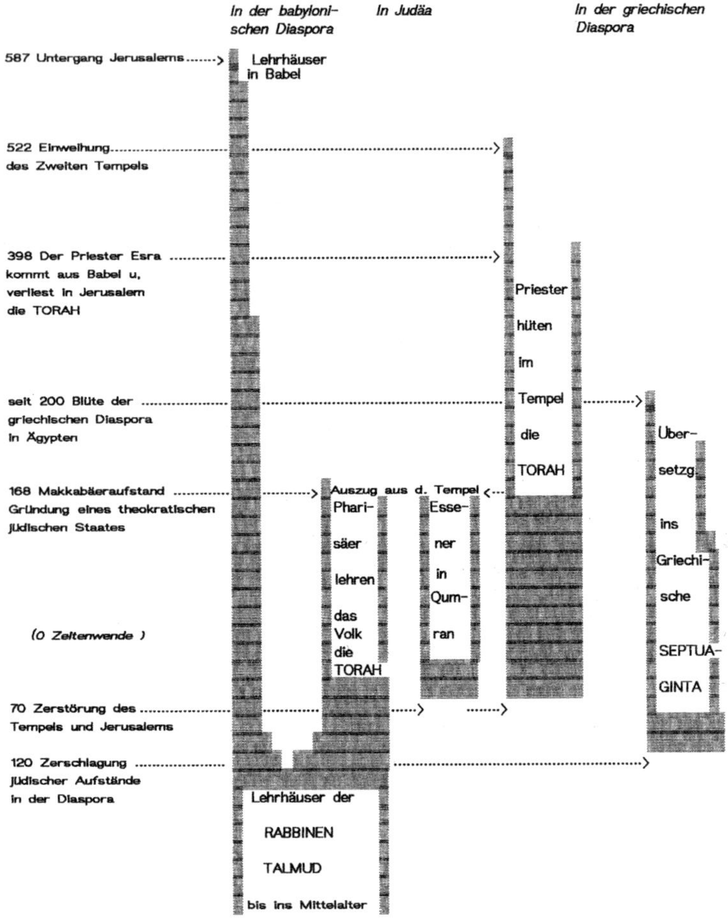

Kohelet (Prediger) heilige Schriften seien, aber die Beschränkung des Gelehrtenstreites auf diese Bücher setzt ja voraus, daß die übrigen zu den KETUBIM gehörenden Bücher längst fraglos anerkannt waren, und daß zudem auch Koh und Hld vielen dieser Gelehrten als heilige Schriften galten.

Nicht mehr ganz verständlich ist eine seltsame in diesem Schulstreit verwendete Redeweise, wonach heilige Schriften »die Hände verunreinigen«. »Hamiram« dagegen, d. h. Homer, machte nicht unrein.[23] Das kann nicht heißen, daß heilige Bücher in sich »unrein« seien. Zunächst wird diese Redewendung äußerste Sorgfalt im Umgang mit heiligen Schriften anmahnen, denn vor Unreinheit muß sich jeder Jude hüten. Ferner wird daraus die Überzeugung sprechen, daß nach dem Untergang des Tempels heilige Schriften nirgendwo mehr in Reinheit aufbewahrt werden können; selbst die Hände der Rabbinen, die sich an alle Reinheitsvorschriften halten, seien nicht der rechte Ort.

Diese Redewendung mag hier als ein Beispiel dafür genügen, daß in der talmudischen Tradition eine Spezialsprache von Gelehrten entstand. Nur als Spezialistenhebräisch für die gelehrte Diskussion lebte das Hebräische fort; die Alltagssprache war ja

[23] Bab. Talmud in M. Jadajim 4. Vgl. Beckwith (Canon. a. a. O.), S. 279.

seit langem Aramäisch. Die hebräische Bibel brauchte also auch in den Lehrhäusern, in denen man Hebräisch sprach, eine »Übersetzung«. Jüdische Gelehrte entwickelten spezielle Vorstellungen und Methoden, die beides möglich machten: zuverlässige Bewahrung der Bibel und »Übersetzung«. Einerseits bewahrten sie den biblischen Text mit äußerster Akribie. Abweichende Textformen wurden eliminiert; schon seit dem 2. Jh. muß Übersetzungen überall der gleiche Text zugrunde gelegen haben. Daß man nur aus alten Übersetzungen auf einen so früh bereits festliegenden uniformen Text schließen kann, liegt daran, daß abgenutzte Bibelhandschriften sofort vernichtet wurden, damit keine unleserlich gewordene Stelle falsch abgeschrieben werden könne. So kam es, daß vor den Qumranfunden die ältesten hebräischen Bibelhandschriften aus dem 9. Jh. stammten, umfassende Codices erst aus der Zeit um 1000. Zudem sicherte ein durchdachtes System von zusätzlichen Zeichen den Text vor Verderbnis bei der Rezitation und dem Abschreiben. Vom 8. bis zum 11. Jh. entwickelten zwei jüdische Gelehrtenfamilien daraus vollständige Systeme, durch die die hebräische Konsonantenschrift auch mit Vokalzeichen versehen wurde. Zeilenabstände waren festgelegt; Wörter ja Buchstaben wurden abgezählt.

Neben dieser »Textpflege« gab es eine ebenso sorgfältige »Sinnpflege«. Die rabbinischen Gelehrten besaßen dafür eine Vorstellung, die sich mit derjenigen der griechischen Diasporajuden von einer »inspirierten Übersetzung« durchaus vergleichen läßt. Der Talmud spricht von einer »mündlichen TORAH«, die Mose zusammen mit der »schriftlichen TORAH« auf dem Sinai empfangen habe, und die bis in die rabbinischen Schulen von Mund zu Mund weitergegeben worden sei und dort im Gespräch der Rabbinen immer weiter lebe. Die späte Aufzeichnung der frühen Schuldiskussionen wird damit zusammenhängen, daß man ihre Mündlichkeit sehr ernst nahm. Darin, daß man von ihrem Ursprung am Sinai sprach, kommt zum Ausdruck, welchen hohen Rang sie hatte. Darin, daß sie »mündlich« und nicht in festgeschriebenen Texten überprüfbar war, kommt zum Ausdruck, daß die TORAH als das Gesetz, nach dem Juden ihr ganzes Leben ausrichten, nur für den »überprüfbar« wird, der sich in Reihe ihrer Zeugen stellt.

Auch der schriftliche Talmud schreibt die »mündliche TORAH« nicht fest. Sie muß hier in einer Vielzahl von Worten gesucht werden, die durch Generationen hindurch von einem Rabbi zum nächsten weitergegeben worden sind und zudem noch Antworten und Gegenreden finden, die ebenso formuliert sind. Die Vorstellung von einem großen, über die Jahrhunderte hinweg weitergeführten Gespräch hat auf diese Weise die Sprachgestalt des Talmud bestimmt.

Humorvoll erzählt ein Talmudtext, wie sich diese mündliche Lehrtradition zur schriftlichen Tora verhält: Als Mose die TORAH empfangen sollte, habe Gott gerade »Kränzchen« für deren Buchstaben angefertigt (eine Anspielung auf die Zeichen, die den Text sichern). Auf eine Frage hin habe Mose erfahren: »Nach vielen Generationen wird Aqiba (ein Gelehrter vom Ende des 1. Jh.s) aus jedem Häkchen Haufen um Haufen von Lehren ableiten.« Mose wollten diese Lehrer kennenlernen. Er setzte sich im Lehrhaus des Aqiba in die achte Reihe – und verstand nichts. Doch dann fragten Schüler: »Rabbi, woher weißt du das?« und Aqiba habe gesagt: »Diese Lehre hat Mose empfangen«.[24] Daraufhin sei Mose beruhigt gewesen.
Mit dieser rabbinischen Erzählung sei dieser Überblick über die Entstehungsgeschichte der jüdischen Bibel beendet. Bringt er etwas für die eingangs gestellte Frage? Wie sollen Christen damit umgehen, daß der größte Teil ihrer Bibel eine jüdische Bibel ist? Wie sollen Juden und Christen die jüdische Bibel miteinander teilen? Ihre Entstehungsgeschichte wurde hier pauschal und abgekürzt dargestellt, doch auch so wurde wohl deutlich, daß eine abschließende Antwort auf solche Fragen nicht möglich ist. Die jüdische Bibel gibt es nur in ver-

[24] Menachot 29 b; hier nach G. Stemberger; Der Talmud. München 1982, S. 67.

schiedenen Gestalten, in unterschiedlicher Ausrichtung ihres Gesamtsinnes; es gibt nicht einmal den einen Urtext.

Nur soviel läßt sich feststellen: Eine für heutige Begriffe »typisch jüdische« Leitvorstellung bewies im Werdegang der Bibel mehrfach neu ihre Kraft: TORAH, Gesetz. Freilich zeigte sich auch, daß Menschen immer neu und anders erprobten, wie sie die Bibel als das Gesetz ihres Lebens verstehen und annehmen könnten. In der heutigen Zeit, in der jeder seine Bibel haben mag, ist zweitens überlegenswert, wie sehr man bei dieser Suche ältere Traditionen in ihrer Eigenart respektierte. In den zahlreichen neueren Arbeiten (vgl. Anm. 1), auf die ich mich mehr gestützt habe, als immer nachzuweisen war, zeigt sich, wie sehr Juden und Christen, von solchem Respekt geleitet, in ein Gespräch über die jüdische Bibel gekommen sind.

Glossar

Alexandrien

Stadt in Nordägypten mit einer jüd. Gemeinde seit dem 3. Jh. v. Chr.; Zentrum der jüd.-hellenistischen (griechischsprachigen) Kultur.

Aqiba

* ca. 50 n. Chr., † als Märtyrer ca. 135 n. Chr. Einer der bedeutendsten → rabbinischen Gelehrten

Aristeasbrief

jüd.-hellenist. Schrift eines unbekannten Verfassers aus → Alexandrien; ca. 140 v. Chr.; sie schildert die Entstehung der → Septuaginta

Augustinus

* 354, † 430 n. Chr. Kirchenlehrer und Bischof von Hippo im römischen Nordafrika.

Deuterokanonisch

griech. »an zweiter Stelle zum → Kanon gehörend«. Katholische Bezeichnung frühjüdischer Schriften, die nicht in den hebräischen Kanon aufgenommen wurden, über die → Septuaginta jedoch in die katholische Bibel gelangten.

Deuteronomistisches Geschichtswerk

Nach einer modernen Hypothese bilden die Bücher Dtn, Jos, Ri, 1 und 2 Sam, 1 und 2 Kön ein einheitlich konzipiertes Werk.

Diaspora

griech. »Zerstreuung«. Die außerhalb Palästinas lebenden Juden.

Essener

griech. Form von aram. chasajja, »die Frommen«. Frühjüd. Gruppe mit asketischer Tendenz. → Qumran, → Lehrer der Gerechtigkeit, → Pharisäer

Flavius Josefus

ca. 38–100 n. Chr. Jüdischer Historiker; er verfaßte latein. Werke zur jüd. Geschichte und Verteidigung der jüd. Religion.

Geniza

»Versteck« zur rituellen Bestattung unbrauchbar gewordener heiliger Schriften.

Hieronymus

* ca. 350 n. Chr., † 419. Verfasser der berühmtesten lateinischen Bibelübersetzung.

Lehrer der Gerechtigkeit

Priester, der aus Protest gegen unwürdige Hohepriester (→ Makkabäer) den Tempel verließ. Gründer der Gemeinschaft der → Essener.

Leviten

Ursprünglich Angehörige des Priesterstammes Levi; im zweiten Tempel den Priestern beim Tempeldienst nachgeordnet.

Jabne

griech. Jamnia. Küstenstadt, südl. vom heutigen Tel Aviv. Nach der Zerstörung Jerusalems, zw. 70 und 135 n. Chr. Zentrum des → rabbin. Judentums.

Ketubim

hebr. »Schriften«, Bezeichnung der bibl. Bücher, die weder zur → Torah noch zu den → Nebiim zählen.

Kohelet

Buch der Lehrweisheit, dessen Zugehörigkeit zum → Kanon wegen seiner skeptischen Grundhaltung bei den → Rabbinen umstritten war.

Makkabäer

1. Familie von Landpriestern, Anführer eines erfolgreichen Aufstandes gegen die Hellenisierung Jerusalems. Sie beanspruchen schließlich die Hohepriester- und Königswürde. → Sadduzäer. 2. Das erste Makkabäerbuch, Darstellung des Aufstiegs der M. Das zweite Makkabäerbuch ist anderen Ursprungs.

Marcion

ca. 80–160 n. Chr.; aus Sinope am Schwarzen Meer; wirkte in Rom; bemühte sich um einen ersten Kanon des NT; nach seiner Lehre widerspricht das AT dem christl. Glauben.

Megillot

hebr. »Rollen«. Sing. Megillah. Bezeichnung der fünf bibl. Bücher Rut, Hld, Klgld, Koh, Est, die zu den fünf jüd. Jahresfesten gehören.

Melito

† vor 190 n. Chr., Bischof von Sardes in Kleinasien. Auszüge aus seinen Schriften sind durch spätere christl. Schriftsteller überliefert.

Nebiim

hebr. »Propheten«; Sammelbezeichnung für die Bücher Jos bis 2 Kön (die sowohl geschichtl. wie prophet. Überlieferungen enthalten) und für die Prophetenbücher Jes, Jer, Ez, → Zwölfprophetenbuch.

Origines

Ende des 2. Jh.s n. Chr., christl. Theologie, Prediger, Philosoph in → Alexandrien.

Pentateuch

griech.: »Fünf Rollen«. Bezeichnung der ersten fünf bibl. Bücher: Gen Ex Lev Num Dtn.

Pharisäer

hebr. Peruschim, »Abgesonderte«. Ebenso wie die → Essener lehnten sie die Verbindung des Hohepriesteramtes mit polit. Macht ab (→ Makkabäer). Die Ph. überlebten als einzige Gruppe den Untergang Jerusalems 70 n. Chr. → Jabne → Rabbinen.

Philo

ca. 20 n. Chr.–50 n. Chr. Bedeutendster jüd. Philosoph, aus → Alexandrien.

Qumran

Studienzentrum der Gemeinschaft der → Essener in der Wüste Juda.

Rabbinisches Judentum

Judentum von der Zerstörung Jerusalems 70 n. Chr. bis zum Mittelalter, im engeren Sinn bis zur arab. Eroberung Palästinas im 7. Jh. Geistige Führer waren die Rabbinen. → Pharisäer, → Jabne, → Talmud.

Sadduzäer

Religionspartei des frühen Judentums, Priesteraristokratie, Gegner der → Pharisäer.

Septuaginta

latein. »Siebzig«. Bezeichnung der in → Alexandrien entstandenen griech. Übersetzung der hebr. Bibel.

Synode von Jamnia

das → rabbinische Lehrhaus von → Jabne beanspruchte, anders als lange angenommen, keinerlei Kompetenz, den hebräischen → Kanon festzulegen.

Talmud

hebr. »Studium«. In den beiden Zentren der → rabbinischen Gelehrsamkeit, Babel und Palästina, entstanden im Laufe von Jahrhunderten der Babylonische und der Jerusalemer T., zwei umfangreiche Sammlungen gelehrter Schrift- und Gesetzesauslegungen.

Tanach

Abkürzung für → Torah → Nebiim → Ketubim, hebr. Bezeichnung der jüdischen Bibel.

Tempelrolle

Eine Schrift der Gemeinschaft von → Qumran, die mit der gleichen Autorität wie die → Torah vom Tempeldienst spricht. → Lehrer der Gerechtigkeit.

Torah

hebr. »Unterweisung«. 1. Priesterl. Belehrung über Gesetzesbestimmungen. 2. Die Gesetz aus den ersten fünf Büchern der hebr. Bibel inn ihrer Autorität als das durch Mose vermittelte Gesetz von Sinai. 3. Der erste und gewichtigste Teil der hebr. Bibel. 4. Manchmal Bezeichnung der ganzen Bibel.

Veritas hebraica

latein. »hebräische Wahrheit«; bezeichnet die (manchmal nur vermeintlich) größere Nähe der hebr. Bibel zum »Urtext«.

Zwölfprophetenbuch

Bibl. Buch, Sammlung von zwölf kleinen prophetischen Schriften aus mehreren Jahrhunderten.

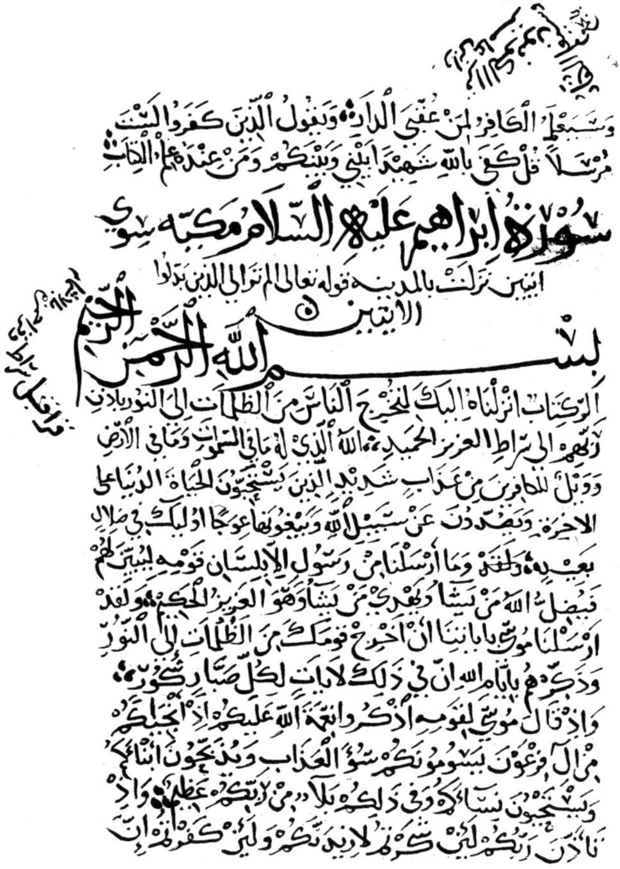
وسيعلم الكافر لمن عقبى الدار ويقول الذين كفروا لست
مرسلا قل كفى بالله شهيدا بيني وبينكم ومن عنده علم الكتاب
سورة ابراهيم عليه السلام مكية سوى
ايتين نزلت بالمدينة قوله تعالى الم تر الى الذين بدلوا
الايتين
بسم الله الرحمن الرحيم
الر كتاب انزلناه اليك لتخرج الناس من الظلمات الى النور باذن
ربهم الى صراط العزيز الحميد الله الذي له ما في السموات وما في الارض
وويل للكافرين من عذاب شديد الذين يستحبون الحياة الدنيا على
الاخرة ويصدون عن سبيل الله ويبغونها عوجا اولئك في ضلال
بعيد وما ارسلنا من رسول الا بلسان قومه ليبين لهم
فيضل الله من يشاء ويهدي من يشاء وهو العزيز الحكيم ولقد
ارسلنا موسى باياتنا ان اخرج قومك من الظلمات الى النور
وذكرهم بايام الله ان في ذلك لايات لكل صبار شكور
واذ قال موسى لقومه اذكروا نعمة الله عليكم اذ انجاكم
من آل فرعون يسومونكم سوء العذاب ويذبحون ابناءكم
ويستحيون نساءكم وفي ذلكم بلاء من ربكم عظيم واذ
تاذن ربكم لئن شكرتم لازيدنكم ولئن كفرتم ان

Von Theodor Bibliander benutzte Koran-Handschrift (13. Jh.)
Überschrift und Beginn der Abrahams-Sure.
Öffentliche Bibliothek der Universität Basel.

Renate Würsch

Der Koran

Der Koran, das heilige Buch der Muslime, ist Gegenstand vorliegender Ausführungen, die sich in drei Teile gliedern. Zunächst sei kurz beschrieben, wie der Koran aufgebaut ist, was er enthält und welchen literarischen Charakter er hat. In einem zweiten Teil gehe ich auf die Geschichte des Korantextes ein; damit in engem Zusammenhang stehen die Fragen nach der Verläßlichkeit und Vollständigkeit der Überlieferung, die für diese Vortragsreihe ja von vorrangigem Interesse sind. Drittens sei dargelegt, was der Koran für die Muslime bedeutet und welche Stellung er in der Kultur des Islams einnimmt; dabei ist die Frage nach der »Heiligkeit« des Korans angesprochen. Die folgenden Erläuterungen gründen im wesentlichen auf den Ergebnissen der westlichen Koranforschung, die jedoch in manchen wichtigen Punkten mit der islamischen Tradition übereinstimmen.[1]

[1] Man vergleiche dazu die übersichtliche Darstellung bei W.M. Watt-A.T. Welch, Der Islam I. Stuttgart 1980, 162-232, und A. Neuwirths wichtigen Beitrag »Koran« im Grundriß der Arabischen Philologie, Bd. 2, hg. von H. Gätje. Wiesbaden 1987, 96-135.

I.

Rein formal besteht der Koran aus 114 Abschnitten, den sogenannten »Suren« (*sūra*, pl. *suwar*).[2] Sie setzen sich aus Versen (*āya*, *āyāt*) zusammen. Nach der ersten Sure, der »eröffnenden« *(al-fātiḥa*, die man eigentlich als Gebet bezeichnen kann, sind die übrigen 113 Suren grob nach absteigender Länge geordnet. Jede Sure trägt einen Namen, und nach ihren Namen, nicht nach ihrer Nummer werden die Suren gewöhnlich von muslimischen Autoren zitiert; die 12. Sure beispielsweise ist als »Josefs-Sure« bekannt, weil sie die Geschichte des biblischen Josef zum Thema hat. Die Surennamen sind meist aus einem Schlüsselwort bezogen, das in der betreffenden Sure erscheint. Sie werden nicht als Teil der Offenbarung betrachtet.

Das arabische Wort *qur'ān* bezeichnet in erster Linie die Tätigkeit des Vortragens, des Rezitierens. Zweitens kann *qur'ān* für eine einzelne vorgetragene Passage stehen[3] und bedeutet »Vorlesestück«. Drittens schließlich bezeichnet das Wort in Verbindung

[2] Für die im Fastenmonat Ramadan üblichen Koranrezitationen existiert eine andere Einteilung des Textes in 30 »Teile« *(ǧuz', aǧzā')*. Diese »Teile« sind in der Regel an den Rändern der Koranexemplare markiert, manchmal auch die kleinere Unterteilung, der *ḥizb*, der die Hälfte eines *ǧuz'* ausmacht, sowie das »Viertel« (*rubʿ*) des *ḥizb*.

[3] Diese Bedeutung ist wohl abgeleitet aus dem syrischen Wort »qeryānā«, »Schriftlesung« – gemeint ist das Vorlesestück in der christlichen Liturgie.

mit dem arabischen bestimmten Artikel (*al-qur'ān*) eine Sammlung solcher Vorlesestücke oder Lesungen. In dieser Funktion fand der offenbarte heilige Text in den Gottesdiensten Mohammeds und seiner Anhänger liturgische Verwendung.

Im Koran niedergelegt sind die Offenbarungen, die der Prophet Mohammed – der Name bedeutet »der Gepriesene« – von Gott erhalten hat. Das arabische Wort »Allāh« bedeutet, dies möchte ich an dieser Stelle festhalten, einfach »Gott« und es sollte im Deutschen auch durch »Gott« wiedergegeben werden.

Über das Leben Mohammeds ist man durch mehrere Quellen[4] recht gut unterrichtet. Ursprünglich teilte er die religiösen Vorstellungen seiner Umgebung. Deutliche Spuren davon zeigen sich auch in seinem späteren Leben, so etwa durch die Tatsache, daß er Mekka mit seinem ursprünglich heidnischen Heiligtum als geheiligte Stätte ansah. Neue Gedanken, die ihn später erfüllten, weisen hin auf die Religionen der »Schriftbesitzer« (*ahl al-kitāb*) – wie die Juden und Christen im Koran heißen. Die hebräische und die griechische Bibel waren ihm – aus sprachlichen Gründen – zwar verschlossene

[4] Ibn Hišāms Sīra, al-Wāqidīs Kitāb al-maġāzī, Ibn Sa'ds Ṭabaqāt und Ṭabarīs Ta'rīḫ. Vieles von dem Material, das diese Quellen bieten, wird von der westlichen Forschung als zuverlässig akzeptiert, vgl. W.M. Watt-A.T. Welch, Der Islam I. Stuttgart 1980, 50.

Schriften. Juden- und Christentum kennenzulernen hatte man aber in Arabien reiche Gelegenheit durch die nach Syrien oder den Euphratgegenden ziehenden Karawanen, durch die Schiffsverbindung mit Abessinien und durch fremde Kaufleute, welche die Märkte besuchten. Das Erlebnis religiöser Berufung hatte Mohammed um das Jahr 610 im Alter von etwa vierzig Jahren. Er sah sich dazu aufgefordert, seinen arabischen Landsleuten als Prophet jene Offenbarungen zu verkünden, die ihm von Gott eingegeben wurden. Dabei war er der Überzeugung, daß die heiligen Bücher der beiden älteren Offenbarungsreligionen mit dem Inhalt seiner eigenen Offenbarungen identisch seien und daß seine Lehre mit der jüdischen und christlichen übereinstimme. Aus dieser Haltung erklärt sich die Tatsache, dass die jüdischen Propheten und Jesus im Islam als Propheten gelten und die »Schriftbesitzer« – Juden und Christen – verglichen mit den übrigen Nichtmuslimen, eine Sonderstellung einnehmen. Die Übereinstimmung von Mohammeds Offenbarungen mit jenen älteren heiligen Büchern wird auch im Koran bestätigt: Sure 10, Vers 94 heißt es: »Wenn du über das, was wir (als Offenbarung) zu dir herabgesandt haben, im Zweifel bist, dann frag diejenigen, die die Schrift (bereits) lesen (nachdem sie sie) vor dir (erhalten haben)! Zu dir ist doch von deinem Herrn die Wahrheit gekommen. Du darfst ja nicht (daran) zweifeln.« Im Koran ist denn auch manches enthalten, was aus jüdischer und christlicher Tradition bekannt ist: Geschichten von Noah etwa, von Abraham und Lot, von Mose und Pharao, von Joseph, sowie von Adam (mit der Geschichte vom Sündenfall und der Vertreibung aus dem Paradies); dann die Geschichte von Maria und dem Jesuskind, die Engel Michael und Gabriel, die Vorstellung und Lehre vom Teufel.[5]

Als Mohammed mit den Offenbarungen, die er empfing, an die Öffentlichkeit trat, geriet er bald mit den Einwohnern seiner Heimatstadt Mekka in Konflikt, da er ihre altarabischen heidnischen Gottheiten, die in Mekka ihr Heiligtum hatten, angriff. Es ging dabei wohl weniger um das Heidentum selbst; vieles deutet darauf hin, daß der Kult der altarabischen Gottheiten zu jener Zeit bereits mehr erstarrte Tradition als lebendiger Glaube war. Mekkas Reichtum aber beruhte auf den Einkünften aus dem Handel und den mit dem Wallfahrtswesen verbundenen Messen, und dies wollte man nicht durch einen religiösen Umsturz gefährden. Die Spannungen mit den Mekkanern führten schließlich dazu, daß Mohammed mit seinen Anhängern im Jahre 622 nach dem etwa 300 km nördlich von Mekka gelegenen Yaṯrib – später »Medina« genannt – auswandern mußte. Mit dieser Auswanderung, arabisch *hiǧra*, beginnt die islamische Zeit-

[5] R. Paret, Mohammed und der Koran. Stuttgart [4]1976, 56f.

rechnung. Die Auswanderung nach Medina brachte eine große Veränderung in Mohammeds Leben. War er in Mekka ein Prophet gewesen, dessen Offenbarungen von der Mehrheit der Leute nicht ernst genommen wurden, so trat an ihm nun eine neue Seite zutage: eine eminente politische Begabung. In Medina übte Mohammed die Doppelfunktion eines Propheten *und* Staatsmanns aus. Das starke Anwachsen seiner Macht befähigte ihn, im Jahre 630, zwei Jahre vor seinem Tod, die Heimatstadt Mekka zu erobern und die neue Religion, den Islam, dort durchzusetzen.

Die zwei durch den Einschnitt der *hiǧra* deutlich voneinander geschiedenen Perioden in Mohammeds Tätigkeit als Prophet wurden hier darum kurz geschildert, weil sie sich auch im Koran widerspiegeln. Die islamische Tradition teilt die Suren ein in »mekkanische« und »medinische«, d.h. in solche, die vor, und solche, die nach der *hiǧra* offenbart wurden. Bei arabischen Koranausgaben ist in der Überschrift einer jeden Sure neben dem Hinweis, nach welcher Sure sie offenbart ist, die Angabe »mekkanisch« oder »medinisch« zu finden. Indessen gab es bei den frühen Korangelehrten durchaus auch Meinungsverschiedenheiten in der Frage der Zuordnung einzelner Suren. Eine herausragende Autorität des 14. Jahrhunderts, der Korankommentator al-Bayḍāwī, bezeichnet beispielsweise 17 Suren (wie etwa 13,55,61) als »umstritten«.

Die westliche Koranforschung hat im wesentlichen die traditionelle Einteilung der Suren in mekkanische und medinische übernommen. Man hat jedoch versucht[6], die mekkanische Periode noch genauer zu gliedern. Ich möchte darauf nicht näher eingehen, um mich nicht in Einzelheiten zu verlieren; man kann aber grundsätzlich davon ausgehen, daß die Suren des Korans stilistisch und thematisch je nach dem Zeitpunkt ihrer Offenbarung stark variieren. Als Themen der frühen, in der Regel kurzen, Suren dominieren Gottes Güte und Macht, die Rückkehr des Menschen zu ihm und die Erwartung des (jüngsten) Gerichts. Die Rede ist erhaben, bilderreich und poetisch gefärbt. In den kurzen Versen spiegelt sich eine innere Bewegung. Die Sprache der späten Suren ist prosaischer, die Verse nehmen an Länge zu, thematisch in den Vordergrund treten politische und soziale Fragen, Gesetze, administrative Massnahmen und rituelle Vorschriften. Als Beispiel für eine späte Offenbarung sei hier Vers 184 der zweiten Sure angeführt: »(Das Fasten ist) eine bestimmte Anzahl von Tagen (einzuhalten). Und wenn einer von euch krank ist oder sich auf einer Reise befindet (und deshalb nicht fasten kann, ist ihm) eine (entsprechende) Anzahl anderer Tage (zur Nachholung des Fastens auferlegt). Und diejenigen, die es (an

[6] Th. Nöldeke-F. Schwally, Geschichte des Qorāns (=GdQ); 3 Bde. Leipzig 1909-1938; I, 74ff.

sich) leisten können, sind (wenn sie es trotzdem versäumen) zu einer Ersatzleistung verpflichtet, (nämlich) zur Speisung eines Armen. Und wenn einer freiwillig ein gutes Werk leistet, ist das besser für ihn. Und es ist besser für euch, ihr fastet, wenn (anders) ihr (richtig zu urteilen) wißt.

Als früheste Offenbarungen gelten nach der Tradition die Anfangsverse von Sure 96 und Sure 74 (96,1-5; 74,1-7). Bezeichnenderweise sind das Suren, die ihrer Kürze wegen nicht am Anfang, sondern im letzten Zehntel des Korans zu finden sind. Das herausragendste stilistische Merkmal des Korans ist sicher der Reim, der aber nicht so strikt ist wie in der arabischen Dichtung. Die Verse des Korans sind nicht metrisch, sondern ganz in Prosa gehalten. Um einen Eindruck von der Schönheit dieser Sprache zu vermitteln, gebe ich den Anfang von Sure 82 arabisch wieder:

> iḏā s-samāʾu nfaṭarat
> wa-iḏā l-kawākibu ntaṯarat
> wa-iḏā l-biḥāru fuǧǧirat
> wa-iḏā l-qubūru buʿṯirat
> ʿalimat nafsun mā qaddamat wa-aẖẖarat[7]

Eindrucksvoll sind diese Verse durch den berühmten Dichter und Orientalisten Friedrich Rückert (gest. 1866) ins Deutsche übertragen worden:

[7] Vgl. die Aussprachehilfen auf S. 210.

Wann die Himmel zerkloben sind,
und die Sterne zerstoben sind,
wann die Meere sind verschäumt,
und die Gräber sind geräumt;
wird eine Seele wissen, was
sie hat gethan und was versäumt.[8]

Schon früh ist für die Rezitation des Korans eine eigene musikalische Kunstform entwickelt worden. Es handelt sich dabei um eine Art Psalmodie, die immer solistisch ausgeführt wird und eine klangvolle Stimme in hoher Tonlage voraussetzt.[9] Mit »Gesang« im eigentlichen Sinn hat die Koranrezitation nach muslimischem Verständnis jedoch nichts zu tun. Gut ausgeführt, wirkt sie außerordentlich auf die Zuhörerschaft. In der klassischen islamischen Literatur wird mehrfach berichtet, daß fromme Muslime durch den übermächtigen Eindruck, den die Rezitation gewisser Koranstellen auslöste, ohnmächtig wurden oder gar starben. Noch Ibn Baṭṭūṭa, der berühmte Reisende des 14. Jahrhunderts, hat solche Szenen in Predigtversammlungen erlebt.[10]

[8] F. Rückert; Der Koran im Auszuge übersetzt. Hildesheim 1980 (repr. Druck der Ausg. Frankfurt 1888), 413.
[9] H.H. Touma, Die Musik der Araber. Wilhelmshaven 1989, 189ff.
[10] H. Ritter, Das meer der seele. Leiden 1978, 136f.

II.

Ich möchte nun zur Geschichte des Korantextes als zweitem Teil meiner Ausführungen übergehen. Dabei stehen folgende Fragen im Vordergrund: Wie ist der Koran zu dem Buch geworden, als das er heute vorliegt? Wie verläßlich geben die arabischen Quellen darüber Auskunft?, und: Enthält er in dieser Form alle Offenbarungen, die der Prophet Mohammed von Gott empfangen hat? – Es geht also um die Textüberlieferung und ihre Verläßlichkeit.
Mohammed starb am 8. Juni 632 nach kurzer heftiger Krankheit, ohne einen Nachfolger bestimmt zu haben. In den traditionellen Berichten über den ersten Versuch, nach dem Tod des Propheten eine vollständige Niederschrift des Korans anzufertigen, heißt es, daß er von »Zetteln, Steinen, Palmstengeln und den Herzen der Menschen« – d.h. aus ihrem Gedächtnis – zusammengetragen wurde. Diese Aussage läßt zwei Schlüsse zu. Zum einen kann man als fast sicher annehmen, daß es bei Mohammeds Tod kein offizielles Koranexemplar gab. Derselbe Bericht legt jedoch auch nahe, daß bereits zu Mohammeds Lebzeiten irgendeine Niederschrift des Korans existierte. Eine solche ist übrigens auch im Koran selbst impliziert, so etwa in Sure 28, Vers 49, wo Mohammeds Gegner aufgefordert werden, eine »Schrift« beizubringen, die eher rechtleite als die Mosis und *Mohammeds*. Man weiß

überdies aus den Quellen mit Sicherheit, daß Mohammed, nachdem er sich in Medina niedergelassen hatte, Sekretäre beschäftigte, die für die Niederschrift der Offenbarungen zuständig waren. Daneben gab es aber immer auch den mündlichen Vortrag aus dem Gedächtnis, das die traditionellen Berichte ja als wichtige Quelle für die »Sammlung« des Korans erwähnen. Die mündliche Überlieferung des Korans läuft gleichsam als eine zweite Art der »Veröffentlichung« des Textes neben der schriftlichen Überlieferung einher und ist auch aufgrund verschiedener Interessen der beteiligten Personen mit ihr in Konflikt geraten.[11]

Es ist nun nicht klar, inwieweit der Koran zu Mohammeds Lebzeiten schon seine heutige Gestalt angenommen hatte. Aus den arabischen Quellen, die über die Aufzeichnung der Offenbarungen und die »Sammlung« des Korans berichten, kann man erschließen, daß wohl die meisten der ursprünglichen Offenbarungen, die Mohammed empfangen hatte, kurze Passagen waren, die zu größeren Einheiten zusammengefügt wurden. Dies wußten auch die frühesten muslimischen Korangelehrten. Sie scheinen jedoch angenommen zu haben, daß die meisten zu einer Sure zusammengefügten Passagen

[11] Zu den zwei Arten der »Veröffentlichung« des Korans vgl. G. Schoeler, Schreiben und Veröffentlichen: zu Verwendung und Funktion der Schrift in den ersten islamischen Jahrhunderten, in: Der Islam 69 (1992), 19.

etwa zur selben Zeit offenbart wurden. Eine Sure klassifizierten sie als »mekkanisch« oder »medinisch« wenn der größere Teil der Sure in Mekka beziehungsweise in Medina offenbart worden war.[12] Die islamische Tradition geht somit – und die ältere westliche Koranforschung schließt sich ihr an – von der Sure als Einheit aus. Die neuere Forschung dagegen neigt dazu, die kurze Passage als Einheit anzusehen. Sie stützt sich dabei auf philologische Methoden, die bei einer Sichtung des Korantextes Spuren einer Überarbeitung erkennen lassen. Indizien dafür sind zum Beispiel abrupter Reimwechsel, Unstimmigkeiten in der grammatikalischen Konstruktion und plötzliche Änderungen in der Länge der Verse.[13] Die Annahme, daß im heiligen Buch Änderungen vorgenommen worden sein könnten, ist übrigens für das islamische Koranverständnis nicht so unannehmbar, wie man vielleicht denken könnte. Der Koran selbst spricht davon, daß Gott Änderungen im Offenbarungstext veranlassen

[12] Enthielt eine mekkanische Sure medinische oder eine medinische Sure mekkanische Verse, vermerkte man es in ihrem Titel. Sure 14 etwa ist überschrieben: »Sure Abrahams, mekkanisch, außer Verse 28 und 29, die medinisch sind; sie wurde nach der Sure Noah offenbart.« Ein Sonderfall ist Vers 85 der Sure 28 (al-Qaṣaṣ), der *während* der Hiǧra offenbart wurde.

[13] Besondere Hervorhebung in diesem Zusammenhang verdienen die Forschungen Richard Bells. Man vergleiche dazu jetzt A. Rippins Artikel: Reading the Qur'ān with Richard Bell, erschienen im Journal of the American Oriental Society (= JAOS) 112 (1992), 639–647.

kann. Sure 2, Vers 106 heißt es etwa: »Wenn wir einen Vers (aus dem Wortlaut der Offenbarung) tilgen oder in Vergessenheit geraten lassen, bringen wir (dafür) einen besseren oder einen, der ihm gleich ist.« Änderungen im Koran werden denn auch von muslimischen Gelehrten nicht bestritten. Ich werde darauf noch zurückkommen, möchte aber vorläufig die Geschichte des Korantextes weiterverfolgen.

Erster Nachfolger (*ḫalīfa* »Kalif«) des Propheten in seiner Funktion als Staatsmann wurde Abū Bakr (reg. 632-634). Mohammeds plötzlicher Tod hatte unter den arabischen Stämmen eine Aufstandsbewegung ausgelöst. Manche wollten sich nun der politischen Kontrolle aus Medina entziehen. Abū Bakr gelang es, binnen einem Jahr geordnete Verhältnisse wiederherzustellen und somit die Voraussetzungen für jene militärische Stärke zu schaffen, die seinem Nachfolger ʿUmar (reg. 634-644) ermöglichte, das persische Sassanidenreich zu zerschlagen und dem byzantinischen Kaiser die reichen Provinzen Syrien und Ägypten abzunehmen.

Weder unter Abū Bakr noch unter ʿUmar hat es eine »offizielle« Sammlung des Korans gegeben, die verbindliche Gültigkeit beanspruchen konnte. Dies kann man mit Sicherheit sagen, obwohl verschiedenen Berichten zufolge der erste Kalif Abū Bakr oder sein Nachfolger ʿUmar eine erste »Sammlung« des Korans in die Wege geleitet haben soll. Diese Sammlung, durchgeführt von Zayd b. Ṯābit, der

Sekretäre des Propheten, hat es wohl gegeben, sie kann aber kein offizielles, kein Staatsexemplar gewesen sein, sondern war allenfalls zum privaten Gebrauch des Kalifen bestimmt. Auch andere Persönlichkeiten der frühen islamischen Zeit haben, wie man weiß, Koranexemplare für sich herstellen lassen. Aus den Quellen ist nichts über eine Opposition gegen diese »erste Sammlung« des Korans zu erfahren. Andererseits fehlt auch jeder Hinweis darauf, daß sie irgendwo als verbindlich akzeptiert wurde. Beides deutet darauf hin, daß niemand den Anspruch erhoben hat, dieses Koranexemplar enthalte den allein gültigen Text.[14]

Nach der Ermordung ʿUmars im Jahre 644 wurde ʿUṯmān b. ʿAffān zum Kalifen bestimmt. Mit seinem Namen ist die Festlegung eines offiziellen und verbindlichen Korantextes verknüpft. Anlaß dafür waren der Tradition zufolge offenbar Streitigkeiten über verschiedene Lesarten des heiligen Textes, die zwischen Leuten aus Syrien und dem Iraq während der Kriegszüge nach Armenien und Aserbaidschan ausbrachen. Der Kalif bestimmte daraufhin eine Kommission unter dem Vorsitz desselben Zayd b. Ṯābit, die ein allgemein verbindliches »Staatsexemplar« des Korans erstellen sollte. Wie man aus den Quellen weiß, bestand die Arbeit der Kommission in der Hauptsache darin, den definitiven Text zu

[14] Vgl. G. Schoeler, Schreiben und Veröffentlichen, 22.

erstellen und kurze Passagen der Offenbarung, die noch in keine Sure aufgenommen waren, an geeigneter Stelle einzufügen. Man legte auch die Anzahl und die Reihenfolge der Suren fest, sowie den Umriß des Konsonantentextes, d.h. die Form der Buchstaben, wenn Punkte und andere diakritische Zeichen fehlen.[15] Von diesem Text wurden dann Kopien angefertigt und in die wichtigsten Städte des islamischen Reiches (Damaskus, Kufa, Basra, wahrscheinlich auch Mekka) geschickt. Dann wurden alle zuvor existierenden Exemplare vernichtet, so daß alle späteren Kopien auf diesen Standardkodizes beruhen.

Von seiten der westlichen Forschung ist Kritik an diesem traditionellen Bericht von der »Sammlung« des Korans unter dem Kalifat ʿUṯmāns laut geworden. Ich möchte hier nur beiläufig erwähnen, daß unter anderem zwei völlig verschiedene Theorien entwickelt wurden: nach der einen soll Mohammed den Koran selbst abschließend redigiert haben, nach der anderen die muslimische Gemeinschaft 200 Jahre lang ohne gültigen Korantext geblieben sein. Keine dieser Theorien konnte sich jedoch durchsetzen, da sie beide zu extrem formuliert wa-

[15] W.M. Watt – A.T. Welch, Der Islam I, 179. Eine *scriptio plena* (einschließlich Vokalisierung) wurde erst in den folgenden Jahrhunderten entwickelt.

ren.[16] Die Koranforschung folgt heute wieder dem traditionellen Standpunkt: Als Ergebnis der Arbeit von Zayd b. Ṯābit und seiner Mitarbeiter entstand, wahrscheinlich zwischen 650 und 656, ein verbindlicher Text des Korans, und die Ausgaben, die heute existieren, sind alle im wesentlichen Kopien dieses ʿuṯmānischen Korantextes.

Trotz der »offiziellen« Koranausgabe waren die früheren Varianten nicht einfach in Vergessenheit geraten; die Koranleser als Vertreter jener zweiten, mündlichen Überlieferung des Korans haben sich auch gegen die Beschneidung ihrer Freiheit durch einen verbindlich festgelegten schriftlichen Text zur Wehr gesetzt. Die Folgezeit brachte jedoch eine immer stärkere Bindung an den ʿuṯmānischen Korantext.[17] Muslimische Gelehrte haben zwar vom Standardtext abweichende Lesarten studiert und gesammelt; von keinem der vor-ʿuṯmānischen Kodizes existieren aber auch nur auszugsweise Kopien. Das Studium dieser Varianten und ihr Vergleich mit dem ʿuṯmānischen Korantext führen indessen zur wichtigen negativen Schlußfolgerung, daß keine bedeutenden oder gar grundlegenden Unterschiede zu entdecken sind. Man darf also auch nach den Erkenntnissen der modernen Wissenschaft davon

[16] John Burton, The Collection of the Qur'ān. Cambridge 1977 und John Wansbrough, Quranic Studies: Sources and methods of scriptural interpretation. Oxford 1977.

[17] Vgl. G. Schoeler, Schreiben und Veröffentlichen, 25-27.

ausgehen, daß der Korantext in seiner jetzigen Form in allen wichtigen Punkten der Text ist, den Mohammed seinen Anhängern hinterlassen hat.

Innerhalb des Islams widersprechen die Schiiten, also jene Gruppe, die dem vierten Kalifen 'Alī und seinen Nachkommen die alleinige Berechtigung zur Kalifatswürde einräumt, diesem Standpunkt. Einige ihrer Autoritäten vertreten die Auffassung, es habe mehrere Suren gegeben, die einst im Koran standen, aber von 'Uṯmān beseitigt wurden.[18] Versuche, einen echten Korantext vorzulegen, sind von den Schiiten verschiedentlich unternommen, schließlich aber aufgegeben worden. Als schiitischer Standpunkt in der Koranfrage kristallisiert sich heraus: der 'uṯmānische Koran ist als »Notbehelf« zu akzeptieren, ist aber (schiitisch) richtig auszulegen. Der echte und unverfälschte Koran wird erst mit dem entrückten Imam wiedererscheinen.[19]

Im Zusammenhang mit der Frage nach der Verläßlichkeit der Überlieferung des Korantextes möchte ich nochmals auf die Möglichkeit einer Überarbei-

[18] Die einzige bis jetzt bekannt gewordene Sure dieser Art, »die beiden Lichter« ist eine Fälschung. Ihr Text mit Kommentar ist abgedruckt bei Nöldeke-Schwally, GdQ II, 100-112.

[19] GdQ II, 96. Die Mu'taziliten behaupteten die Unechtheit derjenigen Stellen, die Flüche gegen Feinde Mohammeds aussprechen, da hierin doch unmöglich, wie es heisst, »eine erhabene Verkündigung auf wohlbewahrter Tafel« gesehen werden könne. Die ẖāriǧitische Sekte der Maymūniyya beanstandet die Zugehörigkeit der Yūsuf-Sure zum heiligen Buch, da sich eine Liebesgeschichte für dasselbe nicht zieme (l.c., 94).

tung zurückkommen. Es gibt im Islam die Lehre von der sogenannten Abrogation, d.h. der Außerkraftsetzung gewisser Verse durch andere *(an-nāsiḫ wal-mansūḫ)*. Dieser Lehre zufolge besaßen einige der Befehle, die Gott im Koran an die Muslime richtete, nur vorübergehende Gültigkeit, und ihre Wirksamkeit erlosch, als die Umstände sich änderten. Damit wird die Möglichkeit von Änderungen im offenbarten Text zugegeben – wie wir gesehen haben, läßt der Koran selbst diese Möglichkeit offen. Ganz wichtig ist nun, daß ein Vers, der einen Befehl enthielt, dessen Gültigkeit durch einen anderen Vers aufgehoben wurde, in der Regel trotzdem im Koran blieb. Daß der betreffende Vers nicht einfach getilgt wurde, ist als starker Beweis für die Verläßlichkeit der Überlieferung zu werten und zeigt den hohen Respekt vor der Heiligkeit des offenbarten Textes.[20]

[20] Anders verhält es sich mit den sogenannten »satanischen Versen«. Sure 53,19–20 heißt es: »Was meint ihr denn (wie es sich) mit al-Lāt und al-'Uzzā (verhält), und weiter mit Manāt, der dritten (dieser weiblichen Wesen)?« Diese Verse stehen im Koran. Als Fortsetzung dazu soll der Prophet Mohammed in Mekka einmal empfangen haben: »Diese sind die erhabenen Kraniche *(ġarānīq)*, deren Fürsprache (bei Gott) genehm sei.« Mohammeds mekkanische Landsleute freuten sich über die Verse, in denen sie eine Anerkennung dieser drei Gottheiten ihres heidnischen Pantheons erblickten, aber Mohammed erkannte bald, daß es sich um eine Eingebung Satans handelte. Die »satanischen« Verse wurden aus der Offenbarung getilgt, und Mohammed empfing als Fortsetzung von Sure 53,20: »Sollen euch die männlichen Wesen zukommen und Gott die weiblichen (die ihr Menschen für

Ein gutes Beispiel für diese Außerkraftsetzung einzelner Verse ist das Verbot des Weingenusses, das nicht aus der frühesten Zeit des Islams stammt. Sure 16, Vers 67 heißt es: »Und (wir geben euch) von den Früchten der Palmen und Weinstöcke (zu trinken), woraus ihr euch einen Rauschtrank macht, und (außerdem) schönen Unterhalt. Darin liegt ein Zeichen für Leute, die Verstand haben«. Wie man sieht, ist hier keine Spur eines Verbotes zu finden, im Gegenteil, das Weintrinken wird eher empfohlen. Auch Sure 2, Vers 219, obwohl kritischer, enthält noch kein Verbot: »Man fragt dich nach dem Wein und dem Losspiel. Sag: In ihnen liegt eine schwere Sünde. Und dabei sind sie für die Menschen (auch manchmal) von Nutzen. Die Sünde, die in ihnen liegt, ist aber größer als ihr Nutzen«. Das Verbot des Weingenusses kommt erst mit Sure 5, Vers 90: »Ihr Gläubigen! Wein, das Losspiel, Opfersteine und Lospfeile sind (ein wahrer) Greuel und des Satans Werk. Meidet es!« Dieser Vers wurde später als die anderen beiden offenbart und setzt sie außer Kraft, »abrogiert« sie. Trotzdem stehen auch die beiden abrogierten Verse im Koran. Die letzte Frage, die man sich in diesem Zusammenhang zu stellen hat, ob nämlich der Koran in dieser Form alle dem Propheten Mohammed von Gott

euch nicht haben wollt)? Das wäre eine ungerechte Verteilung.« Vgl. Ṭabarī, Annales, Bd. 3, 1192–1196.

übermittelten Offenbarungen enthalte, muß nach dem Zeugnis der Quellen verneint werden. Es gibt in der Tat Offenbarungen, die nicht im Koran stehen, die aber ihrem Wortlaut nach erhalten sind und von der Tradition ausdrücklich als ursprüngliche Teile des heiligen Buches bezeichnet werden.[21] Das berühmteste Beispiel für eine solche Offenbarung ist der sogenannte »Steinigungsvers« (*āyat ar-raǧm*), den der Kalif ʿUmar nach vielen Überlieferungen für einen Teil des Korans hielt. In diesem Vers wird die Strafe der Steinigung für Ehebruch gefordert, und diese Strafe wird denn auch bis heute für das Vergehen des Ehebruchs in den muslimischen Gesetzbüchern gelehrt. Ob der Vers aber wirklich einmal zum Koran gehört hat, ist fraglich.[22] Die Quellen machen außerdem ein paar Angaben über verlorene Koranstellen, ohne daß von ihnen Bruchstücke erhalten wären. Was daran Wahres ist, läßt sich natürlich nicht mehr entscheiden.[23] Schließlich sind auch Aussprüche Mohammeds überliefert, die zwar ebenfalls als göttliche Offenbarungen gelten, aber nicht ausdrücklich als Bestandteile des Korans bezeichnet werden.[24] Alle diese Berichte über nicht im Koran enthaltene Offenbarungen Mohammeds bestätigen im Grunde

[21] GdQ I, 234.
[22] GdQ I 248f. Nöldeke-Schwally stellen dies in Abrede.
[23] GdQ I 255.
[24] GdQ I 256-259. Nichtkoranisches Gotteswort, *ḥadīṯ qudsī*.

eine aus der Religionsgeschichte wohlbekannte Tatsache: Es ist die Art der Propheten, in fast unaufhörlicher Verbindung mit der Gottheit zu stehen und ihren Eingebungen zu lauschen. Obwohl Mohammed anscheinend auch nichtkoranische Offenbarungen auf sich wirken fühlte, vermochte er sie von den koranischen zu unterscheiden. Im Koran wird mehrfach ein im Himmel aufbewahrtes Buch erwähnt, aus dem Mohammed von Gott offenbart werde. Diese Vorstellung mag den Propheten veranlaßt haben, nur jene Offenbarungen als koranisch zu betrachten, die seinem Glauben nach jenem himmlischen »Urkoran« entstammten. Daß bei der Sammlung des Korans große Sicherheit und Sachkenntnis gewaltet hat, bestätigt auch die moderne Koranforschung: Keine nichtkoranische Offenbarung konnte bisher mit Sicherheit als koranisch, keine koranische umgekehrt als nichtkoranisch erwiesen werden.[25]

III.

Ich möchte nun zum dritten Punkt kommen, nämlich zur Frage, was der Koran für den Muslim und die islamische Kultur im allgemeinen bedeutet. Seine Bedeutung kann, kurz gesagt, gar nicht überschätzt werden. Der Koran regelt zunächst das Leben des einzelnen Gläubigen: Das fünfmal am

[25] Vgl. dazu GdQ I, 259-261.

Tag zu verrichtende Ritualgebet *(ṣalāt)* wird mit der *fātiḥa*, der ersten Sure des Korans eingeleitet. In den arabischen Grundschulen war der Koran, beziehungsweise ist er teilweise noch heute der wichtigste Unterrichtsstoff, den die Schulkinder auswendig lernen und mit dem man sie Lesen und Schreiben lehrt.[26] Den Koran ganz oder teilweise auswendig zu kennen, gilt je nach den Kreisen, in denen man sich bewegt, als große, rühmenswerte Leistung oder auch als selbstverständlich, in jedem Fall aber als verdienstlich. Der große persische Dichter Ǧāmī (gest. 1492) überliefert den Ausspruch eines Mystikers, der gesagt haben soll: »Ein Schüler (auf dem mystischen Pfad), der den Koran nicht auswendig kennt, ist wie eine Zitrone ohne Duft.«[27]
Die Allgegenwart des Korans erstreckt sich auf alle Bereiche der islamischen Kultur. Das heilige Buch ist, obwohl es nicht alle rechtlichen Fragen behandelt, erste Quelle *(aṣl)* des islamischen Rechts, der *šarīʿa*.[28] Die Grammatik des Korans wurde bindend für das spätere Arabisch; seine Schrift wurde ins Persische, Türkische, Urdu und in andere Sprachen übernommen. Koranverse sind Hauptgegenstand

[26] K. Kreiser-W. Diem-H.G. Majer, Lexikon der Islamischen Welt. Stuttgart 1974, s.v.
[27] Ǧāmī, Nafaḥāt, 131 (Abū Yaʿqūb az-Zayyāt); zitiert bei A. Schimmel, Mystische Dimensionen des Islam: die Geschichte des Sufismus. Köln 1985, 159.
[28] Koranische Bestimmungen werden durch die Sunna ergänzt und präzisiert.

der islamischen Kalligraphie und eines der wichtigsten dekorativen Motive islamischer religiöser Kunst und Architektur.[29] Bis ins 20. Jahrhundert hinein ist der Koran immer wieder interpretiert und kommentiert worden.[30]

Theologisch gilt der Koran den Muslimen als unerschaffenes Wort Gottes und ist als solches ewig. Gott spricht selbst im Koran und niemals der Prophet Mohammed, es sei denn, er werde von Gott ausdrücklich dazu aufgefordert. Aus muslimischer Sicht ist es daher eine Blasphemie zu behaupten, Mohammed habe den Koran verfaßt. Man kann und darf die Stellung des Propheten Mohammed im Islam nicht mit der Stellung Jesu im Christentum vergleichen. Der Koran selbst weist ausdrücklich auf Mohammeds Menschsein hin. Sure 18, Vers 110 heißt es: »Sag: Ich bin nur ein Mensch wie ihr.« Nie hat der Prophet für sich Göttlichkeit irgendwelcher Art und damit verbunden Wunderfähigkeit beansprucht. Darum sollte man immer von »Muslimen« und nicht von »Mohammedanern« sprechen, wenn von den Anhängern des Islams die Rede ist.

Der Koran gilt den Muslimen ferner auch in sprachlicher Hinsicht als unnachahmlich und ein-

[29] A.T. Welch, »Ḳur'ān« in: The Encyclopaedia of Islam. New Edition (=EI2) Vol. 5, 427.

[30] Vgl. z.B. den »Manār«-Kommentar von 'Abduh und Riḍā, Kairo 1907-1934.

zigartig. Diese Auffassung wurde als Dogma im 9. Jahrhundert formuliert. Die Ausarbeitung dieses Dogmas von der Unnachahmlichkeit des Korans hat mehrere Gründe.[31] Ganz besondere Bedeutung kommt dabei der von der islamischen Theologie entwickelten Theorie der Bestätigungswunder (*dalā'il an-nubuwwa*) zu, durch die jeder Prophet von Gott legitimiert ist. Mohammeds Wunder ist der Koran. Er bestätigt Mohammeds Prophetentum zu jeder Zeit bis zum Auferstehungstag und erhebt Mohammed gleichzeitig über alle anderen Propheten, denen kein bleibendes Wunder eigen ist.[32] Die Auseinandersetzung mit den älteren Offenbarungsreligionen, dem Juden- und dem Christentum, ist in dieser Frage außerdem Ausgangspunkt für eine ebenso interessante wie überraschende völkerpsychologische Theorie: Gott stattete jeden seiner Gesandten mit einem solchen Zeichen aus, wie es die Empfänger am besten würdigen konnten. Mūsā, der biblische Moses, wurde zu den Ägyptern gesandt, bei denen die Zauberkunst in hohem Ansehen stand. Sein Wunder ist entsprechend die Verwand-

[31] A. Neuwirth, Das islamische Dogma der »Unnachahmlichkeit des Korans« in literaturwissenschaftlicher Sicht, in: Der Islam 60 (1983), 172-175.

[32] R. Gramlich, Die Wunder der Freunde Gottes: Theologien und Erscheinungsformen des islamischen Heiligenwunders. Wiesbaden 1987, 420f.

lung eines Stabes in eine Schlange. ʿĪsā, Jesus, kam zu einer Zeit, in der die Heilkunst besonders geschätzt war. Sein Wunder, die Auferweckung von Toten, erhob ihn über alle Heilkundigen seiner Zeit. Mohammed schließlich wurde zu einem Volk gesandt, das sich besonders seiner hervorragenden Redner und Dichter rühmen konnte; sein Wunder mußte demnach ein sprachliches Meisterwerk sein, das alles Vorhandene übertraf.[33]

Im Zusammenhang mit dem Dogma von der Unnachahmlichkeit des Korans stellt sich auch die Frage nach der Zulässigkeit seiner Übersetzung. Da eine solche Übersetzung Menschenwerk ist und die sprachliche Einzigartigkeit eben an der koranischen Sprache, dem Arabischen, hängt, kann man einen übersetzten Koran denn noch als »Wort Gottes« betrachten? Zu diesem Problem hat man in der Frühzeit des Islams schon darum nicht Stellung genommen, weil zu Lebzeiten des Propheten Mohammed niemand die Möglichkeit in Betracht zog, daß der Koran ganz oder zum Teil in eine fremde Sprache übersetzt werden könnte. Er war ursprünglich nur an die Araber gerichtet, und das Problem einer Übersetzung stellte sich erst mit der Ausbreitung des Islams. Die klassische islamische Rechtstradition hat in dieser Frage so entschieden, daß die Verwendung des Korans zu kultischen Zwecken

[33] A. Neuwirth, Das islamische Dogma, 174.

(beispielsweise beim Ritualgebet) an die arabische Sprache gebunden ist.[34] Im 20. Jahrhundert hat sich jedoch vor allem in Ägypten eine Lockerung dieser strengen Regelung abgezeichnet. Ihr liegt die Einsicht zugrunde, die Bedeutung des Textes im Gebet zu verstehen sei wichtiger als die Meinung, ein übersetzter Koran höre auf, Wort Gottes zu sein.[35] Die Übersetzung des Korans zu Lehrzwecken jedoch ist auch von der klassischen Rechtstradition gestattet. Schon früh ist der Koran ins Persische und Türkische, seither in die meisten Sprachen Asiens und Europas und in einige afrikanische Sprachen übersetzt worden. Die erste Übersetzung des Korans in eine europäische Sprache – ins Lateinische – stammt von Robert of Ketton (Ketenensis) und wurde im Jahre 1143 fertiggestellt. Obwohl sie nur eine Paraphrase mit vielen Auslassungen war und ganz im Geist einer polemischen Haltung gegenüber dem Islam verfaßt ist, blieb sie bis ins 17. Jahrhundert die bedeutendste europäische Koranübersetzung. Auf der Übersetzung Roberts of Ketton beruht auch die erste italienische Koranübersetzung von Andrea Arrivabene (Venedig 1547). Von ihr ihrerseits abhängig ist die erste deutsche Übersetzung des Korans von Salomon Schweigger, Nürn-

[34] Ausnahme sind die Ḥanafiten. Sie erlauben die Rezitation der *fātiḥa* in persischer Sprache den Gläubigen, die des Arabischen nicht mächtig sind.

[35] R. Paret, in: EI2 Vol. 5, 429.

berg 1616. Gut 150 Jahre später erschien in Frankfurt (1772) eine erste direkt aus dem Arabischen angefertigte Übersetzung.[36] Die heute maßgebende deutsche Koranübersetzung ist die Rudi Parets, zu der ein wichtiger, Kommentar und Konkordanz enthaltender Anschlussband gehört.

Wenn wir uns abschließend fragen, ob es zur Entwicklung der Dogmen von der Ewigkeit und sprachlichen Unnachahmlichkeit des Korans eine Parallele im Christentum gibt, können wir sie am ehesten in der Entwicklung der Christologie finden. Von nichtislamischer Seite wird immer wieder die Frage gestellt, warum die Muslime eine Korankritik so strikt verweigerten. Dabei wird gern auf die im Christentum entwickelte Bibelkritik als mögliches Vorbild hingewiesen und die krasse Ablehnung einer Korankritik im Islam als Hinderungsgrund für den Dialog der beiden Religionen beklagt. Eine solche Betrachtung verkennt jedoch, daß der Koran im Islam so zentral ist wie *Christus* – und nicht etwa die Bibel – im Christentum. Wenn man bedenkt, daß manche Christen, die der Bibelkritik durchaus positiv gegenüberstehen, eine kritische Betrachtung des Lebens Jesu (z. B. jungfräuliche Geburt, Auferstehung) nur schwer oder gar nicht akzeptieren

[36] Von David Friedrich Megerlin; eine bessere Übersetzung folgte ein Jahr später von Friedrich Eberhard Boysen (Halle 1773); vgl. W.M. Watt-A.T. Welch, Der Islam I, 28.

können[37], so sieht man deutlich, daß hier dogmatisch die Parallele zum Islam liegt. Sie nicht aus den Augen zu verlieren, mag angesichts der wachsenden Diskussionen um das Für und Wider einer Korankritik seitens der Muslime zur gegenseitigen Verständigung beitragen.

[37] Vgl. A.T. Welch, »Ḳur'ān« in: EI2 Vol. 5, 427.

Zeittafel

a) wichtige Daten zur Geschichte des Korans

um 610	religiöse Berufung Mohammeds
622	Auswanderung von Mekka nach Medina (*hiğra*). Beginn der islamischen Zeitrechnung
632	Tod des Propheten Mohammed.
632–634	Regierung des Kalifen Abū Bakr
634–644	Regierung des Kalifen ʻUmar
644–656	Regierung des Kalifen ʻUṯmān. Erstellung eines »offiziellen« Korantexts unter der Leitung von Zayd b. Ṯābit, einem der Sekretäre des Propheten Mohammed.

b) einige Koranübersetzungen

1143	von Robert of Ketton ins Lateinische. Erste Übersetzung in eine europäische Sprache
1547	von Andrea Arrivabene ins Italienische
1616	von Salomon Schweigger. Erste deutsche Übersetzung
1966	von Rudi Paret. Heute maßgebende deutsche Übersetzung

Aussprachehilfen

c	tief in der Kehle angesetzter Reibelaut; klingt etwa wie gepreßtes »a«
’	Kehlkopfverschlußlaut; entsteht bei Neueinsatz mit der Stimme bei Vokal; vgl. dt. »ver’eisen« gegenüber »verreisen«
ḏ	stimmhafter Lispellaut wie ein engl. »that«
ḍ	unter Druck artikuliertes »emphatisches« »d«
ğ	stimmhaftes »dsch« wie in ital. »giorno«
ġ	Gaumen-»r«
ḥ	gepreßtes »h«
ẖ	»ch« wie in dt. »Nacht«
q	tief im Gaumen artikuliertes »k« ohne begleitendes »h«
š	stimmloses »sch«
ṣ	unter Druck artikuliertes »emphatisches« »s«
ṯ	stimmloser Lispellaut »emphatisches« »t«
ṭ	unter Druck artikuliertes »emphatisches« »t«

Querstrich über Vokalen bedeutet: der betreffende Vokal ist lang zu sprechen.

b. steht für: »ibn« = »Sohn« (des)

Glossar

Abū Bakr

erster Kalif, regierte 632-634.

ahl al-kitāb

»Schriftbesitzer«; so werden im Koran die Juden und Christen bezeichnet.

aṣl, pl. uṣūl

»Wurzel«, »Grundlage«; Grundlage der islamischen Rechtswissenschaft *(fiqh)*

āya, pl. āyāt

Koranvers, Bestandteil der »Sure«.

āyat ar-raǧm

»Steinigungsvers«, in dem die Strafe der Steinigung für Ehebruch gefordert wird; ist nicht Teil des Korans.

al-Bayḍāwī

Oberrichter von Schiras und bedeutender Korankommentator (gest. 1300)

adalā'il an-nubuwwa

»Beweise der Prophetenschaft«, Bestätigungswunder, durch die jeder Prophet von Gott legitimiert ist.

al-fātiḥa

erste Sure des Korans (»die Eröffnende«).

Ǧāmī, ʿAbdurraḥmān

persischer Dichter und Mystiker (gest. 1492).

ḥadīṯ qudsī

Ausspruch des Propheten Mohammed, der als göttliche Offenbarung gilt, aber nicht Teil des Korans ist.

ḫalīfa

»Nachfolger«, davon »Kalif«; bezeichnet den Nachfolger des Propheten Mohammed in seiner Funktion als Staatsmann.

Ḥanafiten

Anhänger des Ḥanafiyya, einer der vier orthodoxen Rechtsschulen des Islams, die nach Abū Ḥanīfa (gest. 767) benannt ist.

Ḫāriǧiten

Anhänger der ältesten Sekte des Islam (Abspaltung 657); sie betrachteten das vorschriftsmäßige Handeln als Kriterium für die Unterscheidung zwischen Gläubigen und Ungläubigen.

hiǧra

»Auswanderung«; Bezeichnung für die Emigration Mohammeds und seiner Anhänger von Mekka nach Medina, die im Jahr 622 stattfand und den Beginn der islamischen Zeitrechnung markiert.

Ibn Baṭṭūṭa

arabischer Weltreisender und Schriftsteller nordafrikanischer Herkunft (gest. 1377).

Ibn Hišām

arabischer Philologe (gest. um 830); bearbeitete die Prophetenbiographie *(sīra)* eines älteren Autors namens Ibn Isḥāq.

Ibn Sa'd

(gest. 845); Verfasser des »Kitāb aṭ-Ṭabaqāt«, in dem er die Biographien von über 4000 Personen sammelte.

Mohammed

der Stifter des Islams, Prophet und »Gesandter Gottes« *(rasūl allāh)*; sein Name bedeutet »der Gepriesene« (von arab. *muḥammad)*.

Mu'taziliten

Anhänger einer wichtigen theologischen Schule im Islam, die ein spekulativ- dogmatisches Denken vertrat und ihre Blütezeit im 9. Jahrhundert erlebte.

an-nāsiḫ wal-mansūḫ

»das Abrogierende und das Abrogierte«; bedeutet die Außerkraftsetzung eines früher offenbarten Koranverses durch einen später offenbarten.

qur'ān

Tätigkeit des Vortragens; Vorlesestück; Sammlung von Vorlesestücken; »Koran«.

ṣalāt

Ritualgebet, das fünfmal am Tag zu verrichten ist; eine der »fünf Säulen« des Islams.

šarī'a

das offenbarte Gesetz des Islam, das islamische religiöse Recht.

Schiiten

gemeinsame Bezeichnung für eine große Gruppe von sehr verschiedenen islamischen Sekten, die 'Alī, den Vetter und Schwiegersohn des Propheten Mohammed, als dessen ersten rechtmäßigen Nachfolger anerkennen.

sūra, pl. suwar

»Sure«, einzelner Koranabschnitt.

aṭ-Ṭabarī

großer Gelehrter persischer Herkunft (gest. 923); verfaßte als wichtigste Werke eine Weltgeschichte und einen Korankommentar.

ʿUmar b. al-Ḫaṭṭāb

zweiter Kalif, regierte 634–644.

ʿUṯmān b. ʿAffān

dritter Kalif, regierte 644–656; unter seinem Kalifat fand die Redaktion des »offiziellen« Korantextes statt.

al-Wāqidī

Historiker (gest. 822); Verfasser des »Kitāb al-maġāzī«, eines Berichts über die Kriegszüge des Propheten Mohammed.

Zayd b. Ṯābit

(gest. 665/6); Sekretär des Propheten Mohammed; leitete die Redaktion des »offiziellen« Korantextes.

Literaturverzeichnis

a) zum Artikel

'Abduh, Muḥammad – Riḍā, Rašīd: Tafsīr al-Qur'ān al- ḥakīm. 11 Bde. Kairo 1907–1934; nachgedr. als: Tafsīr al-Manār. 12 Bde. Kairo 1948–1956.

Ǧāmī, 'Abdurraḥmān: Nafaḥāt ul-uns min ḥaḍarāt il-quds. Ed. M. Tawḥīdī Pūr. Teheran 1336.

Gramlich, Richard: Die Wunder der Freunde Gottes: Theologien und Erscheinungsformen des islamischen Heiligenwunders. Wiesbaden 1987.

[Koran]
- al-Qur'ān al-karīm. Kairo 1924 (amtliche Kairiner Ausgabe). Nachdruck 1928.
- Der Koran im Auszuge übersetzt von Friedrich Rückert. Hildesheim 1980 (repr. Druck der Ausg. Frankfurt 1888).
- Der Koran. Übersetzung von Rudi Paret. Stuttgart (etc.) 1966. Kommentar und Konkordanz von Rudi Paret. Stuttgart (etc.) 1971.

Kreiser, Klaus – Diem, Werner – Majer, Hans Georg: Lexikon der Islamischen Welt. 3 Bde. Stuttgart (etc.) 1974.

Neuwirth, Angelika: Das islamische Dogma der »Unnachahmlichkeit des Korans« in literaturwissenschaftlicher Sicht, in: Der Islam 60 (1983), 166–183.

Neuwirth, Angelika: Koran, in: Grundriß der Arabischen Philologie. Bd. 2; hg. von Helmut Gätje. Wiesbaden 1987, 96–135.

Nöldeke, Theodor: Geschichte des Qorāns (=GdQ); bearbeitet von Friedrich Schwally. I.II. Leipzig 1909–1919. III. Die Geschichte des Korantexts; von G. Bergsträsser und O. Pretzl. Leipzig 1938.

Paret, Rudi: Ḳur'ān. 9 a, in: The Encyclopaedia of Islam. New Edition (= EI2) Vol. 5, 429–430.

Paret, Rudi: Mohammed und der Koran: Geschichte und Verkündigung des arabischen Propheten. Stuttgart (etc.) [4]1976.

Rippin, Andrew: Reading the Qur'ān with Richard Bell, in: Journal of the American Oriental Society (=JAOS) 112 (1992), 639–647.

Ritter, Hellmut: Das meer der seele: mensch, welt und Gott in den geschichten des Farīduddīn 'Aṭṭār. Leiden 1978.

Schimmel, Annemarie: Mystische Dimensionen des Islam: die Geschichte des Sufismus. Köln 1985.

Schoeler, Gregor: Schreiben und Veröffentlichen: zu Verwendung und Funktion der Schrift in den ersten islamischen Jahrhunderten, in: Der Islam 69 (1992), 1–43.

Ṭabarī, Muḥammad b. Ǧarīr: Annales; cum aliis edidit M. J. de Goeje. 13 Bde., Glossarium und Indices. Leiden 1879–1901.

Touma, Habib Hassan: Die Musik der Araber. Wilhelmshaven 1989 (erw. Neuausg.)

Watt, W. Montgomery – Welch, Alford T.: Der Islam I: Mohammed und die Frühzeit – Islamisches Recht – Religiöses Leben. Stuttgart (etc.) 1980 (=Die Religionen der Menschheit; 25,1).

Welch, Alford T.: Ḳur'ān. 1–8, in: The Encyclopaedia of Islam. New Edition (=EI2) Vol. 5, 400–429.

b) zur abgebildeten Koran-Handschrift

Bobzin, Hartmut: Über Theodor Biblianders Arbeit am Koran (1542/3), in: Zeitschrift der Deutschen Morgenländischen Gesellschaft (=ZDMG) 136 (1986), 347–363.

Spiess, Gertrud: Ein arabischer Koran aus dem Predigerkloster in der Basler Universitätsbibliothek, in: Basler Zeitschrift für Geschichte und Altertumskunde 49 (1950), 227 f.

Das Buchstabensymbol der langen Silbe OM. Einblattmanuskript nach W. E. Evans-Wentz und Kazi Dawa Samdup »Tibetan Yoga and Secret Doctrines«, London 1935, Neudruck 1965.
Der Laut OM, dessen Symbol hier dargestellt ist, verkörpert BRAHMAN, das höchste Weltprinzip. Es heißt hierüber: »Wer diese eine Silbe kennt, dem wird zuteil, was ihm beliebt.«

Bernhard Feininger

Von Sehern, Philosophen und Liebenden Die Literatur der Hindu-Religionen

Unbekannt oder mißverstanden – Schwierigkeiten des Zugangs

Während die Kulturen Griechenlands oder Ägyptens dem Westen von jeher wohl vertraut sind und es schon früh zur Auseinandersetzung des Abendlandes mit dem Islam gekommen war, hat die große Kulturtradition des indischen Subkontinents diese Geltung bei uns bis heute nicht erreicht. Entsprechend sind Indiens heilige Schriften im westlichen Kulturkreis wenig bekannt. Zumal was Deutschland betrifft, führte der Lauf der Geschichte kaum zu engeren Kontakten. Auch christliche Mission in Indien (heute leben dort ca. 2,5% Christen), brachte zunächst keine Kenntnisse indischer Kultur und Religion nach Deutschland zurück. Zu sehr beherrschte früher das Bild einer grausamen Religion der Vielgötterei die christliche Vorstellungskraft: Die Inder waren Wilde und Heiden, die aus unwürdigem Aberglauben befreit werden mußten. Hegel hatte Indien das »Land der Sehnsucht« genannt und »Wunderreich«, aber dann das harte Urteil angefügt, daß in dieser Religion Aberglaube maßlos

in wilder Einbildungskraft ausschweife und so der geistig-physisch heruntergekommene Mensch »nur durch Opium sich eine träumende Welt und ein Glück des Wahnsinns verschaffe«.[1]
Dennoch waren es gerade akademische Kreise, die erste ernsthafte Kenntnisse der indischen Schriften erwarben, und immerhin waren es Jesuiten-Missionare, die die ersten Sanskrit-Grammatiken verfaßten. Seit der Romantik war die Begeisterung für das Studium der indogermanischen Sprache Sanskrit in philologischen Kreisen stetig gewachsen (1819 ging der erste deutsche Lehrstuhl für Indologie in Bonn an August W. Schlegel; gleichzeitig Herausgabe der Fachzeitschrift »Indische Bibliothek«). Das Interesse konzentrierte sich vor allem auf die ältesten Epochen und Quellen der indischen Literatur. Aber in der Folge kam es auch zur intensiven Beschäftigung mit indischer Religion und Philosophie (z. B. Deussen, Oldenberg, H. v. Glasenapp).[2]
Ab der Mitte des 20. Jahrhunderts ist dann Indien in anderer Weise bei uns in Mode gekommen. Verschiedene Hindu-Kulte tauchten in den Großstädten auf. Besonders Jugendliche entdecken in

[1] Hegels Äußerungen finden sich in seiner »Philosophie der Weltgeschichte«, Jubiläumsausgabe BD. 11, S. 191f. Hier zitiert nach H. Küng u. a., Christentum u. Weltreligionen. München 1984, 247.

[2] H. Bechert / G. v. Simson, Einführung in die Indologie, Darmstadt ^{2}1993.

diesen Religionsformen die Möglichkeit, ihren Glauben ganzheitlich zu leben: »Sie suchen dort etwas, das sie hier vermissen: Religion, die sowohl den Intellekt als auch die Sinne anspricht, Religion voller Wärme, Abwechslung und Phantasie. Sie spüren eine andere Einstellung zu den Menschen und ihren Bedürfnissen«.[3]

Die Schriften, die die Anhänger dieser Hindu-Religionen vielleicht studierten, waren aber vor allem sehr spezielle Werke ihrer spirituellen Führer selber (auch wenn diese sich natürlich mit der traditionellen Literatur auseinandersetzen); sie sind manchmal zahlreich erschienen und in großen Auflagen oder in Kassetten-Form vertrieben worden. Auch neue Religionsformen der Gegenwart öffnen sich vorzugsweise indischem Gedankengut.[4] Verschiedene östliche Meditationspraktiken fanden Eingang im Westen; die Yoga-Praxis verbreitete sich. Indien wurde ein Reiseland geistiger Sehnsucht, seine Spirtualität auch von ernsthaften christlichen »Ashrams« rezipiert und ausgeübt. Aktuell

[3] H. v. Stietencron in H. Küng u. a. a. a. O. 1984, 212.

[4] Vgl. z. B. das Heft 1/1983 der Zeitschrift »Concilium« über neue Religionsformen, die thematischen Hefte der »Evangelischen Zentrale für weltanschauliche Fragen« (EWZ) in Stuttgart, oder aktuell am Beispiel des Buddhismus: R. Hummel, Buddhismus, warum er im Westen viele fasziniert: Herder Korrespondenz 48 (4/1994); Ders., Indische Mission und neue Frömmigkeit im Westen. Stuttgart 1980. H. Hänggi u. a., Reinkarnation u. Wiedergeburt aus christl. Sicht. Fribourg/Schweiz u. Zürich [2]1988.

verbindet sich Begegnung mit Hindu-Literatur heute gern mit esoterischem Wissen und Ideen (auch der Tantra-Literatur) über die Kraftzentren im menschlichen Körper (Chakras), ganzheitliche Selbsterfahrung, die Einsicht von Körper und Geist, die altindische Heilkunst, übersinnliche Wahrnehmung und geheimnisvolle Fähigkeiten des Menschen. An religiösen Inhalten wurde besonders die Reinkarnationslehre aufgegriffen. Neugier auf bislang geheimes (oder jedenfalls alternatives) Wissen, und fremde »Terra-X-Welten« verdichteten sich zu Lebensstil und Weltanschauung. Aber während die Esoterik über vor- und nachgeburtliche Existenzen sowie das »Zwischenreich« eingehend informiert, ist gut erreichbares und gut übersetzbares klassisches Schrifttum der Hindu-Religionen nach wie vor rar. Eine Ausnahme macht hier vielleicht nur die »Bhagavadgita« und so eine verdienstvolle Schriftenreihe wie etwa die »Klassiker der östlichen Meditation«.[5] Besonders schmerzlich ist das Fehlen gut kommentierter Werke, d. h. solcher, die die authentische indische Tradition berücksichtigen, wie das bei der wichtigen englischen Übersetzungsreihe »Sacred Books of the East« der Fall ist.

Darum ist es sinnvoll und notwendig, sich jenseits extremer Einstellungen mit diesem Thema zu befassen. Der Standpunkt, der hier im Rahmen einer

[5] Benzinger Verlag. Hg. v. M. Kämpchen.

Einführung in Text und Überlieferung der »Heiligen Bücher« der großen Religionen eingenommen wird, ist darum einerseits ein sachlicher als der Versuch, einen kurzen, informativen Überblick zu den heiligen Büchern der Hindu zu geben und annäherungsweise zu zeigen, wie diese Werke in ihrer eigenen Welt verstanden sein wollen und andererseits ein emotionaler als der Versuch, Interesse an geistiger Auseinandersetzung mit dieser Welt zu wecken, um mit ihr aus respektvoller Zuneigung ins Gespräch zu kommen.

Bleibende Autorität bei einem sich wandelnden Kanon: Die Hindu-Religionen – ihr zeitlicher Rahmen und die Schwierigkeit, einen verbindlichen Kanon aufzustellen.

Die Vielschichtigkeit des Phänomens »Hinduismus« wird daraus verständlich, daß er alle Religionen umfaßt, die sich aus der alten brahmanischen Religion herleiten. Der Name geht vermutlich auf die persischen Muslime zurück, die um die erste Jahrtausendwende n. Chr. Vorderindien eroberten und alle Anwohner des Indus-Stromes als »Hindus« bezeichneten. Der Begriff ist also anfänglich ethnisch gemeint (»Inder«); erst später wird »Hindu« zur Bezeichnung aller, die in der Nachfolge der in Indien selbst entstandenen traditionellen Religionen leben. Angesichts der Vielzahl religiöser Ausdrucksformen und Traditionen ist »Hinduismus« demnach eine Sammelbezeichnung der »Hindu-Religionen«, die sich über einen langen Zeitraum mit vielen einschneidenden Wandlungen recht unterschiedlich entwickelten.[6] Daraus folgt: Eine klar umrissene Gestalt der Hindu-Religion(en) und folglich auch ihrer heiligen Bücher kann es nicht geben. Im Sinne gläubiger Hindus lassen sich aber alle Etappen der indischen Religion, auch die ganz frühen, als »Hinduismus« bezeichnen, da sie mit dem Grundverständnis des heutigen Hinduismus konform gehen.[7] Dazu gehört fundamental die Rezeption und Anerkennung bestimmter heiliger Schriften.[8] Ihre Fortentwicklung und Kommentie-

6 »Der Hinduismus stellt einen höchst umfänglichen und scheinbar unzusammenhängenden religiösen Komplex dar ... die Hindus nennen ihre Religion selbst den santana dharma, den »ewigen dharma« ... kanonisches Recht, sowohl »Gesetz als auch Religion« ... das ewige Gesetz, welches alle menschliche und nichtmenschliche Existenz bestimmt«. Nach C. Zaehner, Der Hinduismus, München 1965, 7ff.

7 H. Waldenfels, Begegnung der Religionen. Bonn 1990, 102f. Ausgenommen bleiben natürlich diejenigen Inder, die aufgrund eines besonderen Bekenntnisses ausdrücklich zu einer anderen Religion gehören, wie z.B. Moslems (ca. 11%), Buddhisten (0,7%), Christen.

8 Folgende Werke zur indischen Literatur und Geisteswissenschaft habe ich allgemein benutzt: M. Winternitz, Gesch.d.ind. Literatur. Leipzig 1908-1920; H. Oldenberg, Die Literatur des alten Indien. Stuttgart o.J. (Nachdruck); E. Frauwallner, Gesch.d.ind. Philosophie. 2 Bde., Salzburg 1953/56; H. v. Glasenapp, Die Philosophie der Inder. Stuttgart [3]1973; Ders., Die Religion Indiens. Stuttgart [2]1956; H. Zimmer, Philosophie und Religion Indiens, Zürich 1961/Frankfurt/M. [7]1992; K. Klostermeier,

rung als Niederschlag religiösen Suchens, Denkens und des frommen Gebetes durch alle Epochen spielt bis heute eine grundsätzliche Rolle für die Selbst-Deutung dieser Religionen. Um diese heiligen Schriften einordnen zu können, muß man wenigstens als Rahmen die wichtigsten Etappen in Stichwörtern nennen:[9]

* Der ältere Brahmamismus oder *Vedismus* (zwischen dem 13.(16.) und 9. Jh. v. Chr.), in dem die bis heute prägenden Texte des Hinduismus entstanden, die Veden. Polytheismus.
* Der *Brahmamismus* auf seinem Höhepunkt (11./10.-8. Jh. v. Chr.); die Zeit, in der die Veden durch die Priesterkaste (=Brahmanen) in Theologie und kultischem Vollzug ihre erste bedeutende Interpretation erfuhren. Blüte der »Opfer-Wissenschaft«, Erlösung durch Gottesdienst und Opfer.
* Die Zeit der *Upanishaden* (seit dem 8. Jh. v. Chr.), ein Höhepunkt der frühen indischen Philosophie. Die gegenseitige Durchdringung arischer und vor-arischer religiöser Formen bringt den klassischen älteren Hinduismus hervor: Wiedergeburts-Lehre; Brahman-Atman-Spekulation; Karman-Theorie; Erlösung durch Wissen. Pantheistischer Monismus, der das ganze »All« auf das wesentlich »Eine«

Hinduismus. Köln 1965; J. Gonda, Die Religionen Indiens. Bd. 1: Veda u. älterer Hinduismus. Stuttgart [2]1978; Bd. 2: Der jüngere Hinduismus, 1963; K. Mylius, Gesch.d.altind. Literatur. Darmstadt 1988; U. Schneider, Einf.i.d. Hinduismus. Darmstadt 1989 Die Umschrift originaler Sanskrit-Termini folgt nicht wissenschaftlicher Transkription, sondern ist vereinfacht an deutscher Lesbarkeit ausgerichtet.

9 H. Kulke/D. Rothermund, Gesch. Indiens. Stuttgart 1982; M. Stutley, Was ist Hinduismus. Mü.-Wien 1994; H. v. Stietencron in H. Küng u. a. a. a. O. 1984, 207 ff.

hinordnet. Oppositionsbewegung zum klassischen Brahmanismus mit asketischem Einschlag.
* Die *Zeit des Umbruchs und der Reformen* (ab 6. Jh. v. Chr. – ca. 300 v. Chr.), in der die Upanishaden zum Abschluß gelangen und auf dem Nährboden der Asketen-Bewegungen die beiden anderen großen Religionen Indiens entstehen: Buddhismus und Jainismus. Beginn der Bhakti-Spiritualität (Erlösung durch liebende Hingabe).
* Die Zeit der Entstehung der Hindu-Religionen *Vishnuismus* und *Shivaismus* (3. Jh. v. Chr. – 3. Jh. n. Chr.) mit starker Entwicklungstendenz zum personalen Monotheismus: trotz vieler Gestalten Eingott-Glauben in der jeweiligen Religion. Herausbildung der sechs philosophischen Systeme des Hinduismus, deren bekannteste Samkhya, Yoga und Vedanta sind. Die beiden großen nachklassischen Epen entstehen: Mahabharata mit der Bhagavadgita und das Ramayana. Die Brahmasutras werden gesammelt.
* Weiterentwicklung der *Volksreligionen* und andererseits der *philosophisch-religiösen Richtungen:* Nicht-Dualismus, qualifizierter Monismus, Dualismus (Shankara, Ramanuja, Madhva): zwischen 650 n. Chr. und dem 13. Jh. (parallel zur abendländischen mittelalterlichen Scholastik).
* Intensivierung des *Vishnu – Bhakti* seit dem 15. Jh. n. Chr.
* *Neo-Hinduistische Reformbewegungen* im 19. und 20. Jh. (z. B. durch Ramakrishna 1836-1886 und Shri Aurobindo 1872-1950).

Die Epoche zwischen Upanishaden und dem Beginn der philosophischen Systeme nennt man den älteren Hinduismus; seit dem 7. Jh. n. Chr. und dem Niedergang des Buddhismus in Indien kann man von jüngerem Hinduismus sprechen, während als moderner Hinduismus diejenige Periode anzusehen ist, in der es seit dem 19. Jh. zu einem verstärkten Gedankenaustausch zwischen Europa und Indien gekommen ist.

Mit dem Auftritt des Swami Vivekananda auf dem Weltparlament der Religionen 1893 in Chicago begann eine friedliche Expansion des Hinduismus. Hier erreichte seine Verkündigung zum ersten Mal einen großen Erfolg im Westen. Diese neue Bewegung des Hinduismus nach außen wurde auch von Gandhi aufgenommen und dann von verschiedenen Religionsphilosophien und spirituellen Führern (z. B. Radhakrishnan) in der Gegenwart weiter vorgetragen.[10]

Schon dieser kurze geschichtliche Überblick zeigt, daß sich der Hinduismus gegenüber anderen großen Weltreligionen nicht auf ein einzelnes heiliges Buch gründet (und sei es auch ein großes oder ein ganzes Schriften-Corpus), das von einer bestimmten Stifter-Persönlichkeit vermittelt worden wäre. Es gibt keine für alle verbindliche Gründer-Gestalt (wohl aber je einzelne Stifterpersönlichkeiten, was oft vergessen wird!). Der Ursprung des Hinduismus verliert sich in vorgeschichtliche Zeit. Seine Literatur ist weitgehend anonym oder »pseudoepigraphisch« (d. h. mit traditionellen Verfasser-Namen etikettiert).[11]

Der Hinduismus erweist sich so aber auch als »dogmenfreie Religion«, die ganz verschiedene, auch

[10] P. Schreiner, Begegnung mit dem Hinduismus. Freiburg 1984.

[11] P. Hacker, Zur Methode der geschichtlichen Erforschung der anonymen Sanskritliteratur des Hinduismus. ZDMG 111 (1961), 483ff.

sich widersprechende Ansätze tolerieren kann. Immer war er offen für die Aufnahme neuer und zusätzlicher Aspekte, niemals hat er die alten grundsätzlich verabschiedet; für den Wachstums- und Entwicklungsprozeß eines hinduistischen Offenbarungscorpus kann es keinen Abschluß geben. Die Maßgeblichkeit dieser heiligen Texte ist nicht in einer Inspirationslehre, sondern in ihrer Wirksamkeit, in ihrem Gebrauch für die Gläubigen begründet, denen sie ein Erkenntnis- und Meditations-Werkzeug darstellen. Sie sind an ihren faktischen Gebrauch gebunden; und deshalb auch keinesfalls alle unveränderlich oder insgesamt ein fester Kanon: Für bestimmte Gruppen und Perioden können Texte aus dem Corpus der heiligen Schriften herausfallen oder neu hinzukommen. Die heiligen Schriften entwerfen in jeder Epoche einen je offenen Verständnishorizont einer möglichen, aber theoretisch bleibenden »endgültigen« Offenbarung Gottes. »Die Quellen, aus denen sich diese (Hindu-)Religionen entfalten, nämlich die Bildverhaftetheit des menschlichen Geistes, seine (Fähigkeit zu) Begrifflichkeit und Transzendenz-Erfahrung, ermöglichen jeden Augenblick der Geschichte neue Erfahrungen und neue Inhalte dieser Religionen, die so aus ihrem Wesen heraus in beständigem Wandel begriffen sind.«[12] Dennoch besitzen die für die Reli-

[12] G. Oberhammer (Hg.), Offenbarung – geistige Realität des Menschen. Wien 1974, 41. Zu den Ausführungen Oberhammers

gionsgemeinschaften jeweils gültigen heiligen Schriften dann bindende Autorität: Diese »bleibende Autorität bei einem sich wandelnden Kanon«[13] macht sich also nicht an der Lehre eines bestimmten Autors fest, sondern ist eine stets überindividuelle und durch die Tradition anerkannte. Sie beansprucht Geltung als Offenbarung insofern die im je persönlichen Lebensvollzug mögliche Selbstmitteilung des religiös Absoluten durch die Aufnahme der Tradition gleichsam objektiviert und als dann überindividuelle Struktur von Transzendenzerfahrung zum Heilsweg von Menschen einer bestimmten religiösen Gruppe wird.[14] Indem der Hinduismus den »Religionsvollzug« beim einzelnen Menschen sehr ernst nimmt, betont er gleichzeitig die Freiheit des einzelnen im Erlösungsgeschehen: Eine Kollektiv-Erlösung (im Rahmen einer Eschatologie) kommt überhaupt nicht ins Blickfeld – genausowenig wie stellvertretende Erlösung! Seine starke gläubige Bindung an heilige Schriften ist individuell und gruppenspezifisch an die jeweilige Erfahrung »rückgekoppelt« und nicht institutio-

vgl. G. Oberhammer/H. Waldenfels, Überlieferungsstrukturen und Offenbarung. Aufriß einer Reflexion des Phänomens im Hinduismus. Wien 1980, 11-36.

[13] H. Waldenfels, Begegnung der Religionen, Bonn 1990, 123.

[14] Nach G. Oberhammer a. a. O. 1980, 31f; 33f. vgl. U. Schneider, Einf.i.d. Hinduismus, Darmstadt 1989, 20ff: Über die ›Heiligkeit‹ vedischer Texte.

nell und dogmatisch an das Regelwerk eines prinzipiell ungeschichtlichen (weil unüberholbaren) Bekenntnisses gebunden, das sich »einmalig« und »unüberbietbar« in der Geschichte manifestiert habe. Muslim und Christ sind wesentlich der Lehre ihres Stifters verpflichtet, die Buddhisten an die Lehre des Buddha gebunden.[15] Ihr Schriftenkanon bildet in allen Fällen eine abschließende Kategorie. Versammlungen und definitive Beratungen über den Umfang der heiligen Schriften haben stattgefgunden (z. B. die buddhistischen »Konzilien« zur Kanonfrage). Im Gegensatz dazu kann der Hindu z. B. einen Christen und dessen heilige Schriften in sein Offenbarungsverständnis einbeziehen, wie auch umgekehrt akzeptieren, daß ein Christ gleichzeitig hinduistische Glaubensformen praktiziert. So war es für Hindus ohne weiteres möglich, im Christentum Elemente ihres eigenen Glaubens wiederzufinden (z. B. in der Bergpredigt). Die Inkarnationsvorstellung ist ihnen ebenfalls geläufig, so daß sie gegen den Anspruch der Göttlichkeit Jesu keinerlei Bedenken erhoben (Avatara-Vorstellung). »Dahinter steht nach Auffassung des Hindus eine übergreifende intentionale Einheit, insofern alle Religionen

[15] Vgl. aber einzelne Stifter-Persönlichkeiten als Gründer von Hindu-Religionen, z. B. Shankara, Ramanuja, Caitana. Siehe dazu P. Schreiner a. a. O. 1984, 118f. Ansonsten sind die Hindu-Religionsstifter immer Götter (eventuell in einer menschlichen Inkarnation), und nicht historische Persönlichkeiten.

der Menschheit versuchen, einen Zugang zur Gottheit (oder zur letzten Realität, zur Absolutheit) und zum wie immer definierten Heil zu öffnen ... im Verhältnis zu anderen Offenbarungsreligionen ist das eine außerordentlich liberale Position«.[16] Gott Krishna in der Bhagavadgita IX,23: »Auch die Anhänger andrer Götter,/ die voller Glauben sie verehren,/ selbst diese ehren doch nur mich,/ wenn auch nicht gerade regelgerecht«.[17] Andererseits ist man Hindu von vornherein durch die Gruppe, in die man hineingeboren wird (jati), und damit auch immer Angehöriger einer bestimmten Kaste (varna/jati). Dazu braucht es weder einen eigenen Beschluß noch eine Art von Taufe oder eine besondere Option der Eltern für ihre Kinder. Die Religion ist »offen«, nicht die Sozialordnung, was mit der Mechanik der Wiedergeburts-Lehre zusammenhängt, die keine Ausnahmen zuläßt. Umge-

[16] H. v. Stietencron bei H. Küng a.a.O. 1984, 220.

[17] Ders., 223: »Charakteristisch für die großen Hindu-Religionen ist, daß sie niemals von einer unversönlichen Opposition zweier Wahrheitspostulate ausgehen. Ein Absolutheitsanspruch ist ihnen fremd. Sie sehen darin nichts anderes als eine Einengung des Bewußtseinshorizontes. Wo immer unabweisbare Gegensätze vorliegen, sehen sie sich eingebettet in den Rahmen einer Komplementarität und versuchen, sie in einen übergeordneten Zusammenhang einzuordnen. In der Praxis hat diese Haltung dazu geführt, daß die Hindus eine ungewöhnlich große Fähigkeit entwikelt haben, Fremdeinflüsse zu assimilieren, andere Religionen zu integrieren und dennoch ihre eigenen Traditionen zu bewahren.«

kehrt gilt für den Buddhismus wie auch Christentum und Islam: Gebundenheit an eine klar abgegrenzte Lehre, aber soziale Freiheit ohne Kasten- oder Standes-Unterschiede in religiöser Hinsicht (prinzipiell auch für Frauen)![18]

»Wandelbarkeit des Kanons« bei gleichzeitig fester Bindung an traditionelle religiöse Schriften in der jeweiligen Glaubensgruppe: Für den Hindu sind »heilige Texte auch immer aktuell«[19], d.h., sie werden ganz unbefangen gegenwärtigen Bedürfnissen nutzbar gemacht und entsprechend behandelt, eben auch durch Erweiterungen und Auslassungen. Nur bei den älteren Texten der Veden ist »Heiligkeit« gleichbedeutend mit »unverrückbar festliegend« als von Urzeit an göttlich geoffenbart, und dem priesterlichen Sänger mitgeteilt. Das hat auch mit der magischen Kraft dieser Texte zu tun, die sich im »Mantra«, dem göttlichen Wort, verdichtet, aber nur durch sorgfältige und unverfälschte Rezitation wirkt. Weil somit vor allem für den »Gebrauch« die peinlich genaue Einhaltung des Wortlautes oberstes Gebot war, wurde auch entsprechend sorgfältig auf die Genauigkeit der Überlieferung geachtet. Aber schon bei späteren vedischen Textteilen stellt man beim Vergleich der Parallelstellen einen

[18] Wie prägend die Kastenordnung ist, zeigt, daß sie auch im indischen Christentum eine nicht unbedeutende Rolle spielt, die dort zu großen Problemen führt: Die Dalit-Kirche in Indien: Kath. Missionen 2/1994, 67ff (L. Wiedemann SJ).

[19] U. Schneider, Einf.i.d. Hinduismus, Darmstadt 1989, 21.

weitaus unbefangeneren Umgang mit der Überlieferung fest, die vermutlich bereits auf Unterschiede in der mündlichen Tradition zurückgeht. Und selbst der festgelegte, »unverrückbare« Wortlaut läßt sich durch einen neuen Zusammenhang anders akzentuieren und umdeuten, wie U. Schneider an aufschlußreichen Beispielen demonstriert.[20]

Gehörtes und Erinnertes: von der Einteilung der heiligen Schriften der Hindus.

Die Hindu-Religionen teilen ihre heiligen Schriften in zwei Kategorien ein: Alle anerkennen die Veden als grundlegende Offenbarungsschrift; sie gehören für sie zur shruti (»das Gehörte«), den »Sehern«

[20] Ders., 22. Um dieses Problem besser zu verstehen, kann man sich mit H. Le Saux folgende Gedanken über die Rezeption von Texten machen: »Selbstverständlich versteht jeder das, was er liest oder hört mit Hilfe seines eigenen ›Rasters‹, des Rasters seines früheren Wissens, seiner Vorurteile, seiner eigenen Kultur, oder, genauer gesagt, seiner Identifizierung mit ihr, seiner Suche nach persönlicher Identität mit Hilfe dieser Kultur, und auch mit Hilfe dieses persönlichen Substrates, das zu einem großen Teil unbewußt ist und das jeder unwillkürlich in all seine Beziehungen zu Menschen und Dingen projiziert ... sowohl in Indien wie im Westen geht die Lektüre der Upanishaden allzu oft von der Philosophie des Vedanta aus ... zweifellos hatten die großen Vedantis wie Shankara und Ramanuja keine Skrupel, der Lektüre der upanishadischen Texte ihre ›Brille‹ aufzusetzen. Ihre Exegese der heiligen Texte ist daher von derselben Art wie die mittelalterlichen Bibelkommentare ... es besteht auch kein Zweifel, daß die Kommentare von Meistern wie Shankara und Thomas von Aquin den wahren Sinn der jeweiligen heiligen Schriften erläutern und daß in beiden Fällen ihre Theologie der Offenbarung gemäß ist. Es scheint jedoch, daß sie in ihrer

(rishi) der alten Zeit göttlich geoffenbart, unabhängig von denen, die sie verkünden. Alles, was danach entstanden ist und entsteht, gehört nicht zum Veda, sondern zum Bereich der »Überlieferungen«: smriti (»Erinnerung«).[21]

»Agama« wiederum ist im Rahmen der smriti Ausdruck für die spezifisch theistischen Traditionen autoritativer Texte (vor allem der heiligen Bücher der Shivaiten, wobei deren Weiterentwicklung im tamilischen Süden eine große Rolle spielt).[22] »Samhita« besitzt im kanonischen Sinn ungefähr denselben Stellenwert, wird aber gewöhnlich auf die heiligen Bücher der Vishnuiten bezogen. Letzeres kann einfach auch »Handbuch« bedeuten. Agama (das »Überkommene«, das »Überlieferte«) und Samhita (»Zusammensetzung« = Textsammlung) bezieht sich also auf je spezifische Bücher der wichtigsten Hindu-Religionen, in deren Zentrum die Gottheiten Shiva, Vishnu und deren weibliche Kräfte stehen (shakti). Es sind letztlich Bezeichnungen der Redaktion heiliger Texte.[23]

Erklärung der Texte viel mehr die großen Linien ihrer jeweiligen Theologie suchen als den ›Sitz im Leben‹, der es erlauben würde, den Sinn eines bestimmten Textes aus sich selbst heraus zu verstehen.« (Der Weg zum anderen Ufer, Düsseldorf 1980, 85f.).

21 W. Eidlitz, Der Glaube u.d. heiligen Schriften der Inder. Olten, Freiburg 1957.

22 R.C. Zaehner, Der Hinduismus, München 1964, 137ff.

23 Der Stellenwert der hinduistischen Tantra-Literatur bleibt hier unberücksichitgt, ebenso wie die heiligen Bücher des Sikhismus und der spezifische Kanon der Tamilen (in Tamil-Sprache). Vgl.

Hier schließen sich die heute innerhalb der Hindu-Bevölkerung am weitesten verbreiteten Schriften an: Die Puranas (»zur alten Zeit gehörend«, »alte Erzählungen«). Von 18 klassischen Puranas (es gibt noch weitere) sind je sechs den Göttern Shiva, Vishnu und dem Schöpfergott Brahma gewidmet. In volkstümlich anschaulicher Weise, erbaulich und lehrreich, schildern sie die Schöpfungsgeschichten und Göttermythologien im Anschluß an den Veda. Ihre Form ist vielgestaltig, gewöhnlich aber historisierend angelegt.[24] Meist weisen diese religiösen Epen (die längsten haben bis zu 18000 Verse!) folgende inhaltliche Charakteristika auf: Beschreibung der Schöpfung und Zerstörung des Universums[25], Genealogie der Götter und Seher, Geschichte der Erzväter und der indischen Dynastien.

Mehr wissenschaftlich-kommentierende Anlage zeigen die Abhandlungen und Traktate, die man Shastra nennt (»Rat«, »Lehrbuch«), und die oft den Charakter systematischer Gesetzbücher zu allen Bereichen des Lebens und auch der Wissenschaft (z. B. der Mathematik) annehmen. Bekannt ist das

auch die knappe, aber präzise Zusammenstellung von H. v. Stietencron in: F. König/H. Waldenfels, Lexikon der Religionen, Freiburg 1987, 259ff!

24 P. Hacker, Puranen und Geschichte des Hinduismus. Methodologische, programmatische und geistesgeschichtliche Bemerkungen. OLZ 1960, 341ff.

25 R.A. Mall, Indische Schöpfungsmythen, Bonn 1982; zu den Puranas S.37ff.

»Manava-dharma-shastra«. Dieses »Gesetzbuch des Manu« (eine Rückprojektion auf den Ur-Ahnen der Arya), lehrt, wie der halbgöttliche Manu als Vater des Menschengeschlechts im Anfang vor allem die Ordnungen des Lebens begründet: »Erhabener, des Rechtes Satzung möge uns künden dein wahres Wort / für die Kasten und Mischkasten alle zumal der Reihe nach./ Denn dieser ganzen Welt Ordnung, die alles Denken übersteigt,/ die schuf der durch sich selbst seiende,/ ihr Ziel und Wesen kennst nur du«.[26] Religion und Recht, soziale Ordnung und politische Lehren sind eng miteinander verflochten.[27] Manu wird unterstützt von Bhrigu, dem idealen Repräsentanten des Brahmanentums. Bereits ein Blick in die Inhaltsverzeichnisse dieser Handbücher zeigt, wie Religion im Hinduismus wesentlich mehr umfaßt, als das heute westlich geprägte Bild vom »Sonderbereich« der Religion. Der indische Dharma schließt die individuellen Daseinsbedingungen, Lehre, Kult und Ritus ebenso ein, wie das »weltliche« Handeln, ja, sogar den Raum der Tiere und Pflanzen: von der Naturkunde bis zur großen Kosmologie (deren religiöse Relevanz sich in der weitverbreiteten Astrologie und traditionellen Heilkunde zeigt). Entsprechend gehö-

[26] H. Oldenberg, Literatur d. Alten Indien, Stuttgart o.J., 179. Engl. Übersetzung von G. Bühler 1886 in der Reihe »Sacred Books of the East« (Bd. 25).

[27] Eine ins einzelne gehende Inhaltsübersicht bei H. Hoffmann in Kindlers Literatur-Lexikon Bd. VII (1970), 5965ff.

ren nicht nur Priester, sondern auch Ärzte (wenn sie diese klassische Heilkunst praktizieren), Astrologen, Musiker, Tänzer, Schauspieler, Bildhauer usw. zu den religiösen »Spezialisten«.
Diesen Shastras stehen die Sutras zur Seite (»Leitfaden«), Handbücher religiöser Gesetze und Bräuche. Die ältesten können aus der Zeit um 500 v. Chr. stammen. Ihre Sprache ist knapp und zum Auswendiglernen für den Unterricht bestimmt. Sie sind eigentlich nur im Kontext der Erläuterungen ihrer Lehrer verständlich (die sich teilweise erhalten haben).[28]
Die Grenzen von »Agama« zu »smriti« und von »smriti« zu »shruti« (dem eigentlichen Veden-Kanon) sind fließend. So bezeichnet der Neo-Hindu Vivekananda, ein Schüler Ramakrishnas, mit »Veden« den gesamten Schatz geistiger Erkenntnisse seiner Religion in allen Zeiten.[29] Im allgemeinen gilt aber: Für die Werke der »smriti-Gruppe« ist ihre autoritative Tradition für bestimmte Hindu-Religionen oder Kasten bezeichnend; im ganzen bilden sie so etwas wie die Auslegung und konkrete Fortsetzung der vedischen Schriften, an die sich der ein-

[28] Nach B. Uhde in: Die Bibel und die Religionen. Religionsgeschichtliche Quellentexte. Salzburg 1979, 4174. Das kleine religionsgeschichtliche Lexikon, das B. Uhde für diesen Band zusammengestellt hat, bietet wertvolle Informationen auf kürzestem Raum.
[29] P. Schreiner a. a. O. 1984, 15.

zelne Hindu halten wird. »Agama-Samhita« sind gewöhnlich der »smriti-Gruppe« zuzuordnen, tendieren im Einzelfall aber auch zu Sammelwerken mehr »weltlicher« Literatur, z. B. über die oben erwähnte altindische Heilkunst der »Ayur-Veda« (»Wissen vom langen Leben«). Aber auch hier ist das Ineinander von Religion und traditioneller Wissenschaft zu beachten! Im neuzeitlichen Aneignungsprozeß gerade dieser Bücher kann man übrigens erkennen: Was dem Gelehrten die Einteilung schwer macht, zeigt sich als Anreiz und Vorteil einer grenzüberschreitenden ganzheitlichen Sicht vom Menschen, die gerade diesen Büchern heute neue Popularität im Westen beschert. Zwar werden sie oft verkürzt und entstellt, geklittert und zugeschnitten, aber ihre Ideen von Yoga und »Chakra« (Energieströme im menschlichen Körper), von Heilpflanzen und Heil-Steinen, vom organischen, mit allen Daseinskräften verbundenen Wachstum und vom Rhythmus des Lebens haben für viele Zeitgenossen das Bild vom eindimensionalen und eigenmächtigen »Homo faber« korrigieren helfen.
Im konkreten Fall wird man bei jeder einzelnen Hindu-Religionsgruppe anführen müssen, welches ihre eigentlichen Offenbarungstexte sind, und welche autoritativ-traditionelle Texte mit abgeschwächtem Offenbarungscharakter darstellen. Je mehr sich diese auf die vedische Tradition beziehen, oder je mehr sie in Verbindung mit dem Hauptgott

der Religionsgemeinschaft stehen, desto stärker sind diese Texte auch offenbarungsgemäß »aufgeladen«, gelten als »göttlich inspiriert«. Dabei werden z. B. bei den Shivaiten auf Gott Shiva immer mehr heilige Schriften aus alter und neuer Zeit bezogen, bis er sogar als Verkünder der Veden erscheint. So können sowohl Ursprung als auch Aktualisierung der heiligen Schriften in der Gegenwart (dem »Kali-Yuga«) als Offenbarung Shivas gelten.

Die unüberschaubare Fülle der heiligen indischen Bücher fasziniert und verwirrte die Indologen gleichermaßen. Auch ein richtungsweisender Forscher wie H. Oldenberg war vor Vorurteilen nicht gefeit, wenn er von »Formlosigkeit« sprach, von einer Literatur, vergleichbar den »unergründlichen Tiefen eines indischen Urwalds, dessen Bäume durch das üppige Gewirr der Schlingpflanzen zu einem bunten Riesenknäuel zusammengewoben werden«.[30] Man baute hier einen ungerechtfertigten Gegensatz zwischen indischem und griechischem Denken auf, zwischen begrifflicher Stärke und ausufernder Phantasie – besonders die großen Epen wurden mißverstanden: Das Ramayana (24 000 Vierzeiler) schildert Schicksal und Heldentaten des Rama – einer Inkarnation (avatara) des Gottes Vishnu – und seiner Frau Sita; das Mahabharata (das große »Epos« von den Bharati-Familien) ist mit

[30] H. Oldenberg Stuttgart o.J., 4

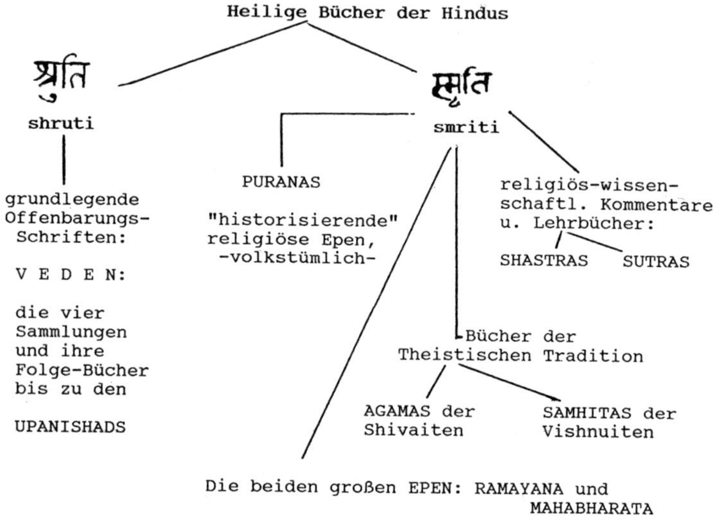
Heilige Bücher der Hindus
श्रुति
shruti
grundlegende Offenbarungs-Schriften:
V E D E N:
die vier Sammlungen und ihre Folge-Bücher bis zu den
UPANISHADS
स्मृति
smriti
PURANAS
"historisierende" religiöse Epen, -volkstümlich-
religiös-wissenschaftl. Kommentare u. Lehrbücher:
SHASTRAS
SUTRAS
Bücher der Theistischen Tradition
AGAMAS der Shivaiten
SAMHITAS der Vishnuiten
Die beiden großen EPEN: RAMAYANA und MAHABHARATA

seinen über 100 000 Doppelversen zum National-Epos der Inder geworden. In stark verschachtelter Erzählweise entstand das Riesenwerk in einem langen Zeitraum und hat eine Fülle der verschiedensten Überlieferungen, zu denen neben Götter- und Heldensagen auch philosophische und epische Abhandlungen gehören, in poetische Form eingeschmolzen. Über die 18 Bücher des Mahabharata heißt es: »Wie die Butter unter allen Arten saurer Milch, wie der Brahmane unter den Ariern, wie die Aranyakas unter den Veden, wie der Unsterblichkeitstrank unter den Arzneien, der Ozean unter allen Gewässern und die Kuh unter den Vierfüßlern am besten ist, so ist von allen Erzählwerken das Mahabharata das beste«.[31] Zentral ist dabei die Inkarnation Vishnus als Krishna im sechsten Buch, in das die Bhagavadgita eingefügt ist: Dort vereinigt Krishna alle Erlösungswege auf sich (siehe unten). Auch diese beiden klassischen Epen gehören zu den heiligen Büchern im Sinne der »smriti«, zählen aber abschnittsweise für bestimmte Gruppen auch zur »shruti« (z. B. Krishnas Offenbarungsrede).
So kann beinahe die ganze klassische Literatur in abgestufter Intensität zur »Heiligen Schrift« werden, und offenbar gibt es keine klare Zäsur zwischen

[31] Biren Roy, Marabharata. Mü. [9]1993, Einführung. (Textzusammenstellung bzw. Redaktion durch Roy ist mit Vorsicht zu benutzen.)

kanonischen und nichtkanonischen religiösen Werken. Im folgenden versuche ich eine kurze Übersicht und Zusammenfassung zum bisher dargestellten »Kaleidoskop« religiöser Schriften der Inder. Die Vielzahl der Werke zeigt die religiöse Kraft, die das Leben des alten Indien in allen Bereichen durchwirkte und bestimmte: die Fähigkeit zur umfassenden spirituellen Vertiefung und zum ideellen Höhenflug.

Shiva und die »heilige Kuh«

Ehe wir uns im folgenden mit den schon mehrfach erwähnten Veden als einem Kernstück und »Katalysator« der Bewegung »heilige Schriften des Hinduismus« befassen, soll ein kleiner Ausschnitt aus einem shivaitischen Purana als Beispiel für diese weitverbreitete Art religiöser Literatur dienen. Nebenbei wird so besser verständlich, was es mit dem berühmten Thema der »heiligen Kuh« im Hinduismus auf sich hat.

Nach Gandhi zeigt sich Wesentliches der hinduistischen Lehren in der Verehrung der Kuh: Gewaltlosigkeit, Liebe zu allen Geschöpfen, Dankbarkeit für Dienste. Gandhi schrieb im Jahre 1921 für die Zeitschrift »Young India«: »Für mich bedeutet die Kuh die ganze nichtmenschliche Schöpfung. Durch die Kuh ergeht an den Menschen der Auftrag, seine Einheit mit allem, was lebt, zu verwirklichen. Es ist für mich ganz klar, warum die Kuh für diese Apotheose gewählt wurde: In Indien ist die Kuh der beste Freund, sie war das Füllhorn. Sie gab nicht nur Milch, sie machte die Landwirtschaft erst möglich. Die Kuh ist ein Gedicht des Mitleids. Man kann Mitleid an dem freundlichen Tier lernen. In Indien ist sie die Mutter von Millionen. Schutz der Kuh heißt Schutz der ganzen stummen Kreatur Gottes. Dies ist ein Geschenk des Hinduismus an die Welt. Und der Hinduismus wird leben, solange es Hindus gibt, die die Kuh beschützen ...«[32]

Die Kuh selbst ist nicht »göttlich« oder »heilig«: Sie ist ein verehrtes Symbol, und deshalb ist es verboten, sie zu töten. Der Hinduismus macht keinen prinzipiellen Unterschied zwischen Mensch und Tier, da alle denselben unvergänglichen inneren Kern, den Atman, besitzen. Das Tötungsverbot bezieht sich deshalb im Grunde auf alle Lebewesen – der Schutz der Kuh ist hierfür ein herausragendes Symbol und Beispiel. Im übrigen spiegelt die Verehrung der Kuh die Bedeutung der alten Arier als Viehzüchter. Der folgende Text ist eine tamilische Nacherzählung eines indischen Purana aus der Zeit von ca. 1300 n. Chr. Aber schon in alt-vedischer Zeit wird z. B. die Göttin Ushas mit einer Kuh verglichen, deren Brüste den Menschen das Licht bringen (als Göttin der Morgenröte), wie eine Kuh, »die

[32] Zitiert bei B. Uhde a. a. O. 1979, 3807.

zum Wohle der Menschen ihre Euter darreicht« (Rig-Veda I,92), und der berühmte Text von der Auffindung der von Dämonen versteckten Kühe durch Indra (X,108) unterstreicht gleichfalls die Bedeutung der Kuh bzw. der Viehzucht für die Menschen damals wie heute.[33]

Das im Süden Indiens gelegene Tamilland ist wegen der Menge seiner Shivaplätze wie Chidambaram, Kancipuram usw. unter allen Ländern das herrlichste. In ihm zeichnet sich das Solaland noch besonders aus. In diesem Land liegt Tiruvarur, eine der fünf Hauptstädte der Solakönige aus dem Geschlechte der Sonne. Diese Stadt ist geheiligt durch die Lakshmi, die Gemahlin Vishnus, des Gottes der Erhaltung, und bildet den Mittelpunkt des Universums, des Körpers Brahmas. Von den Solakönigen, die in diesem Tiruvarur residierten, trägt einer den Namen Manunitikandasolar, der Manugesetzeskundige. Er war gleichsam Auge und Leben für alle Lebewesen. Er hatte sich dem Erscheinungsbild des Shiva geweiht und sorgte voller Eifer dafür, daß die Opfer usw. pünktlich gemäß den Vorschriften dargebracht wurden.
Nachdem er zur Regierung gelangt war, wurde ihm wegen der Menge seiner dem Shiva geleisteten Verdienste ein Sohn geboren. Alle Wissenschaften lernend wuchs dieser heran, zeichnete sich durch Wissen und gutes Benehmen aus und erhielt die Reife, die sich für einen Kronprinzen geziemt. Eines Tages verließ er das Schloß, bestieg einen Wagen und fuhr, umgeben von Prinzen und Soldaten, durch die Straßen. Als er so fuhr, sprang ein Kuhkalb auf der Straße herum und

[33] L. Alsdorf, Beiträge zur Geschichte von Vegetarismus und Rinderverehrung in Indien. Wiesbaden 1962. Der folgende Text stammt aus: Shivaitische Heiligenlegenden aus dem Tamil übersetzt von H.W. Schomerus. Jena 1925. Hier nach dem Abdruck bei B. Uhde 1979, 3806.

geriet unter die Räder des Wagens. Aufgeregt lief die Kuhmutter, dies sehend, herbei, schrie voll Schmerz auf und fiel zitternd zu Boden. Dies bemerkend rief der Solsohn wie erstarrt: »Ein Unglück ist geschehen!« Vor übergroßer Betrübnis verlor er das Bewußtsein und fiel vom Wagen herunter, das Leben verwünschend. Als er aber dann das Kalb tot daliegen sah, seufzte er tief und rief von Mitleid übermannt: »Bin ich dazu geboren, daß meinem Vater durch mich diese Schande werde! Wenn es ein Sühnmittel für diese Sünde gibt, in die ich durch allzu große Unvernunft gefallen bin, will ich mich demselben nach der Anweisung der Brahmanen unterziehen, bevor mein Vater etwas von dem Verschulden erfährt.«

Sofort machte er sich auf den Weg zu den Brahmanen. Die Kuh nun, die ihr Kalb verloren hatte, eilte zum Palast des Königs und zog, da sie ihren Schmerz nicht zu ertragen vermochte, tief aufseufzend und viele Tränen vergießend mit ihrem Horn die Klageglocke, die am Eingangstore des Palastes hing. Als Manunitikandasolar dies hörte, stieg er von seinem Throne herab und eilte dem Tore zu. Die Türhüter kamen ihm bereits entgegen, verneigten sich vor ihm und meldeten, daß eine Kuh mit ihrem Horn die Klageglocke gezogen habe. Als der König dies hörte und die jammernde Kuh sah, schalt er die Minister und sagte, daß der Kuh irgendein Leid zugefügt sein müsse. Darauf sagte einer der Minister, sich vor ihm verneigend: »O, großer König, als dein Sohn auf einem Wagen durch die Straße der Stadt fuhr, geriet ein Kalb unter die Räder des Wagens. Diese Kuh, die hier die Klageglocke gezogen hat, ist seine Mutter!« Als der König dies hörte wurde er sehr betrübt und sprach tief seufzend und übermannt von Mitleid: »Wahrlich, die Art und Weise meiner Regierung ist wirklich gut! Wodurch kann dies nur gut gemacht werden!« Als er das Antlitz der Kuhmutter sah, die ihr Kalb verloren hatte, fiel er in Ohnmacht. Die Minister aber verneigten sie sich vor den Füßen des Königs und sagten: »O großer König, Betrübtsein ist keine Sühne hierfür. Das Recht erfordert, die in den Gesetzesbüchern für ein einer Kuh zugefügtes Leid vorgeschriebene Sühne von deinem Sohn vollziehen zu lassen.« Hierauf sagte der König: »Wird die von euch genannte Sühne wirklich eine Sühne sein für den Schmerz dieser um den Verlust ihres Kalbes weinenden Kuh? Wird die Unparteilichkeit nicht Schaden leiden, wenn ich eurem Rat Folge leiste, den ihr mir alle in dem Gedanken daran gabt, ich möchte meinen einzigen Sohn verlieren? Heißt nicht der ein rechter König, der die fünffache Furcht, die den Lebewesen durch ihn selbst, durch seine Umgebung, durch Feinde, durch Räuber und durch Tiere entstehen kann, beseitigt und sie beschützt? Wenn ich mich nun bereit erkläre, eine Sühne für meinen Sohn zu veranstalten, und dann später für das Verbrechen, das ein anderer tut, ihn töten lasse, wird es dann nicht in der Welt sprichwörtlich werden, daß das Gesetz, das von Alters von Manu gegeben sei, jetzt von einem Manu genannten Solakönig beseitigt sei!« Darauf sagten die Minister: »O großer König, etwas Ähnliches hat sich auch schon früher auf Erden zugetragen. Es ist nicht erforderlich, deinen Sohn zu töten. Die in den Gesetzesbüchern vorgeschriebene Sühne zu vollziehen, ist von alters her von unseren Vorfahren beobachtete Sitte.« Hierauf aber erwiderte der Solakönig: »Ihr redet, ohne den Sinn des Gesetzes auch nur ein wenig zu bedenken! Wann hat irgendeine Kuh aus Schmerz über den Verlust ihres Kalbes die Klageglocke gezogen? Sagt es doch! Außerdem hat er ein Leben getötet, das in Tiruvarur, wo Shiva erschienen ist, geboren ist. Daher bedenkt, daß es unerläßlich ist, ihn zu töten. Ich vermag den Schmerz der Kuh nicht zu beseitigen. Daher ist es Recht, daß ich in derselben Weise, wie diese Kuh Schmerz über den Verlust ihres Kalbes empfindet, auch über den Verlust meines Sohnes Schmerz erleide!« In dieser Weise bestand er darauf, das Schwere zu tun, was keiner irgendwo und irgendwann wird tun können. Angsterfüllt entfernten sich die Minister, nicht wissend, was sie tun sollten.

Hierauf ließ Manunitikandasolar seinen Sohn kommen,

übergab ihn einem seiner Minister und befahl diesem, seinen Sohn auf die Straße unter die Räder des Wagens zu legen und den Wagen anzutreiben. Da der Minister es nicht zu tun vermochte, fiel er, sobald er sich vom König verabschiedet hatte, tot nieder. Als der König dies erfuhr, ging er selbst mit seinem Sohn auf die Straße, ließ ihn dort niederlegen und trieb den Wagen an, daß das Rad seine Brust zermalmte, nicht bedenkend, daß es der einzige Sohn seines Geschlechtes sei, nur beseelt von dem einen Wunsche, auf dem Weg des Rechtes zu wandeln.

Über diese wahrlich schwer zu verrichtende Tat des Manunitikandasolar aufs höchste aufgebracht, überschütteten die Leute ihn mit Steinen. Die Götter aber ließen Blumen auf ihn regnen, während Shiva, der Herr aller Welt, den Stier, sein Gefährt, bestieg und vor ihm erschien, umgeben von Göttern und Dämonen. Als der König dies sah, war er überselig vor Freude und verneigte sich anbetend vor ihm. Als dann aber außerdem das Kalb, der Prinz und der Minister wieder lebendig wurden, wußte er vor Freuden nicht mehr, wo er war. Freudestrahlend umarmte er seinen Sohn, als dieser sich verneigend ihm nahte. Als sich das Kalb der Mutterkuh nahte, ließ sie Milch aus ihrem Euter fließen, damit das Kalb trinken könne: Ihr Kummer war beseitigt. Nachdem Shiva den Manunitikandasolar so begnadigt hatte, verschwand er wieder.

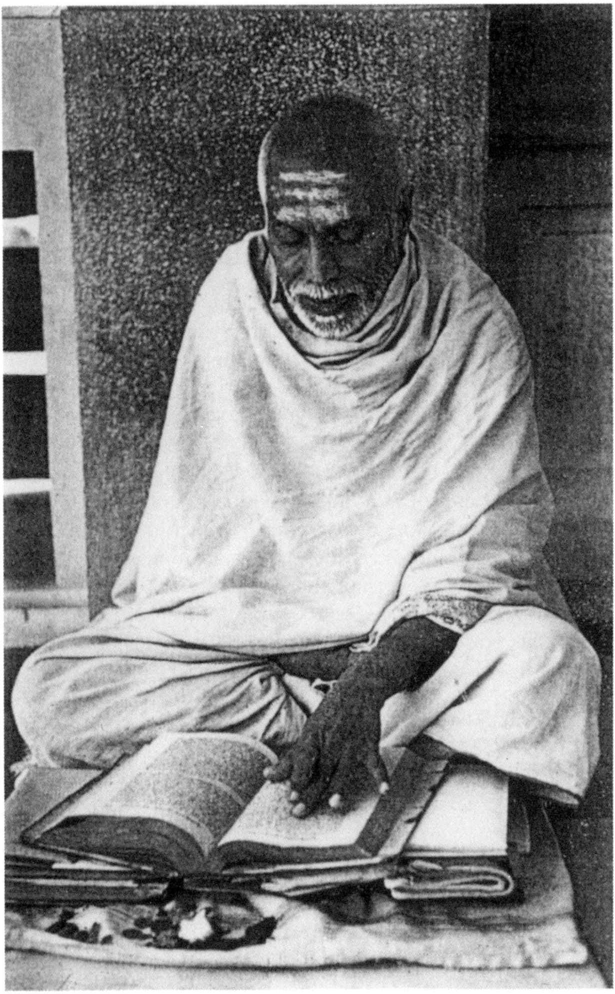

Ein Brahmane liest in der hl. Schrift des VEDA.
Für seine Kaste ist das Veda-Studium Pflicht. Er trägt das Kennzeichen der Shiva-Religion auf seiner Stirn.

Die Veden – das heilige Wissen der Arier.

Zwischen 1700 und 1200 v. Chr. drangen die Arier (Arya, die »Gastfreien«) über das heutige Afghanistan nach Nordwestindien vor. Auf sie geht die älteste Periode der späteren Hindu-Religionen zurück, die »Zeit der Veden«. Viele Lebensabschnitte des gläubigen Hindu sind bis heute vom Rezitieren vedischer Texte begleitet: Empfängnis(!), Geburt und Namensgebung, das Durchbohren des Ohrläppchens, der erste Anblick der Sonne, die Initiation in die drei oberen Kasten (das Umlegen der »heiligen Schnur« bei den Knaben), Hochzeit und Totenriten, Wallfahrten zu den Heiligtümern: In den Säulenhallen vor dem Eingang zum Tempel werden sie für Besucher vorgelesen und erläutert, während sie beim »Gottesdienst« (Verehrungszeremonien, »Puja«) und bei Opfern rezitiert oder gesungen (wenn der Yajamana ein Brahmane ist). Jede Veda-Rezitation beginnt und endet mit dem Aussprechen der heiligen Silbe OM und dem dreifachen »SHANTI« (»Beschwichtigung«), weil man weiß, daß man sich hier einer heiligen Kraft nähert (und sich ihrer bedient), die für Unberufene oder Leichtsinnige auch gefährlich werden kann (vgl. die MANTRA-Vorstellung!). Obwohl in Praxis und Bedeutung gegenwärtig, ist die Kenntnis der Veden bei den Gläubigen nicht weit verbreitet. Sie sind »Priester- und Gelehrtenwissen« und in ihrer Ur-Gestalt von der Gegenwart sehr weit entfernt: »Heute genießt der Veda als heiliges Wort zwar immer noch höchstes Ansehen, aber nur eine ganz kleine Schicht von Veda-Gelehrten kennt ihn wirklich. Mit der Religion des Volkes hat er wenig zu tun, ja, manche der Hindu-Religionen sind in ausdrücklicher Opposition zur orthodoxen vedischen Priestertradition entstanden, und die wichtigsten Götter der vedischen Zeit spielen nur noch eine ganz untergeordnete Rolle.«[34] Höchstes Ansehen, verehrt und rituell präsent – aber wenig gelesen und wirklich gekannt: So teilen die Veden das Schicksal auch vieler anderer heiliger Bücher der Menschheit.

Aber als Impuls-Geber und Katalysator der religiösen Entwicklung, wie sie dann zu dieser Hindu-Literatur geführt hat, ist ihre Bedeutung unüberschätzbar und bleiben sie der immer wieder anziehende Magnet, der Kern einer produktiven religiösen Auseinandersetzung bis heute.

Von den Ariern stammt auch die heutige Sprache der Hindus, das »Sanskrit«, die »kunstvoll zurechtgemachte Kultur-Sprache«, in deren damals noch archaischer Form die ältesten Veden-Teile abgefaßt sind, und von der man ursprünglich glaubte, sie sei auch die Sprache der Götter. Diese indoeuropäische Sprache, die mit der unsrigen verwandt ist (nahe kommt ihr das Altgriechische und Altiranische),

[34] H. v. Stietencron bei H. Küng a. a. O., 227f.

wurde von den Gelehrten immer mehr zu einer sakralen Kunstsprache ausgebaut, in der sie dann später auch ihre Überlieferungen niederschrieben. Auch alle bedeutenden Werke der Hindu-Religionen nach den Veden sind zumeist in Sanskrit verfaßt und nach dem 8. Jh. n. Chr. in der (komplizierten) Devanagari-Schrift niedergelegt.[35]
Die ältesten Abschnitte des Veda (»heiliges Wissen«) waren um 1000 v. Chr. abgeschlossen (erste Erwähnung des Eisens!), man muß sich aber vergegenwärtigen, daß sie lange Zeit mündlich weitergegeben wurden: »Mit unglaublicher Präzision sind sie Silbe für Silbe in ihrem akkustischen Klangwert mit Akkzent und Intonation überliefert worden ... von Mund zu Ohr überliefert bis auf den heutigen Tag. Selbst als es längst Schrift gab, hat man ihr das heilige Wissen nur ungern anvertraut. Denn der Umgang mit dem heiligen Wort ist wie der Umgang mit den Göttern: segensreich, aber auch gefährlich. Nicht jeder Beliebige darf Zugang zu ihm haben, sondern der Schüler wird sorgfältig geprüft, bevor man ihm höchstes Wissen anvertraut«.[36] So dominiert der mündliche Charakter der Überlieferung, im Gegensatz zu Judentum, Christentum und Islam, die sich ja als Religion »des Buches« bezeich-

[35] G. Bühler, Leitfaden für den Elementarkursus des Sanskrit. Darmstadt 1981.
[36] H. v. Stietencron bei H. Küng a. a. O., 227f.

nen. Erst in den letzten Jahrzehnten vermindert sich die Zahl der Brahmanen, die noch vedische Texte auswendig können. Die mündliche Tradition einiger Schulen soll bereits ausgestorben sein. Aber mindestens seit dem 5. Jh. v. Chr. haben die religiösen Gelehrten auch Methoden entwickelt, um die getreue schriftliche Übermittlung sicherzustellen: Glossare und Ethymologien-Bücher, phonetische Lehrbücher, Erstellen eines »Worttextes«, der die einzelnen Wörter isoliert, im Nacheinander aufführt, weil sie im »normalen«, forlaufenden Text gemäß den »Sandhi-Regeln« der indischen Schrift euphonisch miteinander verknüpft, und deshalb für den Ungeübten manchmal schwer zu erkennen sind.

Vom Opfer und seinen Priestern: der Mantra-Teil der Veda

In der vedischen Literatur lassen sich drei Quellenbereiche unterscheiden:
a) der MANTRA – Teil des Veda
b) die BRAHMANAS
c) die älteren UPANISHADS
Wie Blütenkelche die Knospe hüllt die nachfolgende Wachstumsperiode die frühere ein, »wobei allerdings das Aufeinanderfolgen so zu verstehen ist, daß zwar Neues hinzukommt, das Alte aber nebenher noch sehr lange weiterlebt, nicht selten sogar

produktiver bleibt oder wieder wird, so daß es im Verlaufe einer (übrigens durchaus strukturierten) Entwicklung dann wieder in den Vodergrund treten kann«.[37]

Der MANTRA-Teil des Veda bestand zunächst aus drei Sammlungen: Der RIG-VEDA (»das in Strophen bestehende Wissen«) der SAMA-VEDA (»Veda der Melodien«) und der YAJUR-VEDA (»Veda der Opfersprüche«). Das mit »Veda« gemeinte »heilige Wissen« bezieht sich auf die Opferkunst der Priester, und in deren »Sängerfamilien« dürften die alten Texte bis etwa 1000 v. Chr. entstanden sein. Durch deren Kenntnis versuchten sie, die übermenschlichen Mächte günstig zu beeinflussen, sie zu preisen und ihnen zu danken. Das Opfer war ursprünglich eine ritualisierte Bewirtung der Götter, der »himmlischen Gäste«, entweder vom Feuer-Boten zu ihnen emporgetragen oder so gedacht, daß die Götter als Besuch auf die Erde zum Opferplatz kommen:

Der Hotar (eigentlich »Gießer«) benutzt den Rig-Veda: Er lädt die Götter zum Opfer und bringt das Guß-Opfer dar (z. B. Butter). Der Udgatar (»Sänger«) verwendet den Sama-Veda für die Art der Rezitation (er ist inhaltlich weitgehend mit dem Rig-Veda identisch). Der Adhvaryu, der den Altar baut, Feuer und Geräte vorbreitet (es gab noch

[37] U. Schneider a. a. O. 1989, 18.

keine Tempelanlagen, das Opfer fand im Freien statt), hält sich an den Yajur-Veda, wenn er seine Opfersprüche murmelt.
Seine Aufgabe war es auch, gegebenenfalls Tieropfer durchzuführen (ein bereits weiter entwickeltes Ritual). Der Yajur-Veda liegt in zweifacher Überlieferung vor: als schwarzer und weißer Yajur-Veda. Für beide Versionen sind die kurzen Opfersprüche (Yajus) charakteristisch, die als Mantra-Formeln die älteste überlieferte Prosa Indiens darstellen. Es sind Widmungen der Opfergaben mit dem Namen der Gottheit: »dich für Indra« oder »dem Agni Heil«; Formen der Lobpreisung: »Agni ist Licht. Licht ist Agni. Heil!«; Begleit-Texte zu Riten: »Du bist eine feindbezwingende Löwin: Sei gereinigt für die Götter!« (Mit diesen Worten besprengt der Priester die Erde, die für die Opferbank bestimmt ist.)[38] Die »schwarze« Version ist ausführlicher. Sie enthält neben den Mantras noch eine Beschreibung der Riten und Erläuterungen für den Adhvaryu-Priester.
Sama- und Yajur-Veda sind nach dem Rig-Veda abgeschlossen worden. Ihre Dreiheit wurde später zur Vierheit ergänzt: In der zweiten Hälfte des 1. Jh.s v. Chr. kam der ATHARVA-VEDA hinzu (»Veda der Zaubersprüche«). Er war das Handbuch des späteren Oberpriesters beim Opfer, des Brahmanen, der den ganzen Vorgang überwachte und

[38] J. Gonda, Die Religionen Indiens I (2-1978), 11.

auftretende Fehler oder böse Vorzeichen auszugleichen suchte. Teilweise findet man in ihnen Material für volkstümliche Rituale und auch für priesterliche Dienste in Kshatriya-Kreisen (der Krieger- bzw. »Ritter«-Kaste): ein Hinweis auf die Bedeutung und die sich ausweitenden Funktionen der Priesterkaste. Oldenberg beschreibt anschaulich eine solche feierliche Opferhandlung:
»Der Brahmane ist im Ritual der jüngeren Veden der Überwacher des ganzen Opfers. Er soll alle drei Veden kennen; sein Werk wiegt das aller anderer Priester auf, er waltet des Opfers mit dem vornehmsten der drei Opferfeuer sitzend, diesem Feuer zugewandt, die feierlich zusammengelegten Hände vorstreckend, inmitten alles Geräusches selbst schweigend, ist er der ›Arzt des Opfers‹: Alle in dem unübersehbaren Gewirr der heiligen Handlungen und Rezitationen vorgefallenen Versehen werden ihm gemeldet, und er hat sie gut zu machen »wie man Glied an Glied fügt oder wie man mit einer Nestel Lederzeug oder etwas anderes, das sich gelöst hat, zusammenknüpft.«[39]
Die Welt des Rig-Veda war noch ganz die der indoeuropäischen Mythologie.[40] In zehn Liederkrei-

[39] H. Oldenberg, die Religion des Veda. Berlin 1984. Hier zitiert nach der Ausgabe Berlin 1894, S. 395. Vgl. seine Studien zum Rig-Veda ab 1888! Zum Feueropfer siehe jetzt: H. Falk, Bruderschaft und Würfelspiel. Untersuchungen zur Entwicklungsgeschichte des vedischen Opfers. Freiburg 1986.

[40] J. Gonda a. a. O. ²1978, S. 23f: »Ein vedischer Mythus ist weder eine Dichtung noch eine populäre Physik, weder eine primitive

sen (»Mandalas«) enthält er 1028 Lieder, mehr als 10 000 Strophen. Er ist damit das größte frühe dichterische Werk unserer Sprachfamilie, das uns vollständig erhalten ist. Im Mythos personifiziert er alle Kräfte der Natur als göttlich, darüber hinaus aber auch sittliche Werte: der Vertrag, das Wahrheitswort, die sittliche Ordnung der Welt, die von verschiedenen Göttern beschützt wird. Die größte Bedeutung unter ihnen hat der heldenhafte Indra, dessen gewaltige Taten in den an ihn gerichteten Liedern immer wieder gepriesen werden: Er war der Nationalgott der Arier. Schon früh ist der Wunsch nach Strukturierung der Welt als Ordnungsgefüge erkennbar. Ein späterer Zentralbegriff der Hindu-Religionen, die »ewige Ordnung«, kündigt sich an (sanatana dharma), in die der Hindu sich eingebunden fühlt, die den ganzen Kosmos umspannt und Götter und Menschen verbindet. Varuna ist vor allem der Gott, der über das Gesetz der Wahrheit herrscht (das »rita«, wörtlich etwa:

Kontemplation noch eine embryonale Philosophie, obwohl sein eigentliches Wesen in der Regel mit Elementen von Dichtung und Welterklärung durchsetzt ist. Ein vedischer Mythus drückt in der Form einer in der zeitlosen Vergangenheit oder gerade im Zeitlosen sich abspielenden Erzählung von einer mit Macht geladenen, als real empfundenen, meist einmaligen Begebenheit (die sich in der Zeit, in der Natur oder im Ritus, oder im Ritus und dadurch auch in der Natur wiederholt) eine ewige Wahrheit aus, eine Realität, der die tatsächliche Wirklichkeit entspricht. Er beschreibt und deutet ein für den Menschen, der an ihn glaubt, wichtiges Weltgeschehen.«

»Bewegung«). Er verbürgt die kosmische und moralische Ordnung. Auch Schöpfungstaten werden ihm beigelegt. Agni ist der Feuer-Gott und Opferbote, Soma repräsentiert den Opfer- und Rauschtrank. Der kriegerische Indra (ihm allein sind 250 Lieder gewidmet) weist Züge eines Gewittergottes auf. Der »Vajra« (Donnerkeil, Blitz) ist seine Waffe. Mit ihr erschlägt er die Urschlange, die die lebenswichtigen Wasser und in ihnen die Sterne am Himmel zurückgehalten hatte. Von Indra befreit, eilen die Flüsse »richtig« zum Meer, Himmel, Erde und die Gestirne werden dauerhaft befestigt und der Kosmos neu errichtet, der im Chaos zu versinken drohte (eher Welt-Ordnung-Mythos als ein »Schöpfungs«-Mythos).[41]

Wichtige Vorstellungen der späteren Hindu-Religionen sind noch unbekannt: Es gibt keine Reinkarnation, dafür ein Lebensende mit Gericht, Himmel und Hölle. Die Karma-Lehre vom Tat-Ergehens-Zusammenhang über den Tod hinaus ist noch nicht entwickelt und natürlich nicht die Spekulationen der Atman-Brahman-Identität. Aber das Denken in Analogie, die Bedeutung der Elemente Wasser und

[41] Im einzelnen haben die vedischen Götter eine lange Vorgeschichte, und in einem Gott können sich Göttergestalten von unabhängigem religionsgeschichtlichen Ursprung verbergen. Dies läßt keine eindeutige Interpretation der vedischen Gottheiten zu. Vgl. zu Indra z. B. die Deutungen von Hillebrandt, Oldenberg, Hopkins, Meyer und Apte nach J. Gonda a. a. O. [2]1978, S. 49f.

Feuer, die schöpferische Kraft des Wortes (des Klanges), weisen auf kommende Gedanken voraus und begründen sie.
Im starken Kontrast zu ihrem hohen Alter liegen die vedischen Texte in Handschriften vor, die erst aus dem 2. Jh. n. Chr. stammen. Die heutigen Editionen beruhen auf Manuskripten, die nach 1500 abgeschrieben wurden.[42]
»Allen Schwierigkeiten zum Trotz, die er dem heutigen Verständnis bietet, gehört der Rig-Veda zu den bedeutsamsten linguistischen, mythologisch-religiösen, literarischen und kulturgeschichtlichen Dokumenten der Menschheit« (W. Halbfaß). Der unbefangene Leser entdeckt Parallelen zur Ausdrucksweise der biblischen Psalmen und ist fasziniert von einer bilderreichen Sprache, die immer wieder überraschende Entdeckungen machen läßt: so besonders, wenn der Veda Beziehungen zwischen Opfer, religiösen Erläuterungen und den großen Elementen der Schöpfung herstellt und in diese analoge Gefüge den Menschen hineinnimmt, ihn in einem lebendigen Kraftfeld verortet: Die »Herrlichkeit und das Wunder« (K. Jaspers) der mythischen

[42] Dazu M. Witzel in Kindlers Literatur-Lexikon XI (1970), S. 9841ff und W. Halbfaß in Bd.IX, S. 8153: Ausgaben, Übersetzungen, Bibliographien. Die erste vollständig gedruckte Ausgabe des Rig-Veda im Urtext erschien in England durch M. Müller (1849-74). Deutsche Teilausgaben: H. Lommel, Mü.-Planegg 1955 und P. Thieme, Stuttgart 1954 (Reclam).

Anschauung erschließt kraftvoll die größere Wirklichkeit des Jenseits für die Lebens-Orientierung im Diesseits, für »Lebens-Klarheit«: Er ist ein »lebenswichtiges Element der menschlichen Zivilisation« (Malinowski), und er vermag die Tiefe des religiösen Bewußtseins kollektiv und individuell auszuloten, um dem Wesen jener Kraft nahezukommen, die den Menschen stets und überall in immer neuen Einkleidungen entgegentritt.[43]

Die folgende Hymne in der Übersetzung P. Thiemes feiert den Feuergott AGNI: Im Osten des Opferplatzes (vorne) lodert das Feuer. Es bringt die Opferspeise zu den Göttern empor oder die Götter herunter zum Opfermahl. Analog zum Prasseln des Feuers rezitiert der Priester den heiligen Hymnus. Wort und Opfertat verbinden sich. Das Feuer ist selbst Urbild eines Rezitators (Vers 5). Das leuchtende Feuer »vertreibt die Dunkelheit der Nacht, in der Trug und Heimtücke gedeihen. Im Feuer bewährt sich auch die Lauterkeit und Echtheit des Goldes. Schließlich dient es, nach weltweitem Glauben, bei der Feuerprobe zur Feststellung der Wahrheit, die es demnach schützt, indem es den, der die Wahrheit sagt, nicht verbrennt.«[44]

1. Feuer erquicke ich [als Gast], den vorne hingesetzten den himmlischen Darbringer der Verehrung, den Rezitator, der die meisten Schätze schafft.

[43] H. Küng a. a. O. 1984, S. 293.
[44] P. Thieme in der Reclam-Ausgabe 1964, S. 16.

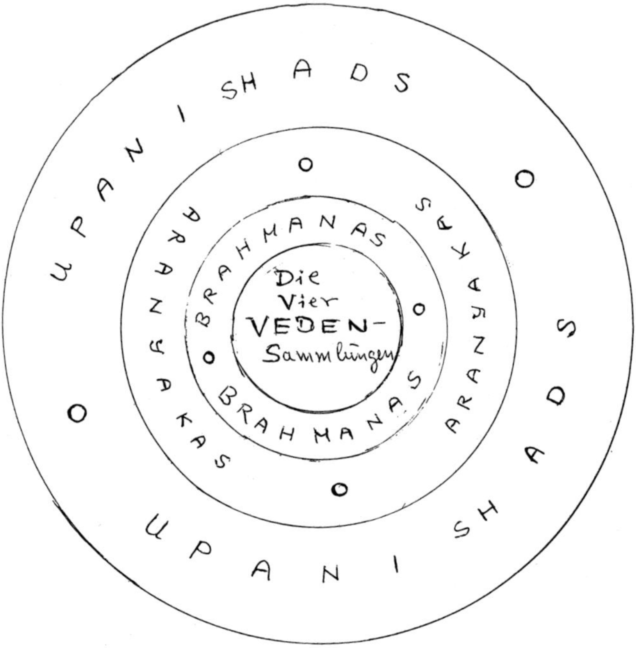

Die Veden-Sammlungen im schematischen Überblick.

2. Feuer war von den frühen Sängern zu erquicken und ist es auch von den heutigen. Er ist es, der die Himmlischen hierher fahren wird.
3. Durch Feuer wird Er (der Opferveranstalter) Reichtum erlangen, Gedeihen Tag für Tag, das Ansehen bringt, das durch Männer (Söhne) ausgezeichnet ist.
4. Feuer! Die Verehrung, das Opfer, das du von allen Seiten umfassest, das allein gelangt zu den Himmlischen.
6. Daß du, Feuer! dem Spendenden Glückhaftes wirklich tun wirst, das ist deine Wahrheit (deine wirkliche Natur, oder auch: dein Versprechen), o Angiras!
7. Dir, Feuer! nahen wir Tag für Tag, du, der du im Dunkeln aufleuchtest! mit unserem Gedanken (Gedicht), indem wir Verherung darbringen;
8. der du herrschst über die Opfer, der du der leuchtende Schützer der Wahrheit bist, der du wächst in deinem Haus.
9. Sei uns, Feuer, gut nahbar, wie der Vater dem Sohn, bleibe bei uns zu unserem Heil!

Den vedischen Gott Agni deutet Heinrich Zimmer, der viel zum Abbau westlicher Vorurteile gegenüber den Hindu-Religionen beigetragen hat, in seinem Buch »Philosophie und Religion Indiens«:[45]
»Jede vedische Opferhandlung kreist um diese Gottheit, in deren Mund (das Altarfeuer) die Speisen gegossen werden. Als Götterbote trägt er die Opfer aus seiner Schleppe aus Flammen uns Rauch zum Himmel empor, wo er die himmlischen Wesen füttert wie die Vögel seine Jungen. Das Feuer in seiner

[45] H. Zimmer, Philosophie und Religion Indiens, Frankfurt/Main [7]1992, S. 305f.

irdischen Form, als beherrschende Macht in jedem arischen Herd und Heim, war das göttliche Wesen, das »bei allen Menschen lebt«. Der gleiche Gott aber, als Sonnengott am Himmel, war der solare Agni, während er im Zwischenreich, dort, wo das Feuer in den Wolken wohnt und als Blitz erscheint, als Kind des atmosphärischen Wassers galt. Zwei noch wichtigere Formen des Agni kannte man auf Erden: seine Verbindung mit dem Holz und mit der Wärme der lebenden Zelle. Feuer macht man, indem man einen Stock aus Hartholz im Einschnitt eines weicheren Brettes quirlte. Die Reibung erzeugte Hitze und alsbald einen Funken. Dies war dem Zeugungsvorgang vergleichbar: der rotierende wirbelnde Stab und das Brett waren die Eltern des Feuers, beziehungsweise männlich und weiblich; daher war Agni der Sohn des Holzes. Holz aber wächst und nährt sich vom Wasser, und so war Agni dann auch der »Enkel des Wassers«, ebenso aber auch des Wassers Kind, denn die wassergeschwängerte Wolke gebiert ihn als Blitz. Weiterhin wohnt Feuer in allen Lebewesen – in Menschen, Vierfüßlern und Vögeln –, was schon aus ihrer Körpertemperatur hervorgeht. Diese Temperatur kann man spüren, sie steckt in der Haut. Später erklärte man die Wärme auch als Ursache der Verdauung – durch die Wärme der Körpersäfte wurden die Speisen in den Eingeweiden »gekocht« – und so sah man in der verdauungsfördernden Galle die Hauptmanifestation des makrokosmischen Feuers im Mikrokosmos. Das Wissen um solche Verwandtschaften und Zusammenhänge bildet einen wichtigen Teil der früheren arischen Priesterweisheit.« (gekürzt)

Ähnlich wie der Logos im Johannes-Evangelium (1,1ff.) wird im folgenden Hymnus an VARUNA das personifizierte Wahrheitswort gepriesen: Durch ihn ist alles geworden, und deshalb ist die Schöpfung »innerlich wahr und richtig« – und damit auch »verläßlich«. Varuna spricht das Schöpferwort, weiß, daß das Feuer sich als »erster Dichter« im Wasser aufhält (in dem es beim Kochen wahrnehmbar wird oder sichtbar als Blitz in den Wasserwolken), ist der Garant der Fruchtbarkeit und der sittlichen Ordnung, der die schlechte Absicht ungeschehen machen kann.[46]

1. Dem Allherrscher will ich singen ein hohes, ein tiefes Gedicht, das ihm lieb ist, dem Varuna (dem Gott ›Wahrheitswort‹), der da vernommen wird, der auseinandergeschlagen hat die Erde, wie ein Schlächter ein Fell, um [sie/es] der Sonne auszubreiten.
2. Varuna (das schöpferische ›Wahrheitswort‹) hat den Raum in den Bäumen ausgedehnt, die Schnelligkeit in den Rossen, die Milch in den Kühen, in den Herzen die Kraft [zu erkennen und zu wollen]; in das Wasser setzte er das Feuer, an den Himmel die Sonne, den Soma (die Somapflanze) auf den Berg.
3. Varuna (das schöpferische ›Wahrheitswort‹) hat den Schlauch mit der Öffnung nach unten strömen lassen auf

[46] Ders. S. 50f.

Himmel und Erde, auf den Raum dazwischen. Dadurch benetzt der König der gesamten Welt weithin den Grund [des Alls] (= die Erde), wie der Regen die Gerste.
4. Varuna benetzt die breite Erde und auch den Himmel, wenn er Milch wünscht. Und dann – kleiden sich die Berge in Gewölk, beginnen kraftstrotzende Männer zu schlottern.
5. Auch diese große Wunderkraft des vom Herrn stammenden Varuna (= des göttlichen Wahrheitswortes), der da vernommen wird, will ich nach Gebühr verkünden, der da wie mit einem Maßstock, im Raum stehend, sich die Erde ausgemessen hat mit der Sonne.
6. An diese große Wunderkraft des himmlischen Dichterfürsten hat niemals jemand sich herausgewagt: daß die bunten Flüsse, sich ergießend das eine Meer, mit ihrem Wasser nicht füllen.
7. Einem Gastfreund, Varuna! oder einem Vertragsfreund, oder einem Freund sonst, oder einem Bruder, oder einem Hausgenossen, Varuna! einem eingeborenen oder fremden – was wir ihm übles getan haben, das löse von uns.
8. Wenn wir [gehandelt haben], wie wenn Spieler beim Spiel betrogen haben, ob es wirklich sei oder ob wir es nicht wissen alles das löse von uns wie etwas Loses, Himmlischer! Dann mögen wir dir lieb sein, Varuna!

In der jüngsten Schichten des RIG-VEDA kommt bereits die philosophische Dichtung auf. Drei Schöpfungshymnen zeigen, daß diese Zeit schon unterwegs zum Monismus der Upanishaden ist (Rig-Veda X,90; X,121; X,129). An die Stelle alter Götter treten zentrierende Kräfte, die als das EINE alles durchwalten. Aus dem Opferhymnus wird ein Nachdenken über das »Uropfer« (der Purusha) durch das die ganze Schöpfung Existenz gewinnt (X,121), oder die Frage, wie überhaupt Existenz als das große Geheimnis zu verstehen sei. Ein bleibendes Rätsel, über dessen Nach-Denken eine ehrfürchtige religiöse Haltung entsteht, wie der folgende Hymnus zeigt (X,129):

Da war nicht Nichtsein, und da war auch Sein nicht.
Nicht war das Luftreich, noch der Himmel drüber.
Was regte dort sich? In wessen Obhut?
Gab es das Wasser und den tiefen Abgrund?
Nicht Tod und nicht Unsterblichkeit war damals,
Nicht gab's der Tage noch Nächte Anblick.
Von keinem Wind bewegt das Eine atmet'
Aus eigner Kraft. Nichts andres war als dies nur.
Von Finsternis verborgne Finsternis,
Ein lichtlos Wogen war dies All im Anfang.
Von Oede zugedeckt das Leere. Eine:
Durch inn'rer Gluten Kraft ward es geboren.
Daraus erhob zuvörderst sich die Liebe.
Sie die des Geistes erste Samenkraft war.
Des Seins Verwandtschaft fanden in dem Nichtsein
Die Weisen, einsichtsvoll im Herzen suchend.
Quer haben ihre Meßschnur sie gezogen.
Gab es ein Unten dort? Gab es ein Oben?
Da waren Samenspender, waren Mächte,
Drunten selbsteignes Dasein, Spannkraft droben.
Wer weiß in Wahrheit, wer vermag zu künden,
Woher sie ward, woher sie kam, die Schöpfung?
Die Götter reichen nicht in jene Ferne –
Wer ist's, der weiß, von wo sie ist gekommen?
Von wannen diese Schöpfung ist gekommen,
Ob sie geschaffen, ob sie ungeschaffen:
Das weiß nur er, der Allbeschauer droben
Am höchsten Himmel – oder weiß er's auch nicht?[47]

[47] Übersetzung: H. Oldenberg, Die Literatur des alten Indien, Stuttgart o.J.

Den zweiten großen Quellenbreich der vedischen Schriften bilden die BRAHMANAS (ca. 10.–7. Jh. v. Chr.), umfangreiche Prosa-Texte, deren Bedeutung sich von »brahman« ableitet, was ursprünglich »magische Rede«, »Formel«, heißt (vom Stamm brah und der Endung -man, die ein nomen actionis bildet). Die Brahmanas sind theoretische Erörterungen und Weiterführungen zu jeder einzelnen der vier Veden-Sammlungen.[48]

Wie schon der Name anzeigt, äußert sich in ihnen ein nochmal erstarktes Priestertum. Sie enthalten Beschreibungen, Deutungen und Ursprungsgeschichten (»Ätiologien«) der einschlägigen Rituale. Es wird kategorisiert, katalogisiert und kommentiert. Die Zuordnung von Kosmos und Opfer wird entfaltet und durch eingestreute Mythen begründet. Die Übergänge zu den sich anschließenden Textblöcken der ARANYAKAS (»Waldbücher«, ab etwa 800 v. Chr.) sind fließend. Mit ihnen deutet sich eine neue religiöse Führungsgruppe an, die sich vom »praktischen Opferritus« zurückzieht und ihn »theoretisch«, nämlich mystisch und philosophisch

[48] Brahmane. Angehöriger der Priesterkaste; das Brahman (Neutrum): das Urprinzip, das einzig Wirkliche hinter allen Phänomenen, absoluter Urgrund; der Brahma: mit Vishnu und Shiva der

auslotet. Ihr Wissen war esoterisch und durfte nicht in der Öffentlichkeit der Städte und Dörfer gelehrt werden, sondern nur in der Wildnis, »von wo man die Dächer der Dörfer nicht mehr sieht«. Ihr Aufbau ist komplex; der »Kern der Aranyakas scheint aus dem jeweiligen Veda das am gefährlichsten erscheinende und damit auch am geheimsten zu haltende Ritual gewesen zu sein, allerdings sind die Aranyakas weitgehend zu mehr oder weniger umfangreichen Nachtragswerken der einzelnen Veda-Schulen geworden«.[49]

Mit Hilfe des Opfer-Rituals hatten schon die vedischen Priester den Menschen als »Mikrokosmos« mit seiner Umwelt, dem »Makrokosmos« harmonisiert. Sie entwickelten in der Folge eine Fülle schöpferischer Entsprechungen und ein Denken in Symbolen und Abstraktionen, das mit der Zeit die einzelnen Göttergestalten immer mehr in den Hintergrund drängte. Während an der Oberfläche das Ritual weiter ausgebaut wurde und noch scharfsinniger erklärt wurde, löste sich langsam ein neuer Weg der »Erkenntnis« vom Weg ritueller Aktivität

dritte der Hindu-Götter-Trias, die keiner Wiedergeburt ausgesetzt sind. Sein Name deutet auf die Personifikation des Urprinzips Brahman hin, zumal er erst in jüngeren vedischen Texten begegnet.

49 M. Witzel a.a.O. 1970, S. 9839f. Eine kleine Auswahl von Brahmanas bietet A. Hillebrandt in: Upanishaden. Diederichs Gelbe Reihe 10-1992 im Abschnitt: »aus der Brahmana-Zeit«.

ab. Das eine Sein, das innerhalb und jenseits des Vielen als »Selbst« (atman) oder göttliche Kraft (brahman) erfahren wird, beansprucht bald die volle Zuwendung jetzt nicht mehr orthodoxer Gruppen des Vedismus. Die Suche nach einer Einheit hinter der vordergründigen Vielheit der Welt, die abstrakte Konzeption eines absoluten Bewußtseins, das diese Vielheit in einem Punkt versammeln kann, Geburten-Kreislauf und Karman-Lehre, Erlösung durch Wissen: All das deutet sich in den Brahmanas in Vorstufen an und leitet dann in die Aranyakas zu den UPANISHADS über. Diese sind noch oft in die Aranyakas eingebettet und bilden den letzten wichtigen »Hüllenkreis« um den Kern der alten Lehre. Bis zur ersten Hälfte des 1. Jh.s v. Chr. waren sie abgeschlossen (der Buddhismus setzt sich intensiv mit ihnen auseinander), und damit auch der »Kanon« der offenbarungsmäßigen vedischen Schriften (»shruti«) insgesamt. Ihre Redaktion zog sich aber noch bis ca. 200 v. Chr. hin (der Grammatiker Patanjali setzt um 150 v. Chr. bereits die Hauptmasse der vedischen Texte voraus). Ihre Anfangs- und Endphasen waren religiös besonders innovativ (RIG-VEDA und UPANISHADS). An dieser Stelle wird eine tabellarische Übersicht zur vedischen Literatur hilfreich sein. Die Upanishads verdienen im folgenden als dritter Quellenbereich der vedischen Literatur eine eigene Darstellung.

Zwischen Mystik und Philosophie: Die Welt der Upanishads

»Vom Nichtsein laß mich zum Sein gelangen,
Aus der Finsternis laß mich zum Licht gelangen,
Aus dem Tod laß mich zur Unsterblichkeit gelangen!«[50]

Das Gedankengut der Upanishads kann man in zwei große Perioden einteilen: eine frühere und eine mittlere. Besonders interessant ist die frühere, die sich noch eng an ihre vedischen Wurzeln hielt (ca. 800 v. Chr.): Sie spiegelt das System der vedischen Rishis und bewahrte, was man ihren spirituellen Pragmatismus nennen kann. Sie stellen die letzte Textschicht der einzelnen vedischen Schulen dar. Von daher auch die Bezeichnung Vedanta, »Ende des Veda«, wobei dieser Begriff noch andere Texte umfassen kann und auch für ein nachchristliches philosophisches System verwandt wird, dessen Grundlage die Upanishads bilden.[51] »Auch sprachlich sind sie noch echt vedisch und gehören zur vierten Epoche der vedischen Literatur, der sogenannten »Brahmana-Periode«, die auch die eigentlichen Brahmanas und die Aranyakas mit einbegreift« (siehe oben!).[52]

[50] Brihadaranyaka-Upanishad I,3.28.

[51] H. Torwesten, Vedanta. Kern des Hinduismus. Freiburg 1985.

[52] M. Witzel a. a. O. 1970, S. 9765; vgl. E. Hanefeld, Philosophische Haupttexte der älteren Upanishaden. Wiesbaden 1976 (Untersuchung); P. Thieme, Upanishaden. Ausgewählte Stücke. Stuttgart

Die bedeutenden älteren Upanishads sind die Brihadaranyaka- und die Chandogya-Upanishad, sowie Aitareya- und Kaushitaka-Upanishad. Die Namen beziehen sich meist auf theologische Schulen und ihre Stammväter. »Chandogya« geht zurück auf eine Sangesgilde des Sama-Veda, manchmal sind sie auch nach einem zentralen Begriff am Anfang der Upanishad benannt.
Diese Texte sind eigentlich Sammlungen von Traditionen mystischer und (natur-)philosophischer Schulen. Ihre Verfasser, mehrheitlich Brahmanen, waren zu ihren eigenen Priesterkreisen in Opposition getreten, teilweise stammten sie auch aus der Adelsschicht. »Aber außerhalb der priesterlichen und fürstlichen Kreise gab es viele freie Gruppen – »Basisgruppen« würde man heute sagen –, die vor allem aus Asketen bestanden, die in den Wäldern lebten. Die Mundaka-Upanishad zeigt mit einer beißenden Ironie den Kontrast zwischen den Opferern, die in den Städten und Dörfern ihr Vertrauen auf den Ritus setzen und bestenfalls einen Himmel erhoffen (... den sie natürlich eines Tages wieder verlassen müssen, um auf die Erde zurückzukehren), und denen, die sich in den Wald zurückgezogen haben, und dort in Glauben und Askese leben, beim Tod in die Welt der Sonne eingehen, und von dort

1966 (Reclam); A. Hillebrandt: Upanishaden. München 1984. Nach wie vor unersetzlich; P. Deussen, 60 Upanishads des Veda, jetzt Darmstadt 4-1962.

in den brahmaloka, von wo es keine Wiederkehr gibt« (vgl. die Chandogya-Upanishad).[53]
Man hat allein in den älteren Upanishads über 100 Autoren von fünf Generationen nachgewiesen (W. Ruben 1947). Dabei umfassen die überlieferten Texte gewiß nur einen Bruchteil der Traditionen, die diese breite Bewegung insgesamt hervorgebracht und transportiert hat.
Upa-ni-shad bedeutet: »sich nahe bei jemandem oder etwas niedersetzen« und weist auf die Kommunikationsstruktur zwischen Lehrer und Schüler hin, die sich um ihren ›Guru‹ niederlassen und einen Kreis von Eingeweihten bilden. Von daher kommt dem Wort noch die Bedeutung »Geheimlehre« zu. Auch die Vorstellung von »sich an eine Sache heranmachen« schwingt mit: nämlich an das Geheimnis der Welt, »wie sie im Innersten zusammenklingt«. Die Haltung der Ehrfurcht ist dabei selbstverständlich: »sich ehrfürchtig nahen«.
Liest man in den Upanishads, fallen in den meisten Texten zuerst die »Identifikations-Reihen« auf. Hier arbeitet ein Denken in »Entsprechungen«, das teils von der Allegorisierung kultischer Vorgänge in den Veden ausgeht (z. B. vom Ross-Opfer), teils von Naturerfahrungen. Man versucht, die Dinge der

[53] H. Le Saux, Der Weg zum anderen Ufer. Düsseldorf-Köln 1980, S.93. Vgl. B. Bäumer (Hg.), Upanishaden, Befreiung zum Sein. Heyne-Taschenbuch (1994).

DIE VEDEN

VIER SAMMLUNGEN ------------------ erweitert durch .... erweitert durch .... erweitert durch ...

(samhitas)

1. RIG - VEDA	>>>>>>>>>>>>>>>>>>	BRAHMANAS	>>>>>>>>>>>>>>>>>>	ARANYAKAS	>>>>>>>>>>>>>>>>>>	UPANISHADS
2. SAMA - VEDA	>>>>>>>>>>>>>>>>>>	"	>>>>>>>>>>>>>>>>>>	"	>>>>>>>>>>>>>>>>>>	"
3. YAJUR - VEDA (weiß/schwarz)	>>>>>>>>>>>>>>>>>>	"	>>>>>>>>>>>>>>>>>>	"	>>>>>>>>>>>>>>>>>>	"
4. ATHARVA - VEDA	>>>>>>>>>>>>>>>	"	>>>>>>>>>>>>>>>>>>	"	>>>>>>>>>>>>>>>>>>	"

.... ergänzt durch philologische Hilfswissenschaften (Vedangas) und durch Sutras (Leitfäden und Handbücher).

Welt nicht nur listenartig zu erfassen, indem man sie aufzählt, sondern auch in Gruppen zusammenzulegen, und sie mit dem jeweils nächst höheren Daseinskreis zu verflechten. Durch dieses gemeinsame »Verfahren« tritt die gemeinsame Essenz der Dinge immer deutlicher hervor. Wichtig ist, daß der Mensch sich in diesen Vorgang mit hineinbegibt, und sich so »entgrenzt«. Das Denken in Entsprechungen bezieht den Körper, den Geist, den Kosmos mit ein, bis man schließlich die »höchsten Entsprechungen« entdeckt, die sich in vier großen Identifkationen zusammenfassen lassen:

* »Ich bin Brahman«
* »Das bist Du«
* »Dieser Atman ist das Brahman«
* »Brahman ist Erkenntnis«.[54]

Diese Methode führt zu einer intuitiven Erkenntnis, die eine Erfahrung des Wesens der eigenen Wirklichkeit ermöglicht: Mein innerer Wesenskern hängt mit dem Absoluten zusammen, ja ist selbst dieses Absolute! Das Bewußtsein wird so von der bloßen Fixierung auf sich erlöst, und findet in der Entgrenzung seine wesensgemäße Bestimmung als Identität mit der »Weltseele«: Das ist »letztes und höchstes Wissen« (vedanta). Ein solcher Weiser entgeht den Klauen des Todes, weil er nicht mehr wiedergeboren wird. Daher sagt der große Shankara (in Ausein-

[54] H. Le Saux a.a.O. S. 49

andersetzung mit dem Buddhismus): »Das Wort ›Upanischad‹ bedeutet in erster Linie Erkenntnis ... die Wurzel ›sad‹ bezeichnet die Zerstörung von Unwissenheit und die Loslösung von Geburt, Alter und Tod« (Shankara benutzt dabei eine eigene Etymologie).[55] Die ursprüngliche Einheit der Welt und ihre spätere Vielheit sind für die frühen Upanishad beides Realitäten, die der Wahrheitssucher als eine einzige erkennen muß (Brahman). Die schöpferische Kraft im Universum ist identisch mit der Welt der Erscheinungen und dem Selbst im Menschen (Atman). Menschen sind fähig, die alltägliche Erfahrung der Subjekt-Objekt-Trennung aufzuheben, und die Einheit von individuellem und absolutem Sein zu spüren: als eine alles verbindende, unpersönliche Dynamis. Wie wirkt der Atman in der Welt? Wie kann man ihn beschreiben? Welchen Weg geht die Seele nach dem Tod, bietet die Psychologie des Wachens, Träumens und Schlafens dafür einen Zugang? Welche Kraft eignet der heiligen Silbe OM, wie verhält es sich mit Atem, Nahrung und Sinnesorganen, über die der Mensch mit seiner Umwelt kommuniziert? Was ist Meditation? Das sind einige Fragen, die die Upanishads bewegen, denn alle diese Vorgänge weisen einen je analogen Weg zum Brahman.
Dabei wird das Lernen bisweilen sehr anschaulich und ganzheitlich eingeübt:

[55] Shankra in: Die Katha-Upanishad. München-Wien 1989. S. 19.

»Tue hier Salz in das Wasser und stelle dich früh bei mir ein.« Er tat so. Der sprach zu ihm:»Bringe mir das Salz, das du abends in das Wasser getan hast.« Er tastete danach und fand es nicht, da es zergangen war. »Koste von dieser Seite. Wie schmeckt es?« »Salzig.« »Koste von der Mitte. Wie schmeckt es?« »Salzig.« »Koste von unten. Wie schmeckt es?« »Salzig.« »Wirf etwas hinzu und stelle dich bei mir ein.« Er tat so. »Das Salz bleibt immer.« Der sprach zu ihm: »Das Seiende wirst du hier nicht gewahr, dennoch: hier ist es. Dieser feinste Stoff durchzieht das All, das ist das Wahre, das bist du, Shvetaketu.« »Lehre mich weiter Ehrwürdiger.« »Ja, mein Lieber«, sprach er.[56]

Salzig überall: das ist die Suche nach der Essenz der Welt und das Denken in Entsprechungen auf einen anschaulichen Punkt gebracht!
»Man erkennt, wie weit die Gedanken noch von dogmatischer Erstarrung entfernt sind und rastlos das Mysterium umspülen. Was ist Brahman? Wer ist der geheime Lenker dieser und jener Welt mit allen ihren Wesen? Was ist die Einzelseele? Verschiedene Meister und verschiedene Zeiten versuchen, ihr Rätsel zu entschleiern; bald sehen sie in ihr ein mehr körperliches, bald mehr ein geistiges Element; rein animistische Vorstellungen lösen sich mit transzendenter Betrachtungsweise ab. Wie verläßt die Seele den Leib, um sich mit dem höchsten Brahman zu vereinen? Das steht in Übereinstimmung mit dem Bericht des Megasthenes bei Strabon, daß die Inder hauptsächlich vom Tode sprechen; sie glauben, daß das Leben hier nur gleichsam Vollendung

[56] Nach A. Hillebrandt a. a. O.1984, S. 116f.

der Empfängnis sei, der Tod aber Geburt zum wahren und glücklichen Leben für die Weisen.«[57]
Wie schon angedeutet, ist die Überlieferungslage aller Upanishads äußerst schwierig. Nicht nur, daß sie literarkritisch betrachtet Konglomerate aus verschiedenen Zeiten sind, sie sind auch in ganz unterschiedlichen Rezensionen enthalten. Die Geschichte ihrer Handschriften und deren Abhängigkeiten untereinander müßte erst noch geschrieben werden. Kritische Editionen gibt es nur für Teilbereiche.[58]
Dazu kommen beträchtliche Schwierigkeiten auf sprachlicher Ebene, die das Verständnis erschweren, bzw. eine Vielzahl von Übersetzungsmöglichkeiten zulassen. Mit den sachlich-inhaltlichen Problemen verhält es sich nicht anders. Man darf hier nicht vergessen, daß hier ein intensives Ineinander von früher Philosophie, Religion und Mystik vorliegt, in einer sehr bewegten Zeit des Übergangs und der Auseinandersetzung, so daß die Sprache um Ausdrucksformen ringt, und die Fassung der neuen Gedanken noch Mühe macht – wenn sie sich überhaupt sprachlich verdeutlichen lassen! Außerdem wurden die Upanishads für Meister, Lernende und Suchende aufgeschrieben, die bereits mit der

[57] A. Hillebrandt a. a. O. 1984, S. 13.
[58] Ausgaben M. Witzel a. a. O. Bd. XI (1970), S. 9767. Nachzutragen sind die vier Bände, die ab 1949 von Harper & Brother in New York zusammengebracht wurden. Zu P. Deussens Ausgabe siehe oben Anmerkung 53.

Weiterentwicklung der verschiedenen Religionen vertraut waren und viele spirituelle Erfahrungen gesammelt haben. Das Lernen beim und der Umgang mit dem Lehrer gehören immer dazu (siehe oben der kleine Dialog Shvetaketus mit seinem Meister!). Darum implizieren die Texte immer mehr als sprachlich manifest wird. Gedankengänge sind oft nur angedeutet, Überleitungen fehlen ganz. Entsprechend aufwendig gestaltet sich ein Nachvollzug fast 3000 Jahre später! Immerhin: Die Zeit der Upanishaden war unserer Zeit in geistiger Hinsicht auch wieder ähnlicher: Ebenso wie heute war es eine Epoche, wo alles in Frage gestellt wurde, der Wert der Riten, der Sinn der Mythen, selbst die theologische Rede, die nicht auf die Institution und auf die Erfahrung hinzielt, wurde der Kritik unterzogen. Diese Zeit des Suchens und Experimentierens bedingte damals gerade eine interpretatorische Offenheit, die niemals definitive Deutung, die für die Spiritualität der Hindu-Religionen ein entscheidender Faktor wurde, der vielfache Entwicklungsmöglichkeiten zuließ. Nur in dieser Offenheit konnten die Upanishads zum Motor der späteren Religionssysteme werden – und u. a. auch zur Entwicklung der theistischen Vorstellungen in den Hindu-Religionen beitragen.
Während die älteren Upanishads jeweils Prosa-Texte zu ihren Veden darstellen, sind die mittleren überwiegend in Versen abgefaßt (z. B. Katha-, Isha-,

Shvetashvatara-, Mundaka-Upanishad); es gibt aber auch welche in Prosa mit eingeschobenen Versen (Mandukya-Upanishad).[59] Sie setzen sich viel stärker mit dem jetzt aufkommenden Buddhismus auseinander; die Grundgedanken der früheren Schulen, an die sie sich aber weiterhin anlehnen, treten eindeutiger hervor, werden langsam »systembildend«. Öfter zitieren sie ihre älteren Vorläufer. In Ansätzen tauchen theistische Vorstellungen einer persönlichen Gottheit in den Prädikationen des »unpersönlichen Brahman« auf, was den Zugang zu diesen Werken im Westen erleichtert hat. Das unpersönliche »Es« bekommt jetzt auch die Bezeichnung »Herr« (»alles dies dient dem Herrn als Wohnstatt« – Isha-Upanishad, daher der Name!). Das »Das« erhält eine Tendenz zum »Er«, wie bezeichnenderweise Aurobindo interpretiert: »Dies ist das transzendente, universale und individuelle Brahman, Der Herr, Der Erhaltende und Innewohnende Spirit, welcher der Gegenstand der Erkenntnis ist.«[60] Das Neutrum schließt den Aspekt eines universalen und transzendenten Personsein nicht mehr aus (vgl. die Kena- und Shvetashvatara-Upanishad).[61] Deutliche Bezeichnungen wie »ish«, »ishvara«, »para purusha«, »sah«, »deva« signa-

[59] M. Distelbarth, Mandukya-Up. (1989).
[60] Shri Aurobindo, Die Isha-Up. Mü.-Planegg 1988, S. 49ff.
[61] E. Wolz-Gottwald, Die drei kleinen Up. (Kena-, Isha-, Mandukya-Upanishad), (1994).

lisieren dies (der Herr, der Mensch als bewußte Seele, »Er«, Gott). »Der Glanz, der deine segenreichste Form von allem ist, den erblicke ich in Dir. Der Purusha (die bewußte Seele) hier und dort, ER bin ich« (Vers 16 der Isha-Upanishad, vgl. Katha-Upanishad II,2,12f). Die höchste Identität schafft sich langsam die Ausdrucksform zur späteren personalen Mystik eines Ineinanders von »Ich« und »Du« in der Bhakti-Bewegung. Nur aufgrund dieser Entwicklung war es möglich, daß nachfolgende Sänger Texte schreiben konnten, wie z. B. folgendes Lied auf den persönlichen Shiva:

»Ich bin der Ursprung und das Ende der ganzen Welt.
Über mir gibt es nichts.
An mich ist dieses All angereiht wie Perlen
an einer Schnur.
Ich bin das Leben in allen Wesen. –
– Dich, für den die ganze Welt die Bewegung deines Leibes,
alle Töne Deine Rede,
der Mond und die Sterne dein Schmuck sind,
Dich, den allmächtigen Shiva,
die Verleiblichung göttlichen Friedens, grüße ich.«[62]

Die jüngeren Upanishad spielen für unsere Betrachtung keine Rolle mehr; viele von ihnen sind erst in unserem Jahrtausend entstanden, manche erst im

[62] Zitiert nach Jean-Louis Nou, Indische Feste. Köln 1982, S. 22f.

letzen Jahrhundert. Hier hat das Wort »Upanishad« nur noch die Bedeutung von »spezifische Lehre zu einem Gegenstand« (z. B. Kosmetika im »Kamasutra«), oder als zusammenfassende Sammelwerke der Lehren verschiedener, auch neuerer Hindu-Religionen. Die Zahl dieser jüngeren und jüngsten Upanishads ist weiter steigend – gemäß dem nach vorne offenen Offenbarungs-Begriff, wie er eingangs erörtert wurde. So ist für bestimmte Neo-Hindu-Gruppen der Schriftenkanon weiter im Werden.

Die Aktualität der Upanishads auch für den Westen zeigt sich in zahlreichen Veröffentlichungen popularisierender Form, allerdings meist auf dem Büchertisch für »Esoterik«.[63] Leider fühlen sich religiöse Menschen, die nach spiritueller Erfahrung suchen, auch von Pseudophänomenen angezogen: Und so wird eine simplifizierte Version der »Geheimlehre« der Upanishads in Verbindung mit einem diffusen Religionsbegriff gebracht. Aber eine nebulöse Vorstellung von ganzheitlichem Erleben, vielleicht zusammen mit meditativen Praktiken, wird dem gedanklichen Ernst der upanishadischen Lehren nicht gerecht: Sie erfordern genaues Studieren und »nüchterne« Versenkung, ernsthafte Philosophie und den leidenschaftlichen Wunsch, kennenzulernen, was es mit dem Leben und Gott auf sich hat. Im Prozeß fortschreitenden Lernens ist ihr Ziel religiöse Intuition.

[63] Z. B. die Upanishads in der Reihe »Esotera-Taschenbuch« (1994).

Die folgenden kurzen Auszüge aus der alten Chandogya-Upanishad demonstrieren das Denken als Bewegung der Konzentration. Ausgehend von der Opferpraxis der Veden, wird die Silbe OM im Aufgesang der Melodie als die Essenz einer alles bewegenden Kraft begriffen. Alles Irdische mündet in diese Essenz. Sie ist aber auch identisch mit Surya, der kosmischen Sonne und dem heißen Mundhauch des singenden Priesters. Sie ist letztlich eine Silbe, die die heiligen Schriften und das Universum zusammenhält.

Das Geheimnis der Silbe OM

»Die Essenz der irdischen Wesen ist die ERDE (denn sie bestehen aus Erde). Die Essenz der Erde ist das WASSER. Die Essenz des Wassers sind die PFLANZEN (denn sie sind auf Wasser angewiesen und bestehen aus ihm). Die Essenz der Pflanzen ist der MENSCH (der von Pflanzen lebt). Die Essenz des Menschen ist die SPRACHE. Die Essenz der Sprache ist der beim OPFER rezitierte HEILIGE VERS. Die Essenz des heiligen Verses ist der HEILIGE GESANG (Ton, Melodie, auf die er beim Opfer gesungen wird). Die Essenz des heiligen Gesanges ist der AUFGESANG (udgitha, bei dem eine kurze Melodie auf die Silbe OM gesungen wird).
Was man AUFGESANG nennt, ist also die letzte Essenz der Essenzen, die äußerste.
...
Wahrlich, das ist ein Paar! Sprache und Odem, heiliger Vers und heilige Melodie. Dieses Paar vereinigt sich in der Silbe OM. Wahrlich einer, der Wünsche erfüllen kann, wird der, der dies Geheimnis wissend, den Aufgesang als die Silbe OM verehrt. Die heilige Handlung (das Opfer), die man mit

Wissen, mit gläubigem Vertrauen, mit mystischer Verehrung, ausgeführt, die wird noch kräftiger!

...

Nun in Beziehung auf die kosmischen Elemente: Die Sonne, die dort glüht, soll man als den Aufgesang verehren. Indem die Sonne aufgeht, singt sie den Kreaturen den Aufgesang, zerschlägt sie Finsternis und Gefahr. Einer, der ebenso die Finsternis und Gefahr zerschlagen kann, wird der, der dieses weiß!

Auch ist der Atem, der Mundhauch, der den Aufgesang tönt, und die Sonne dort ein und derselbe: dieser ist heiß, jene ist heiß; diesen nennt man Ton, jene Echo-Ton. Deshalb soll man den Aufgesang sowohl als Mundhauch wie als Sonne verehren.

Die drei Bögen stehen für physische, geistige und übergeistige Zustände, der Punkt in dem unvollendeten Kreis der Unendlichkeit ist die Wahrheit oder Wirklichkeit, von denen sie beherrscht werden.

…
Der Schöpfergott Prajapati bebrütete diese Welten. Als sie erhitzt waren floß aus ihnen das dreifache Wissen hervor (= die drei älteren Sammlungen der Veden). Dann bebrütete er das dreifache Wissen. Da flossen aus ihm hervor Himmel, Erde und das Zwischenreich. Dann bebrütete er diese drei. Da floß aus ihnen hervor das OM.
Wie alle Blätter eine Blockbuches vom Pflock durchbohrt sind, der die übereinandergeschichteten Blätter zusammenhält, so ist die gesamte Sprache der heiligen Texte durchbohrt durch OM, das sie als Einheit zusammenhält. DIESES ALL IST DAS OM.«[64]

Erlösung durch liebende Hingabe: die Botschaft der Bhagavadgita

> »Ich bin der Vater dieser Welt und auch die Mutter.
> Ich bin ihr Ordner und ihr erster Schöpfer.
> Ich bin der Gegenstand des Wissens, die heilige Silbe OM
> und ebenso die drei Veden, Rig-, Sama- und Yajur-Veda!«[65]

Die Bhagavadgita ist ein philosophisches Gedicht. In ihm unterweist Gott Krishna in der Gestalt eines Wagenlenkers den Prinzen Arjuna, der im Kampf gegen feindliche Angreifer (seine eigenen Verwandten!) steht, im Yoga des rechten Handelns und der Gottesliebe.
Insgesamt ist die Bhagavadgita ein für indische Verhältnisse relativ kleiner Text von 700 Doppelversen im Rahmen des großen Epos »Mahabharata« –

[64] Gekürzt und bearbeitet nach P. Thieme, Upanishads 1968.
[65] Krishna in der Bhagavadgita

aber: »ihr Ruhm ist groß. Ungefähr 2000 Übersetzungen in über 75 Sprachen wurden von ihr gemacht, nach der Bibel ist er der meist übersetzte spirituelle Text auf der Welt.«[66]

Schon für W. v. Humboldt war dieses Werk »das schönste, ja vielleicht einzige wahrhafte philosophische Gedicht, das alle uns bekannten Literaturen aufzuweisen haben«. Ähnlich begeisterten sich die Brüder Schlegel. Überhaupt war die deutsche Romantik eine Hoch-Zeit der Sanskrit-Forschung; die erste vollständige deutsche Übersetzung erschien 1834.

Die Bhagavadgita (»Gesang des Erhabenen«, Krishna!), spielt eine bedeutende Rolle in der Vermittlung indischer Geisteskultur an den Westen, und das um so mehr, als sie im Hinduismus in etwa die gleiche Wertschätzung genießt wie das Neue Testament im Christentum und von Millionen Indern gehört, gelernt, gebetet und meditiert wird. Im allgemeinen zählt man sie zur Kategorie der

[66] A. Nayak, Die Bhagavadgita in der Übertragung von Sri Aurobindo. Freiburg 1992, S.9. Ich zitiere im folgenden diese leicht erreichbare Ausgabe. Die geistvolle Übertragung Aurobindos ist zwar nicht philologisch genau, aber sinngemäß erhellend. Empfehlenswert ist auch die Übersetzung von Leopold v. Schroeder (ursprünglich 1922). Der Anhang zu dieser Ausgabe im Diederichs-Verlag. 1965 bringt Textausgaben und weitere Übersetzungen. R. Garbes Übersetzung und »Rekonstruktion« ist in einem Nachdruck über die Wiss. Buchgesellschaft, Darmstadt 1988 erhältlich. Auch eine zweisprachige Ausgabe ist erschienen (H. Maldoner).

»smriti-Überlieferungen«, und das bedeutet, daß ihre Rezitation und Studium nicht nur den Eingeweihten oder bestimmten Kasten vorbehalten ist, wie das auf die Offenbarungsschriften der »shruti« zutrifft. Sie ist allen zugänglich, Männern und Frauen und sogar den Kastenlosen: das einzige Werk, das allen Indern aller Kasten und hinduistischen Religionen, die ihren Inhalt und ihre Autorität anerkennen, gemeinsam ist.
Die Einbettung in ein Kriegsgeschehen symbolisiert den spirituellen Kampf gegen Leidenschaft und Egoismus, aber auch die Notwendigkeit, sich den härtesten Zumutungen des Lebens stellen zu müssen. Der blinde Dharma bringt Schlechtigkeit, Diffusion und Konfusion hervor. Was zunächst in die Zerstreuung führt, muß schließlich gegeneinander kämpfen. Aber der Wissende stellt sich der Mannigfaltigkeit und dem Gemetzel der Welt und vollbringt in Ruhe seine Pflicht: Erfülle deine Pflicht in der Welt, aber binde dich nicht an sie! In ihrer inneren Wirklichkeit ist die Person nicht von den Wirren der Welt betroffen, darum ist es nicht gut, wenn man sie aus Nichtwissen, Verblendung und Sorge »zuwuchern« läßt, und sie so ihre wahre Bestimmung nicht mehr erkennen kann: »Der erleuchtete Mensch betrauert weder die Lebenden noch die Toten« (II/11).[67]

[67] Vgl. A. Nayak a.a.O. 1992, S. 16ff.

Die ideengeschichtliche Stellung der Gita ist umstritten. Nach Deussen ist die Philosophie der epischen Zeit aus der Atman-Lehre der Upanishads hervorgewachsen, die Anlagen zu theistischen Gottesbildern mitführen.[68] Denn Krishna ist die große Gestalt, die im Mittelpunkt der Gita steht, und die Gottesliebe ist nach ihr der Höhepunkt aller Weisheit. Hier trägt sie in konzentrierter Form zur Entwicklung der Gottesvorstellung Indiens bei und bietet gerade heute konkrete Anknüpfungspunkte für das interreligiöse Gespräch.

Andererseits enthält diese Philosophie vor allem in der Anweisung zum praktischen Handeln in der Welt bereits Elemente der späteren Samkhya- und Yoga-Systeme, unter dem Gesichtspunkt dualistischer Welt-Entwertung. Dieses Nebeneinander unterschiedlicher Denkansätze ist wohl charakteristisch für die Gita, und sie ist auch darin exemplarisch für die heiligen Schriften der Hindus. Die lehrmäßige Vielfalt hat gewiß zu ihrer Verbreitung beigetragen. So ist das Absolute einmal im unpersönlichen »All«, dann als geistige Welt im Gegensatz zur Materie, dann wieder als liebende Kraft eines persönlichen Gottes erkennbar. Selbstverständlich muß man mit Erweiterungen und Zusätzen in einer langen Wachstumsgeschichte rechnen (einzelne Gedanken dürften bis in das 3. Jh. n. Chr. zurückge-

[68] Vgl. die Darstellung in der Ausgabe von L. v. Schroeder a. a. O. 1965, Einleitung.

hen; die uns vorliegende Fassung ist seit etwa 700 n. Chr. nachweisbar). Hier liegen die Aufgaben einer historisch-kritischen Interpretation (z. B. über das Verhältnis von Samkya- und Yoga-System in der Gita).[69]

Bei wiederholter Lektüre fügen sich die Unterschiede aber auch zur einsichtsvollen höheren Einheit zusammen: zur tröstlichen Einladung, das vielfältige Leben religiös zu bestehen, mutig handelnd nach Erlösung zu streben, und sich von Gottes Liebe anziehen zu lassen:

»Wer mir mit Hingabe ein Blatt darbringt, eine Blume, eine Frucht oder einen Becher mit Wasser – willkommen ist Mir das mit Liebe gegebene Opfer der strebenden Seele« (IX,26).

Der bedeutende Indologe R.C. Zaehner schrieb: »Erst nachdem ich mehrere Jahre die Gita unterrichtet habe, erschien es mir mit jeder neuen Lesung, als hätte sie eine größere Einheit, als die meisten moderen Forscher ihr zugestehen wollten.«[70]

Auch wer nicht den Verästelungen der indischen Philosophie und Heilslehren in den Traditionssträngen der Bhagavadgita nachgehen kann, findet also in ihr je nach Ausgangslage die Ermutigung zu

[69] Vgl. zu dieser Problemstellung: A. Thannippara in König/Waldenfels, Lexikon d. Religionen, Freiburg 1987/1992, S. 710ff. (mit Literatur).

[70] R.C. Zaehner, The Bhagavadgita, Oxford 1969, S.2.

»Kampf und Kontemplation«, zum geduldigen Ertragen und innerer Gelassenheit, zum Loslassenkönnen und zum Engagement im Rhythmus von Spannung und Entspannung. Und so wie der einzelne die Gita als »Trostbuch« für sich zur Hand nehmen kann, wird sich jede Hindu-Religion je nach Grundeinstellung in ihr ausdrücken können. Es ist z. B. bezeichnend, daß Gandhis Spiritualität von ihr und der christlichen Bergpredigt geprägt wurde, obwohl doch die Gita auch ausdrücklich den kriegerischen Einsatz fordert: »Es gibt kein höheres Gut für den Kshatriya, als die gerechte Schlacht« (II/31).

Der Stil der Gita ist in den philosophischen Aussagen darstellend, unaufdringlich belehrend und »behauptend«, weniger argumentativ und erörternd. Hält man aber die einzelnen Abschnitte gegeneinander, entsteht ein thetischer Diskurs, der ab dem mittleren Teil des achtzehn-gegliederten Gedichts (Abschnitt IX) immer mehr Elemente theistischer Gottes-Schau enthält:

»Nicht durch das Studium der Veden, nicht durch Opfer und auch nicht durch Spenden, nicht durch zeremonielle Riten, nicht durch Kasteiungen kann die Meine Gestalt von jemand anderem als dir geschaut werden ... so, wie du mich erblickt hast kann nur erreicht werden durch jenes Bhakti, das allein Mich in allen Dingen betrachtet, anbetet und liebt ... Nimm Mich an als das erhabene Wesen und Ziel! Werde mein Bhakta!« (XI,47ff).

»Die Bhakti, deren Lob hier gesungen wurde, ist nicht nur die Frömmigkeit, wie sie in vielen Übersetzungen bezeichnet wird. Es ist eine strahlende Macht, der widerscheinende Ruhm die unentgeldlich verschwendete Gottesliebe, freiwillig wie die Sonne von der das Wesen, welches ihren wirklichen Wert erkannt hat, abhängen kann ... Der deutsche Begriff, der dem am nächsten kommt, heißt Hingabe, eine gegenseitige Hingabe.«[71]

Die primäre Bedeutung des Sanskrit-Wortes hat zutun mit »teilhaben an, sich eins wissen mit, gehören«.[72]

Diese »Bhakti« vermag deshalb zum alles übergreifenden Thema in der Gita zu werden, weil sie den Menschen in der Mitte seiner Bestimmung »verorten« kann: weil von dieser unerschütterlichen Gott einigung heraus ein freies Wirken und Kämpfen in der Welt möglich ist. Hier soll noch einmal Gandhi zu Wort kommen:

»In der Bhagavadgita finde ich einen Trost, den ich selbst in der Bergpredigt vermisse. Wenn mir manchmal die Enttäuschung ins Antlitz starrt, wenn ich, verlassen, keinen Lichtstrahl erblicke, greife ich zur Bhagavadgita. Dann finde ich hier und dort eine Strophe und beginne alsbald zu lächeln inmitten aller niederschmetternden Tragödien – und mein Leben ist voll von äußeren Tragödien gewesen. Wenn sie alle keine sichtbare, keine untilgbare Wunde auf mir hinterlassen haben, verdanke ich dies den Lehren der Bhagavadgita.«[73]

[71] A. Nayak a. a. O. 1992, S. 24.
[72] J. Gonda a. a. O. ²1978, S.244.
[73] M. Gandhi 1925; zitiert bei A. Nayak 1992, S.14.

খুব ভালবাসা হলে অবই ত
চারিদিকে ঈশ্বরময় দেখা যায়।

Wer tiefe Liebe empfindet,
der sieht überall alles Gott-erfüllt.

কর্ম ভাল।
জমি পাট্ করা হলে যা রুইবে,
তাই জন্মাবে।
তবে কর্ম নিষ্কামভাবে করতে হয়।

Arbeit ist gut. Wenn du das Feld
gut vorbereitet hast, wird alles wachsen,
was du pflanzst. Doch muß man die Arbeit
ohne Begierde tun.

ঈশ্বরেতে সর্বদা মন রাখবে।

Halte dein Denken und Fühlen
immer auf Gott gerichtet.

বালকের মত বিশ্বাস!
বালক মাকে দেখবার জন্য যেমন ব্যাকুল হয়,
সেই ব্যাকুলতা!
এই ব্যাকুলতা হল তো অরুন উদয় হল।

Der Glaube eines kleinen Jungen!
Sehnsüchtig sein wie ein Kind
nach seiner Mutter – *diese* Sehnsucht!

Bengalische Kalligraphien von Sinnsprüchen des Hindu-Mystikers Ramakrishna (1836–1886), der von vishnuitischer Bhakti-Frömmigkeit geprägt war, aber visionär auf allen Wegen der großen Weltreligionen Gotteserfahrung erlangen konnte. Er wurde so zu einem frühen Anwalt der Richtigkeit und Gleichheit aller Religionen. Quelle: Shri Ramakrishna, Ein Werkzeug Gottes Sein. Ausgewählt, aus dem Bengalischen übers. und eingel. von M. Kämpchen, Zürich 1988.

Die Bhakti-Lehre wird u. a. in den späteren Purana und den etwa um 1000 n. Chr. verfaßten Bhakti-Sutras weiter entfaltet. Das in unserem Zusammenhang bekannteste Purana ist das den vishnuitischen Sattvika-Puranas angehörende Bhagavata-Purana (10. Jh. n. Chr.?), in dem folgendes über die Art der echten Bhakti geschrieben ist, die nichts mehr zu tun hat mit Glücksstreben und Vorteilssuche in der Religion nach dem Motto »Ich bin dir gut, weil du mir nützt«:

»Die Liebe zu Gott drückt sich auf verschiedene Weise aus. Je nach dem Charkater des einzelnen sind die Gedanken verschieden. Wenn jemand mit der Absicht zu mir betet, andere in Stolz, Eifersucht oder Zorn zu verletzen, so ist er töricht. Wenn jemand mich verehrt, Gesundheit, Ruhm oder Reichtümer suchend, so ist sein Geist voll Verwirrung. Wenn sich jemand mir zuwendet, alle seine Sünden und Verdienste auf mich werfend, sich als eng mit mir verbunden betrachtet und mich verehrt, so ist sein Geist klar. Wenn er von mir, der in allen Kreaturen wohnt, hört, fließen seine Gedanken immer in mich hinein wie das Wasser der Ganga in das Meer.«[74]

Aber auch in der Shiva-Religion ist die Bhakti ein Grundzug. Beide theistischen Großreligionen der Hindus sehen darin einen entscheidenden Erlösungsweg (»bhakti-marga«). Einen Höhepunkt im literarischen Ausdruck fand sie bestimmt im großen Dichter Kalidasa und in den geistlichen Shiva-Liedern des tamilischen Tirumurai (besonders im

[74] Zitiert bei Th. Ohm, Die Liebe zu Gott i.d. nichtchristlichen Religionen, München 1950, S. 216.

evaram). Ich zitiere zum Schluß ein Gebet Kali-
asas an den Schöpfergott Brahma:

»Verehrung dir, dem dreigestaltigen Gott, dem Geist, der vor der Schöpfung allein war! Aus ihm stammt alles, was geht und was steht. Ursprung der Welt bist du, doch selber ohne End, Anfang der Welt und selber ohne Anfang, Herr der Welt und selbst ohne Herrn. Du bist der Vater unter den Vätern, die Gottheit unter den Göttern, du bist höher als das Hohe, der Schöpfer unter den Schöpfern. Du bist Opfergabe und Opferer, Speise und ständig Speisender, Wissen und Wissender, Denker und höchster Gedanke!«[75]

[75] A. Hillebrandt, Kalidasa. Breslau 1921, S. 149f (gekürzt).

Die Mitarbeiter dieses Bandes

BERND FEININGER

Geboren 1948. Studium der Theologie, Judaistik und Religionsgeschichte. Dr. theol., Dr. phil. Ehemals Assistent bei Prof. A. Deissler im Fach Altes Testament. Professor für katholische Theologie an der Pädagogischen Hochschule Freiburg i. Br. Diverse Veröffentlichungen zu den Forschungsschwerpunkten Altes Testament, Biblische Theologie, neuisraelische Literatur und Weltreligionen.

OSKAR v. HINÜBER

Geboren 1939. Promotion 1966. Habilitation 1973. 1973 bis 1981 Professor für Indologie an der Johannes-Gutenberg-Universität in Mainz; seit 1981 in Freiburg. Seit 1986 korrespondierendes Mitglied der Akademie der Wissenschaften und der Literatur, Mainz; seit 1993 ordentliches Mitglied. Zahlreiche Aufsätze und Bücher zu den Gebieten der mittelindischen historischen Sprachwissenschaft, buddhistischem Sanskrit, buddhistischen Handschriften aus Gilgit, Epigraphik am oberen Indus, Palmblatthandschriften aus Thailand, buddhistischem Recht, Technik- und Kulturgeschichte Indiens, buddhistischem Klosterleben und der Mündlichkeit früher mittelindischer Texte der Buddhisten.

Winrich A. Löhr

Geboren 1961. Promotion 1986. Habilitation 1993 im Fach Kirchengeschichte. Privatdozent an der Ev.-theol. Fakultät der Universität Bonn. Forschungen und diverse Veröffentlichungen zur Geschichte der Alten Kirche, der Geschichte der Häresien sowie Religion und Politik.

Annemarie Ohler

Geboren 1937. Studium der Germanistik, Theologie und Klassischen Philologie. Promotion 1969 über mythologische Elemente im Alten Testament. Zahlreiche Arbeiten zum Alten Testament und seinem kulturhistorischen Umfeld; u. a.: drei Bände »Grundwissen Altes Testament«.

Renate Würsch

Geboren 1956. Studium der Indoiranischen Philologie, Islamwissenschaft und Semitistik. Promotion über Avicennas Bearbeitungen der aristotelischen Rhetorik. Wissenschaftliche Assistenz am Orientalischen Seminar der Universität Basel. Gegenwärtig Forschungen über die »Schatzkammer der Geheimnisse«, einem didaktisch-mystischen Epos des persischen Dichters Nizami.